IL MISTERO
DELLA TRINITÀ

JOHN O' DONNELL

IL MISTERO
DELLA TRINITÀ

EDITRICE PONTIFICIA UNIVERSITÀ GREGORIANA
EDIZIONI PIEMME

Con approvazione ecclesiastica

Titolo originale dell'opera:
The Mistery of the Triune God
© Sheed & Ward Ltd.

Traduzione dall'inglese a cura di:
Alessandro Doni, Valentino Maraldi, Sergio P. Bonanni

Copertina: *Studio Aemme*

I Edizione 1989

© 1989 - EDIZIONI PIEMME S.p.A.
      15033 Casale Monferrato (AL) - Via del Carmine, 5
      Tel. 0142/70356-7-8 - Telex 226818 Piemme I - Telefax 0142-74223

© 1989 - EDITRICE PONTIFICIA UNIVERSITÀ GREGORIANA
      00187 Roma- Piazza della Pilotta, 35
      Tel. 06-6781567

PREFAZIONE

Nell'introduzione al Corso Fondamentale sulla Fede, Karl Rahner si pone la domanda: per chi è stato scritto questo libro? Questa è la domanda che mi sono posto mentre questo studio prendeva gradualmente forma. Per rispondere alla domanda, è importante notare come il libro sia sorto dai tentativi annuali di insegnamento del trattato su Dio presso l'Heytrop College, Università di Londra e presso l'Università Gregoriana, Roma. Queste lezioni mi hanno sollecitato a cercare di sintetizzare ciò che io credo su Dio in una forma comprensibile per gli studenti. Molti teologi hanno riconosciuto il fatto che oggi è probabilmente impossibile scrivere un'intera dogmatica cristiana. Otto Pesch sostiene che ciò che di meglio si può sperare di fare è presentare una sintesi dei singoli trattati della teologia dogmatica basata sui ripetuti tentativi d'insegnamento di una determinata tematica [1]. I risultati di questo tipo di tentativo è ciò che offro in questo studio. Ho cercato di raccogliere le migliori intuizioni della tradizione e della teologia moderna e di integrarle in una sintesi che rispetti le esigenze dello studioso e che sia comprensibile anche agli studenti, ai sacerdoti, ai catechisti e agli adulti istruiti che desiderano penetrare il significato della loro fede in Dio. Con Rahner, posso solo dire che spero di trovare dei lettori per i quali il libro non sia né troppo semplice né troppo avanzato.

Un secondo desiderio mi ha motivato nella preparazione di questo libro. Oggi ci si lamenta spesso dell'esistenza di una terribile dicotomia tra la teologia e la vita, tra la teologia e la spiritualità. La teologia è spesso accusata di essere spiritualmente arida. Per questa ragione ho cercato di presentare la fede cristiana nel Dio trino non come un trattato speculativo, ma come un'impalcatura che sostiene non solo il pensiero cristiano su Dio ma anche la vita e la preghiera cristiana. Avendo in mente questa problema-

---

[1] Otto Hermann Pesch, *Frei Sein aus Gnade, Theologische Anthropologie*, Herder, Freiburg, Basel, Wien 1983, p. 18.

tica ho incluso i due capitoli: « Fede Trinitaria e Prassi » e « Preghiera Trinitaria ».

Infine, desidero ammettere che quanto più ho riflettuto sulla mia fede in Dio e sul modo in cui si dovrebbe fare teologia, tanto più valore ho creduto debba essere attribuito alla tradizione. Questo libro è scritto da uno che pensa, vive e prega all'interno della tradizione Cattolica Romana. Questa tradizione mi ha dato l'aria teologica che io respiro. In quanto cattolico che riflette su questa tradizione, accetto in pienezza il Mistero del Dio trino. Che Dio è il Mistero trino, Padre, Figlio e Spirito Santo, non è mai stata una questione. Riconosco che oggi ci sono teologi per i quali le decisioni dottrinali dei primi concili sono discutibili ed aperte alla revisione. Per alcuni di loro la confessione della Trinità come realtà ontologica è una decisione storica opinabile e che si può rivedere. Come cattolico non posso accettare una tale visione della tradizione. Come ha detto Karl Rahner, ogni definizione dogmatica rappresenta in un senso un punto d'arrivo. Ma poi prosegue dicendo che essa rappresenta anche un punto di partenza, poiché la tradizione viva della fede della chiesa costituisce un costante invito alla riflessione. Spero che il presente libro rappresenti in questo senso un cattolicesimo aperto, pronto ad entrare in dialogo con gli altri punti di vista e ad imparare da essi.

Sono grato al Heytrop College e all'Università Gregoriana per avermi dato il luogo per dibattere queste idee. Desidero dedicare questo libro a mia madre, a mio fratello ed a mia sorella che sono stati la prima famiglia nella quale il seme della mia fede è stato piantato e nutrito.

Capitolo Primo

IL DILEMMA
DEL PENSIERO CONTEMPORANEO SU DIO

Questo è un libro sulla Trinità. Ma col proposito di scrivere sulla teologia trinitaria, non intendo scrivere qualcosa che riguarda una problematica particolare all'interno della teologia cristiana. Piuttosto, scrivendo sulla Trinità, scrivo sulla nostra esperienza cristiana di Dio, dato che, secondo la nostra fede, quando diciamo di credere in Dio, con la parola Dio intendiamo il Padre, il Figlio e lo Spirito Santo. Al di fuori di questa confessione trina di fede in Dio, non abbiamo alcuna esperienza di Dio. E così per noi cristiani la nostra esperienza della Trinità ed il nostro credere in Dio si reggono o cadono l'un con l'altro.

Questo fatto ci ricorda che il concetto di Dio non è in alcun modo qualcosa che possa essere dato semplicemente per presupposto. Una delle più grandi difficoltà della fede è spiegare esattamente che cosa s'intenda per Dio. Questo problema si fa presente già fin dal tempo del Nuovo Testamento, quando S. Paolo scrive in 1 Cor 8: « E in realtà, anche se vi sono cosiddetti dèi sia nel cielo sia sulla terra, e difatti ci sono molti dèi e molti signori, per noi c'è solo Dio, il Padre, dal quale tutto proviene e noi siamo per lui; e un solo Signore Gesù Cristo, in virtù del quale sono tutte le cose e noi esistiamo per lui » (vv. 5-6). La stessa problematica appare all'inizio della *Summa Theologica* di S. Tommaso. All'inizio di quest'opera l'Aquinate presenta cinque argomenti per l'esistenza di Dio basati sulla filosofia di Aristotele. Al termine di ciascuna prova Tommaso conclude, « e questo è chiamato da tutti Dio ». Molte delle difficoltà che oggi sorgono nei confronti delle cinque vie hanno meno a che fare con gli argomenti stessi che con la conclusione. Infatti, intendiamo noi per Dio il motore immobile, la causa prima, l'ordinatore divino della realtà ecc.?

Ciò fa sorgere la domanda di come dobbiamo comprendere la relazione fra il concetto filosofico di Dio e il Dio della rivelazione. Come mettiamo in rapporto il Dio della filosofia ed il Dio del Cristianesimo? Per illustrare questa problematica, menzoniamo il problema della relazione di Dio alla storia. Nel mondo greco la perfezione era associata con la trascendenza del tempo e con la libertà da ogni sofferenza. Il dio di Aristotele, ad esempio, è il pensiero immutabile che pensa se stesso. Questo concetto ha influenzato drammaticamente il mondo nel quale il Cristianesimo dapprincipio fiorì. Per contro, la mentalità degli ebrei associa Dio con gli eventi storici. Il Cristianesimo va ancora oltre affermando che Dio si è identificato totalmente con un frammento della storia, vale a dire con la vita di Gesù di Nazareth. Dio in quest'uomo è diventato soggetto al tempo. Ancor di più, il Cristianesimo ardisce perfino affermare che Dio ha identificato se stesso con la sofferenza e con la croce di quest'uomo. Da allora Dio e la sofferenza non sono più in contraddizione. Uno dei più grandi cambiamenti per il Cristianesimo è pensare Dio in unione con la temporalità e con la caducità [1]. Ma allora la comprensione cristiana è destinata ad entrare in conflitto con certi modi tradizionali d'intendere Dio. Con queste brevi considerazioni introduttorie, diamo ora uno sguardo ai problemi complessi che sorgono dallo sforzo umano di pensare su Dio. Dopo aver esplorato questi sentieri, forse emergerà con chiarezza come l'esperienza di Dio in Gesù Cristo ci offre un nuovo modo di comprendere Dio.

Le antinomie del teismo

Consideriamo per un momento l'idea classica di Dio. Nella filosofia di S. Tommaso Dio è identificato con la pienezza dell'essere. Dio è atto puro. In lui non c'è né divenire né potenza, e, poiché il divenire presuppone il passaggio dalla potenza all'atto, Dio non è suscettibile di nessun cambiamento. Quando S. Tommaso considera la relazione di Dio al mondo, comincia col prendere in esame i vari tipi di relazione. C'è, in primo luogo, una relazione razionale che esiste solo nella mente. Poi esiste una relazione reale che implica che la relazione sia reale in entrambi i membri della relazione. Per esempio, quando io ed un'altra persona conversiamo, noi abbiamo un effetto mutuo l'uno sull'altro, ci comunichiamo l'un l'altro qualcosa e ci rispondiamo l'un l'altro. S. Tommaso menziona un terzo tipo di relazione, una relazione mista nella quale la relazione è reale in un solo membro del rapporto. Per esempio, se mi trovo ad un lato del mio tavolo e mi sposto all'altro lato, io sono cambiato in relazione al tavolo, ma il tavolo è rimasto come era. L'Aquinate spiega che la relazione di Dio al mondo è esattamente una relazione di questo tipo [2]. Dio non cambia mai rispetto al mondo, sebbene il mondo cambi costantemente in relazione a

---

[1] Vedi E. JÜNGEL, *Dio, mistero del mondo*, Queriniana, Brescia 1982, pp. 244 ss.
[2] *Summa Theologica*, I, q. 13, art. 7.

lui. L'Aquinate comprende questa relazione innanzitutto nei termini dell'attività creatrice di Dio. Dio, in quanto pienezza dell'essere, è la causa efficiente di tutto ciò che accade nel mondo. John Macquarrie ha fatto riferimento a questa idea della relazione Dio-mondo definendola come relazione monarchica. Non esiste alcuna reciprocità di relazione fra Dio ed il mondo. Egli scrive, « Il mondo ha bisogno di Dio, ma Dio non ha bisogno del mondo. Dio ha un influsso sul mondo, ma il mondo non ha alcun influsso su Dio. Il mondo deve tutto a Dio, ma Dio non è aumentato dal mondo » [3].

La più grande difficoltà in tutta questa concezione di Dio è l'implicazione religiosa che sembra seguirne. Se la relazione Dio-mondo è sempre asimmetrica, allora ne segue che nessuna cosa che accada in questo mondo può avere un effetto su Dio. Egli è, ad esempio, impassibile di fronte alla sofferenza delle sue creature. Inoltre, questa visione sferra un colpo alla libertà umana. Il valore fondamentale della mia libertà è minacciato, poiché in ultima analisi non fa più alcuna differenza per Dio se io lo amo o no, se io uso la mia libertà per il bene o per il male. È estremamente difficile riconciliare quest'immagine di Dio con il ritratto biblico di Dio che va in ricerca degli uomini e che gioisce quando il figlio perduto ritrova la via del ritorno alla casa paterna. L'intera storia biblica presuppone che Dio risponda alle decisioni dell'uomo e che ne venga toccato. Questa seria obiezione religiosa alla dottrina classica del teismo ha condotto diversi teologi moderni, anche tomisti, a rivedere l'idea di Dio in S. Tommaso. Pur non volendo abbandonare del tutto la nozione di Dio come pienezza dell'essere, il filosofo tomista Norris Clarke è pronto ad ammettere che oggi dobbiamo attribuire a Dio una relazione reale al mondo, e vede nello stesso tempo la necessità di correggere il concetto della immutabilità di Dio. Il motivo principale per Clarke, è rendere Dio religiosamente più significativo. Egli scrive, « Ora, se prendiamo sul serio la dimensione religiosa dell'esperienza umana... diventa chiaro che uno dei principi centrali del credo religioso dell'uomo in Dio (almeno nella religione Giudeo-Cristiana) è che Lui è uno che entra in una profonda relazione personale di amore con le sue creature. Ed un'autentica relazione interpersonale d'amore comporta necessariamente non un amore puramente e meramente creatore o a senso unico, ma una genuina mutualità e reciprocità d'amore, includendo non solo il dono dell'amore ma anche la gioiosa accettazione di esso e la risposta ad esso. Ciò significa che il nostro Dio è un Dio che veramente si prende a cuore, che veramente si interessa della nostra vita e della nostra felicità, che entra in una vera e reciproca relazione personale con noi, che risponde alle nostre preghiere

[3] John Macquarrie, *Thinking about God*, SCM, London 1975, p. 111.

– in una parola, un Dio che, in un qualche modo, non rimane affatto indifferente di fronte al nostro mondo contingente e alla sua storia »[4].

Di fronte a tali difficoltà, diversi filosofi moderni hanno abbandonato il concetto tradizionale di Dio sostituendolo con quello di un Dio che è in processo di divenire insieme al resto della realtà. Un approccio ben conosciuto in questo senso è quello di Whitehead e di Hartshorne. Whitehead vuole sostituire la categoria dell'essere, considerato come la realtà fondamentale, con quella del divenire. La realtà è come un processo, un divenire dinamico. In *Process and Reality*, Whitehead sostiene che la categoria metafisica fondamentale è quella della creatività. Nelle prime pagine di quest'opera, egli afferma l'assioma fondamentale che interpreta tutta la realtà, « I molti diventano uno e sono aumentati dall'uno »[5]. La creatività è veramente la realtà ultima in questo sistema. In altre parole, non possiamo chiederci perché ci sia un processo di divenire. In quanto filosofi possiamo solo descrivere la natura della realtà come noi la sperimentiamo. Dio non è perciò la spiegazione ultima della realtà. Per Whitehead Dio è un fattore all'interno della situazione metafisica. Dio non decide le leggi della realtà, ma, come Whitehead osserva, è la loro ultima esemplificazione.

È difficile esagerare la portata rivoluzionaria di questa visione proposta da Whitehead. Ad esempio, egli scrive, « Né Dio, né il mondo, raggiungono un compimento statico. Entrambi sono nella presa dell'ultimo fondamento metafisico, il movimento creativo verso la novità »[6]. In un altro passo Whitehead afferma, « Nella filosofia dell'organismo questa realtà ultima è denominata "creatività"; e Dio è il suo accidente primordiale, non-temporale »[7].

Senza entrare nella complessità del pensiero di Whitehead su Dio, è abbastanza facile osservare che al Dio di Whitehead mancano molti degli attributi divini classici. Ad esempio, Dio è temporale, sensibile, soffre col mondo, può aumentare la sua perfezione così come il mondo cresce in novità. Whitehead ammette, ad esempio, di abbandonare la nozione classica della trascendenza di Dio. Per Whitehead Dio è sia trascendente che immanente. Dio è trascendente in quanto è eterno, e nella sua natura primordiale contiene l'intero regno delle possibilità per il mondo. Ma Dio è anche non-trascendente, nel senso che non può essere Dio senza un mondo. Dio è dipendente dalla sua creazione. In quanto possiede il regno infinito delle potenzialità nella sua natura primordiale, c'è un senso in cui Dio è indipendente dalla creazione, ma affinché Dio diventi concreto deve

---

[4] Norris Clarke, « A New Look at the Immutability of God », *God Knowable and Unknowable*, a cura di R. Roth, Fordham University Press, N.Y. 1973, p. 44.

[5] A.N. Whitehead, *Process and Reality, An Essay in Cosmology*, Harper ad Row, N.Y. 1960, p. 32.

[6] *Ibid.*, p. 529.

[7] *Ibid.*, p. 11.

realizzare alcune di queste potenzialità in interazione con la creazione. Uno spazio ampissimo viene lasciato in questo processo di interazione sia alla libertà di Dio che alla creazione, ma ciò che è strettamente necessario è che Dio si ponga in relazione con un mondo. Senza una tale relazione Dio non potrebbe mai essere nulla di più che un'astrazione. La difficoltà è se una siffatta limitazione della trascendenza di Dio sia realmente giustificabile filosoficamente o se sia compatibile con la comprensione biblica Giudeo-Cristiana di Dio come creatore. Teologi contemporanei del processo sono consapevoli di star abbandonando (o modificando drasticamente) un importante elemento del patrimonio cristiano. A proposito della dottrina della creazione Whitehead scrive, ad esempio, « Dio può essere chiamato il creatore di ogni entità temporale attuale. Ma questa frase può facilmente indurre in errore suggerendo che la creatività ultima dell'universo debba essere ascritta alla volontà di Dio. La vera posizione metafisica è che Dio è l'istanza primordiale della creatività, ed è perciò la condizione primordiale che ne qualifica l'agire. È la funzione di attualità a caratterizzare la creatività, e Dio è l'eterno carattere primordiale. Ma, naturalmente, non ha significato la "creatività" separata dalle sue "creature", e non ha significato "Dio" separato dalla creatività e dalle "creature temporali", e non han significato le creature temporali se separate dalla "creatività" e da "Dio" » [8].

Ci si potrebbe chiedere se questo approccio della teologia del processo rende giustizia in modo adeguato all'affermazione classica che Dio è Colui che crea dal nulla o all'esperienza umana di essere creatura. Karl Rahner, ad esempio, colloca la dottrina della creazione in relazione all'esperienza umana della trascendenza. La trascendenza indica che il soggetto umano è dinamismo oltre se stesso verso l'assoluto. Per Rahner, la trascendenza umana esiste in due dimensioni, quella della conoscenza e quella della libertà. Ogni atto umano di conoscenza è profondamente finito. Io conosco un oggetto nel mondo, ma conoscendolo l'impulso del mio intelletto non è mai soddisfatto. Ogni atto di conoscenza fa sorgere subito dopo una nuova domanda. Questo porre domande non conoscerà mai termine, né arriverà mai alla sua meta. Per Rahner la conoscenza umana è così situata tra il finito e l'infinito. Nulla è più chiaro della finitudine della conoscenza umana. Ma poiché il conoscere non è statico ma dinamico, è paradossalmente nel finito che io divento consapevole dell'infinito come l'orizzonte della mia trascendenza. Lo stesso può venir detto a proposito della libertà. In ogni atto di scelta io mi decido per qualcosa di finito nel mondo, ma ogni atto di libertà rivela il divario tra ciò che ho scelto ed il dinamismo della mia soggettività. Dunque anche la libertà umana si apre

---

[8] *Ibid.*, pp. 343-344.

ad un orizzonte infinito. È solo all'interno di questo orizzonte che la mia libertà viene riconosciuta come finita. Rahner vuole mostrare:

a) che la conoscenza e la libertà umane sono finite e condizionate;

b) che questo è vero comunque in ogni atto umano;

c) che proprio riconoscendo i limiti della finitezza della mia conoscenza e della mia libertà, sono necessariamente spinto oltre la mia finitudine verso l'infinito come condizione di possibilità della trascendenza umana. Come ho suggerito sopra, questa è un'analisi filosofica di ciò che in termini teologici s'intende per dottrina della creazione.

Procedendo nello stesso senso, Peter Knauer suggerisce la seguente definizione dell'essere creatura: un riferimento completo a Dio, in una completa differenza da lui [9]. Come ho appena indicato, in ogni atto del conoscere e del volere, io sono rimandato oltre me stesso verso il trascendente. Nello stesso tempo riconosco la mia radicale finitudine. Proprio il mio riferimento oltre me stesso mi fa comprendere l'infinito abisso fra me e Dio, e quindi la completa differenza fra Dio e la creatura. L'altra parola importante è qui « completo », cioè il riferimento oltre me stesso e la differenza da Dio sono totali. Essi esistono in ogni dimensione del mio essere come realtà creata. In altre parole, non c'è nulla che possa chiamare mio proprio. Non c'è nessuna terra sulla quale io possa ergermi per rivendicarla come mio proprio territorio. In qualsiasi dimensione del mio essere io sono rimandato oltre me stesso. Come dice Knauer, se si toglie la dimensione della creaturalità, quello che rimane è precisamente nulla.

Ma paradossalmente notiamo che se si accetta questo approccio di Knauer e si aderisce all'affermazione tradizionale di Dio come colui che crea dal nulla (nel senso: se si toglie la creaturalità quello che rimane è precisamente nulla), ci si ritrova allora nella comprensione classica della relazione Dio-mondo. L'analisi della creaturalità che ho offerto (seguendo Rahner e Knauer) suggerisce una relazione a senso unico fra Dio e il mondo. Il mondo è totalmente riferito oltre se stesso a Dio, ma Dio non è in alcun modo riferito al mondo. Noi dobbiamo dire di essere in relazione con Dio, ma non possiamo dire che Dio possegga una relazione con noi. Effettivamente questo ha senso in quanto si deve salvaguardare la trascendenza di Dio e la finitudine dell'uomo. Come mette in evidenza Knauer, se Dio fosse essenzialmente (cioè, secondo la sua vera natura) riferito al mondo, ciò significherebbe che Dio e il mondo diventerebbero parte di un più grande sistema. Dio diventerebbe un pezzo del mondo. Dio sarebbe ridotto al livello di ciò che è finito. Oppure, come ammette Whitehead, Dio avrebbe bisogno del mondo per essere Dio. Ma allora siamo autorizzati a chiederci se Dio sia veramente Dio, dato che Dio non è più

---

[9] PETER KNAUER, *Der Glaube Glaube kommt vom Hören*, Frankfurt 1982, p. 28.

l'ultimo, essendoci piuttosto altre realtà ultime, come la creatività, di cui Dio è la più alta esemplificazione.

Siamo, allora, ad un'antinomia? Abbiamo visto che l'idea classica di Dio ci conduce a delle serie difficoltà a livello religioso, poiché Dio sembra essere lontano, indifferente a tutto ciò che accade, incapace di soffrire e di accoglierci nella sua vita. Per contro, in alcuni approcci moderni al problema di Dio la sua trascendenza viene limitata a tal punto che Dio non è più Dio. Non c'è nessun altra possibilità che ci tolga dal dilemma? Forse possiamo trovare la soluzione nell'evento della rivelazione, poiché quello che Dio ci ha indicato in essa sembra davvero mostrare che Dio vuole essere in una relazione reale con noi. Ma, prima di esplorare ulteriormente la problematica in questo senso, consideriamo ancora un altro dilemma, dal quale il pensiero moderno si sa districare con grande difficoltà.

Antinomia dell'idea classica di Dio nella filosofia moderna

Viene solitamente affermato che la filosofia medievale è cosmocentrica. Per esempio, secondo l'epistemologia di S. Tommaso la conoscenza si attua nel momento in cui il mondo imprime se stesso su di me. Il primo livello della conoscenza umana è recettivo. C'è un'intenzionalità del mondo verso il soggetto umano. In un secondo momento la mente umana gioca un ruolo attivo, formando concetti e riferendoli al mondo nell'atto del giudizio. Così, secondo l'epistemologia tomistica, esiste un'intenzionalità doppia: del mondo verso il soggetto e del soggetto verso il mondo.

Con Cartesio ha luogo tuttavia un cambiamento di prospettiva che sarà determinante per tutta la filosofia moderna. Esso è conosciuto come svolta antropocentrica. Ora il soggetto umano sta al centro della realtà e della filosofia. La filosofia diventa antropocentrica. Secondo quest'approccio filosofico, quello che conosco è innanzitutto condizionato dal tipo di domande che io pongo alla realtà. È impossibile parlare di una realtà assolutamente obiettiva. Gli oggetti sono sempre oggetti dei soggetti.

Cartesio è il primo esempio di questo nuovo atteggiamento. Tutta la sua filosofia è una ricerca della certezza[10]. Egli è alla ricerca di un punto d'Archimede sul quale possa costruire e dare stabilità all'edificio della conoscenza. Così trova « l'io penso ». Egli è certo di se stesso come soggetto pensante in ogni momento in cui pronuncia il suo « *Cogito, ergo sum* ». Tuttavia Cartesio percepisce che esiste il problema della continuità della certezza, dato che egli può disporre di questa certezza assoluta solo

---

[10] Nel presentare questa interpretazione di Cartesio seguo JÜNGEL, *op. cit.*, pp. 151 ss.

nel momento atomistico in cui pronuncia il suo « io penso ». Allora sorge il problema dell'inganno. Si suppone l'esistenza di un genio maligno (che è in realtà un doppione dell'intelletto umano) il quale mi inganna.

Cartesio introduce a questo punto l'idea di Dio per superare il dubbio. Se esiste un Dio e se questo Dio è vero e buono, allora non ho alcun bisogno di temere l'inganno del genio maligno. È in questa prospettiva che Cartesio introduce la sua prova ontologica dell'esistenza di Dio.

Prima di tutto, è importante notare che nel sistema di Cartesio Dio occupa un posto funzionale. Dio non è interessante per se stesso. Dio è introdotto per puntellare il soggetto umano e per soddisfare la sua ricerca di sicurezza. A questo punto la nozione di Dio è già relativizzata.

Qui inizia a verificarsi qualcosa di pernicioso, le cui piene conseguenze non si vedranno prima di uno o due secoli. Secondo Cartesio l'esistenza di Dio è conosciuta solo nel momento in cui il soggetto proferisce « Cogito, ergo sum ». L'esistenza di Dio viene quindi fatta dipendere sottilmente dalla coscienza umana. Dio viene fatto dipendere dalla soggettività umana. Le piene conseguenze di tutto ciò sono percepite da Feuerbach quando sostiene che Dio è un'aggiunta superflua della soggettività umana. Non esiste una realtà infinita, ma Dio è un altro modo di descrivere l'infinità della coscienza stessa.

Le più estese ramificazioni di questo cambiamento di prospettiva rispetto alla teologia medievale possono essere viste nella distinzione classica tra l'esistenza e l'essenza di Dio. In qualsiasi ente finito c'è una distinzione reale tra l'essenza e l'esistenza. Per esempio, io esisto come persona umana, ma io potrei ugualmente non esistere. Il mio atto di esistenza è finito e limitato. S. Tommaso direbbe che esso è limitato precisamente dall'essenza di ente umano. Nel caso di Dio c'è una reale identità fra essenza ed esistenza. L'essenza di Dio è esistere. Come dice Tommaso d'Aquino, Dio è « Isum Esse Subsistens ». Possiamo fare solo una distinzione razionale fra la sua essenza e la sua esistenza. La distinzione esiste solo nella nostra mente, ma in Dio stesso non esiste alcuna distinzione.

Ma, come nota Eberhard Jüngel, il passo fatto da Cartesio introduce una prospettiva totalmente nuova. Anche per Cartesio, esistenza ed essenza in Dio s'identificano. Anche Cartesio vuole raggiungere un ente che non può non esistere. Ma, relativizzando l'esistenza di Dio, in modo tale che la sua esistenza viene resa proporzionata all'esistenza dell'« io penso », il soggetto umano s'interpone tra l'essenza di Dio e la sua esistenza. Jüngel riassume la crepa fatale della strategia di Cartesio quando scrive, « Il problema che Cartesio maschera consiste nel fatto che Dio perviene alla presenza che lo fa *essere* solo nella misura in cui viene *rappresentato come Dio*. L'Io come *res cogitans* è diventato il *subiectum* di ogni esistenza. Questo significa: Dio, proprio quando viene rappresentato da me *come Dio*, secondo la propria *essenza* deve essere *al di sopra di me* presso di sé e *solo presso di sé*. Ma in quanto Dio è questa essenza, Egli, secondo la propria esistenza, deve essere presente *presso di me* e *solo presso di me*, perché può essere presente solo *per mio tramite*. Dio dunque, proprio nell'*essere rappresentato* come il creatore che è necessariamente per mezzo di sé, è reso oggetto... da parte del soggetto rappresentante. Questa è d'altra parte una contraddizione che divide l'essere di Dio in una somma essenza sopra di me e nella sua esistenza per mio tramite presso di me » [11].

La conclusione del ragionamento di Jüngel è che l'intero progetto di Cartesio, che rimane presente costantemente nel corso della filosofia moderna, possiede al suo interno una tendenza all'ateismo. La separazione dell'esistenza e dell'essere di Dio attraverso la mediazione dell'« io penso » rende Dio in definitiva impensabile e alla fine si rimane solamente con il fatto della soggettività umana.

L'interpretazione di Cartesio proposta da Jüngel intende dimostrare che il tentativo di collegare l'idea classica di Dio con la soggettività umana è destinato a fallire e che la storia della filosofia moderna è il racconto di questo fallimento. In altre parole, nell'intero progetto della filosofia moderna, centrata sul soggetto umano, c'è una disposizione implicita e metodologica verso l'ateismo. Jüngel difende in modo esteso e profondo questa tesi, facendo riferimento ad un'intera serie di filosofi moderni. Senza ripresentare qui queste discussioni, sarebbe per lo meno utile prendere nota di una considerazione finale. Facendo riferimento ancora all'idea classica di Dio, Jüngel attira la nostra attenzione alla definizione di Dio secondo S. Anselmo [12]. Dio è quell'essere di cui non si può pensare il maggiore. Ciò implica, prima di tutto, che Dio è la più grande costruzione della mente umana. Nello stesso tempo, Anselmo vuol dimostrare che Dio è più grande della mente umana. Per Anselmo l'esistenza di Dio non dipende dalla menta umana, poiché colui che è il più grande ente possibile non potrebbe non esistere. Ma allora, ci troviamo di fronte ad un paradosso. La costruzione più grande della mente umana è *al di sopra* di essa. In altre parole, nello stesso momento in cui concepisco quest'idea di Dio, concepisco un Dio che è Signore sopra di me e su di me. Quindi nello stesso momento in cui concepisco Dio (la mia suprema creazione), io mi riconosco come creatura, come non Dio. Mi vedo perciò come escluso da Dio. Dio è sopra ed io sono sotto. La più grande costruzione compiuta dall'essere umano deve essere concepita come un essere supremo dal quale io sono escluso. Non è difficile vedere come ci sia solo un piccolo passo dalla separazione fra Dio e uomo (basata sul concetto di Dio) alla opposizione fra Dio e uomo. Dio diventa una minaccia per la mia umanità. Non è forse proprio questa l'accusa che così tanti atei

---

[11] *Ibid.*, pp. 168-169.
[12] Vedi *ibid.*, p. 193.

moderni fanno contro Dio? Usando le parole di Nietzsche « Se vi fossero degli dei, come potrei sopportare di non essere dio? Dunque non vi sono dei » [13]. Questa è essenzialmente la stessa critica che il filosofo marxista Ernst Bloch muove al teismo. Egli parla di Dio come « un al di sopra, dove non esiste nessun uomo ». Per i filosofi moderni come Bloch, l'idea classica di Dio come l'essere supremo necessario esclude l'umano [14]. Pertanto essi rigettano il teismo in nome dell'uomo. Riflettendo dunque sul teismo classico e sulla sua idea di Dio alla luce della filosofia moderna, siamo indotti a domandarci se questa comprensione di Dio ci conduca a delle antinomie dalle quali ci sia impossibile liberarci. La comprensione classica di Dio, così come è stata fatta propria dalla filosofia moderna, ha al suo interno una tendenza all'ateismo? È il concetto di Dio proprio del teismo l'unico modo di pensare Dio? Intendiamo per Dio l'Essere supremo, opposto al tempo, al divenire, alla sofferenza, oppure, sulla base della rivelazione, la sfida sussiste precisamente nel pensare Dio in unione con l'umanità, con il tempo e con la caducità?

Le antinomie dell'ateismo

a) L'ateismo in nome della libertà

Alla luce dei problemi implicati nell'idea classica di Dio, si potrebbe essere indotti a pensare che l'ateismo sia l'unica alternativa. Ed in realtà è così che l'ateismo contemporaneo è in larga misura proprio la reazione di una specifica tradizione. Come sostiene Jüngel, l'ateismo stesso è un fenomeno storico che deve essere compreso storicamente.

Naturalmente il fenomeno contemporaneo dell'ateismo è estremamente complesso. Ma, per i nostri intenti, qui basterà considerare brevemente due forme dell'esperienza dell'ateismo contemporaneo: l'ateismo in nome della libertà e l'ateismo come protesta contro la sofferenza umana.

Abbiamo visto che l'idea classica di un Dio perfetto che sta al di sopra sembra escludere l'umano. Perciò il teismo viene spesso rifiutato come una forma di eteronomia. Dio è sopra l'uomo e contro di lui, impone su di lui delle norme aliene, principi e leggi che limitano la libertà umana. L'ateo spesso fonda la sua posizione nell'ansia di libertà per l'uomo. Dio è rifiutato in modo postulatorio, di modo che l'uomo possa essere il proprio Dio, modellarsi il progetto della propria vita e crearsi le proprie norme sulla base della propria libertà.

---

[13] NIETZSCHE, *Così parlò Zarathustra*, citato da Jüngel, *ibid.*, p. 199.
[14] Vedi E. JÜNGEL, « Keine Meschlosigkeit Gottes, Zur Theologie Karl Barths zwischen Theismus und Atheismus », *Evangelische Theologie* 31 (1971), pp. 376-390.

Questa forma umanistica di ateismo può sembrare a prima vista attraente, ma se riflettiamo più a fondo ci rendiamo conto che anche l'ateismo trascina l'uomo in dei dilemmi apparentemente inestricabili. Nel suo libro *Il Dio di Gesù Cristo*, Kasper ha mostrato che l'autocomprensione dell'uomo dall'illuminismo in poi può essere vista come un'implacabile ricerca di libertà. E Kasper individua almeno due tipi di aspirazione alla libertà: quella evoluzionaria e quella rivoluzionaria [15]. Secondo il modello evoluzionario dell'illuminismo, l'uomo è visto come un bambino che ha raggiunto ora la maggiore età. Non ha più bisogno di vivere sotto la tutela della religione, con la sua autorità, le sue dottrine e le sue norme. L'uomo maturo può rivolgersi alla scienza per procurarsi una visione della vita. La teologia può essere sostituita dall'antropologia. Il destino dell'uomo può essere intravvisto attraverso le scoperte della biologia e della fisica, della sociologia e della psicologia. Ma due secoli di sviluppo delle scienze naturali hanno mostrato che queste discipline empiriche non rispondono alle domande più profonde che tormentano lo spirito umano, domande quali quelle sul senso della vita, del destino, della colpa, della sofferenza e della morte, della tragedia. Inoltre, pensatori come Horkheimer e Adorno della Scuola di Francoforte hanno mostrato che il così-detto pensiero dell'illuminismo comporta una dialettica che è spesso assoggettante. Il pensiero dell'Illuminismo è così funzionale che l'uomo viene preso in un circolo vizioso di mezzi e fini, nel quale il valore della persona è ridotto al funzionalismo. La mentalità dell'Illuminismo si diffonde in modo tale da far sì che un'intera cultura sia sorta sulla base di una tecnologia divinizzata che disumanizza la persona. Oggi il nostro mondo attesta il fatto che la tecnologia, lontana dal risolvere tutti i problemi della vita umana e lontana dal liberare l'uomo, crea nuovi problemi ed assoggetta la persona ad un livello inimmaginabile nella storia dei nostri antenati. Basta solo pensare ai problemi dell'ambiente, ai problemi dell'alimentazione e dei medicinali o ai progressi tecnologici degli armamenti, per vedere il circolo vizioso di distruzione in cui la mentalità illuministica ci ha trascinati.

L'altro tipo di aspirazione alla libertà è stato di genere rivoluzionario. Forse quest'aspirazione è incarnata nel modo più chiaro nell'appello di Marx a tutti gli schiavi ed oppressi a liberarsi dalle catene della schiavitù e ad insorgere in una lotta armata contro i loro oppressori. Basta solo guardare ai vari moti rivoluzionari presenti oggi in tutto il mondo dal Nicaragua e Sud Africa all'Iran e al Medio Oriente per vedere quanto sia attuale questa interpretazione della libertà. Comunque, anche questa libertà rivoluzionaria sembra finire in delusione e fallimento. Alcuni decenni fa, in uno studio magistrale sulla rivoluzione, il filosofo Hannah Arendt

---

[15] Vedi W. KASPER, *Il Dio di Gesù Cristo*, Queriniana, Brescia 1984, capitolo 2, specialmente pp. 57-59.

ha sollevato la questione di come si possa impedire che i rivoluzionari divorino i loro stessi figli [16]. In quasi ogni caso di rivoluzione, i protagonisti, quando giungono al potere, subito impongono una nuova forma di dittatura con repressione delle libertà e censura, e tutto in nome del popolo. Più di cent'anni di rivoluzione fanno sorgere la scomoda domanda se e come sia possibile porre realmente un nuovo inizio per la libertà. Oppure la situazione umana è tale che la libertà dell'uomo si trova davvero sotto il dominio di un potere alieno e che tutti i tentativi di promuovere la libertà sono destinati a finire in un circolo vizioso di schiavitù?

Se il guardare la libertà umana semplicemente dal basso non offre una visione soddisfacente del destino umano, forse ciò non vuol dire che dobbiamo disperare di realizzare un mondo libero. Forse la natura vera della situazione è che la realtà umana è sempre ambigua, una combinazione di indipendenza e di limitazione, di libertà e di schiavitù. Ma da questo punto di vista, forse ha ragione Kasper nel vedere che anche il desiderio di libertà ha una radice religiosa [17]. In ogni atto umano di libertà il soggetto umano esprime la propria trascendenza, quantunque in modo frammentario e parziale. Ciononostante, in quanto si tratta di un atto di trascendenza, la libertà anticipa sempre la libertà totale che la persona desidera ardentemente e che conosce almeno implicitamente come meta della sua trascendenza finita. La libertà, in questo senso, fa sorgere una domanda religiosa. C'è un regno della libertà o la natura della realtà è in definitiva cieca, deterministica, meccanicistica? Kant ebbe un'intuizione profonda nel vedere come la libertà umana è possibile solo all'interno di un universo libero. Se la libertà non caratterizza ogni livello della realtà, è in definitiva impossibile per il soggetto umano essere libero.

Come son venuto dicendo, guardando dal basso l'aspirazione alla libertà, si può vedere forse solo un'antinomia. Si vedono due poli, che presentano entrambi un'antinomia. C'è la scelta senza sbocco fra il teismo che porta all'eteronomia e l'ateismo che porta all'autonomia. L'eteronomia porta una serie aliena di norme e di valori. D'altra parte l'uomo autonomo è, come Sartre ha vividamente percepito, una vana passione. L'umanità è abbandonata in un universo indifferente nel quale deve portare il malinconico fardello della libertà in un'angoscia solipsistica. Ma forse questo dilemma suggerisce che esiste un terzo modo d'intendere la libertà, una libertà teonoma, nella quale la libertà di Dio e quella degli uomini e delle donne non sono in proporzione inversa ma in proporzione diretta. Ma se una tale libertà esiste, essa deve essere scoperta come un dono, come libera offerta del Dio della rivelazione. Una tale libertà non può essere il

---

[16] Vedi HANNAH ARENDT, *Über die revolution*, P. Piper, München 1963.
[17] Vedi W. KASPER, *op. cit.*, pp. 69, 78 ss., 150-154.

postulato della soggettività umana. Se è una libertà genuina, deve essere una libertà liberamente offerta e liberamente accolta. La filosofia da sola non può decidere se esista una tale libertà, ma la riflessione filosofica può additare la domanda che sorge dall'esperienza umana ed alla quale il vangelo cristiano offre una risposta. Inoltre, l'intuizione kantiana sul regno della libertà può suscitare in noi una lettura più penetrante del vangelo, poiché, come osserva Kasper, per quanto strano possa apparire il linguaggio biblico, il messaggio di Gesù sulla venuta del Regno di Dio, può essere compreso adeguatamente non come un messaggio religioso in sé e per sé, ma solo all'interno del contesto della ricerca umana della pace, della libertà, della giustizia e della vita [18].

b) L'ateismo di protesta
contro la situazione della sofferenza umana

Accanto all'ateismo in nome della libertà umana, una delle forme più significative dell'ateismo contemporaneo è un ateismo di protesta che si basa sull'esperienza della sofferenza umana. Secondo questo tipo d'ateismo è la vita stessa a costituire la più grande difficoltà per credere. Nella vita umana s'incontrano tante situazioni di sfruttamento, oppressione, persecuzione, ingiustizia, violazione di vittime innocenti, malattia e morte, che è difficile credere in un Dio buono ed onnipotente, ancor più in un Dio che si interessi della tragicità della storia umana. Perciò qualcuno come Camus ha detto di non poter credere in un Dio mentre vive in un mondo nel quale bambini innocenti soffrono e muoiono. Piuttosto Camus propone una versione moderna dello stoicismo, una filosofia di ribellione nella quale si lotti con fermezza a fianco delle vittime contro tutte le forze di morte e di distruzione. Secondo questa visione della realtà, non è tanto Dio ad essere il problema, quanto piuttosto il mondo. Questo era anche il punto di vista di Ivan nel *I fratelli Karamazov* di Dostoevsky. Se Dio ha creato un mondo siffatto, sarebbe meglio restituire il proprio biglietto d'ingresso nella vita. Moltmann ha detto che ciò che c'è di problematico negli argomenti classici dell'esistenza di Dio non è la logica dell'argomento ma le premesse. Secondo le prove classiche si procede dall'esperienza di un mondo ordinato e contingente, cioè di un cosmo, all'essere supremo. Ma Moltmann sostiene che noi non scopriamo un cosmo. Vivendo in un mondo di chaos, possiamo arrivare all'esistenza di Dio, o dovremmo piuttosto dedurre l'esistenza di un mostro? [19].

[18] W. KASPER, *Gesù il Cristo*, Queriniana, Brescia 1975, p. 93.
[19] J. MOLTMANN, *Il Dio crocifisso*, Queriniana, Brescia 1973, p. 256.

Tuttavia, l'alternativa stoica, proposta da molti atei contemporanei, è essa stessa problematica. Certamente è una visione tragica della vita. L'uomo non è affatto visto come un Prometeo che ruba il fuoco degli dei. Piuttosto, così come se lo figura Camus, è più simile a Sisifo che rotola il masso sulla cima della montagna, solo per aspettare che riprecipiti nuovamente a valle. A questo punto è obbligato a ricominciare ancora a lottare. Moltmann, riflettendo su questo tipo d'ateismo, osserva che il tallone d'Achille di questa protesta è l'inevitabile deriva verso la rassegnazione. La propria libertà è riscattata al prezzo della disperazione. Egli scrive, « L'ateo di protesta ama in modo disperato. Soffre perché ama, e protesta contro la sofferenza ed insieme contro l'amore che lo fa indurire. Egli vorrebbe restituire, come Ivan Karamazov, il biglietto d'ingresso alla vita »[20].

Ciononostante, anche in questo ateismo di protesta, possiamo forse vedere una dimensione religiosa. Ernst Bloch ha mostrato che nell'ispirazione religiosa molto si basa sui sogni e sui desideri messianici dell'uomo. La formula chiave per interpretare l'uomo è: S non è ancora P. L'essere umano, in altre parole, non è statico. Egli è trascendente, va sempre oltre se stesso. La meta verso la quale si dirige è l'utopia. Le grandi religioni come il Giudaismo ed il Cristianesimo sono risposte alla tendenza messianica dell'uomo. Ma questo dinamismo verso l'utopia si fa urgentissimo a motivo della sofferenza umana. Poiché vive in un mondo di sofferenza e d'ingiustizia, l'uomo nella sua trascendenza sperimenta un desiderio insaziabile di un regno di pace. Un altro filosofo tedesco, Horkheimer, ha considerato lo stesso problema ed ha osservato che l'uomo è « la nostalgia del totalmente altro »[21]. Egli ha nostalgia di un regno di giustizia perfetta e di rettitudine. Ma nessuna situazione umana corrisponde mai in maniera adeguata a questo sogno. Sebbene Horkheimer sia ateo, comprende la base antropologica delle religioni. Alla pari di Bloch, riconosce che le religioni non scompariranno, poiché rispondono ad un desiderio insopprimibile del cuore umano. E Horkheimer ammette anche che se una tale utopia esistesse, dovrebbe includere qualcosa come la risurrezione dei morti. Solamente in un regno nel quale i morti risorgono potrebbe esserci una piena riconciliazione dell'umanità col mondo, una riconciliazione nella quale l'oppressore non trionferebbe più in modo decisivo e definitivo sulla sua vittima. Ma Horkheimer riconosce anche che un simile regno è un'utopia. Richiederebbe una creazione nuova, un inizio assolutamente nuovo, perché nel mondo presente siamo presi in un circolo vizioso di odio, violenza e vendetta.

---

[20] J. MOLTMANN, *L'Esperimento Speranza*, Queriniana, Brescia 1975, p. 103.
[21] Vedi M. HORKHEIMER, *Die Sehnsucht nach dem ganz Anderen. Interview mit Kommentar von Hellmut Gumnior*, Hamburg 1970.

Conclusione

In questo capitolo abbiamo cercato di sollevare la questione del significato che viene dato alla parola « Dio » e ci siamo soffermati sui vari dilemmi che sorgono quando si cerca di riflettere su Dio. Abbiamo cominciato con il concetto classico di Dio ed abbiamo mostrato che questo concetto comporta seri problemi per un credente. Inoltre, abbiamo visto che le antinomie presenti in questo modo d'intendere Dio hanno contribuito alla situazione di diffuso ateismo. Riflettendo poi sull'ateismo, abbiamo visto che questa visione della vita, sebbene faccia giustizia a diverse dimensioni dell'esperienza umana, implica anche delle conseguenze che offrono una visione della vita umana per nulla soddisfacente.

A questo punto dobbiamo chiederci se siamo arrivati ad un cul-de-sac o se ci sia una via ulteriormente percorribile. Diversi autori moderni come Moltmann e Jüngel hanno suggerito che l'idea cristiana di Dio debba essere vista precisamente come una risposta a questo impasse [22]. Per questi autori sia il teismo che l'ateismo sono tentativi falsi di pensare Dio. E come viene messo in evidenza da Moltmann, esiste un punto in comune fra di loro. Entrambi pensano Dio come l'essere perfetto, separato dalla storia, atemporale e impassibile. Il teismo difende questo concetto di Dio, l'ateismo lo rifiuta. Ma certamente, *prima facie*, l'esperienza cristiana di Dio sembra essere orientata in un'altra direzione. Difatti la fonte del pensiero cristiano su Dio è l'identificazione che Dio ha fatto di se stesso con un frammento particolare della storia umana, e precisamente con la storia di Gesù di Nazareth. La fede cristiana ha sempre voluto dire che questa storia è la storia stessa di Dio. Senza dubbio, è questo il significato dell'incarnazione. Ma quando guardiamo questa storia, notiamo qualcosa di ancor più sorprendente. La storia di Gesù culmina nella croce, cioè nella sofferenza e nella morte. Per noi cristiani, dunque, Dio e morte non sono contraddittori, poiché l'evento della croce è un evento di Dio. Pertanto, la sfida del pensiero cristiano su Dio è precisamente, come Jüngel mette in evidenza, pensare Dio in unità col tempo e con la morte. Quindi la domanda verso la quale si devono dirigere le nostre ulteriori riflessioni è la seguente: cosa c'è nell'autorivelazione di Dio in Gesù Cristo che ci fa pensare Dio in modo nuovo, e come mai per il cristianesimo questo modo nuovo si presenta assolutamente trinitario, cosicché ciò che si intende con la parola Dio è il Padre, il Figlio, e lo Spirito Santo?

---

[22] Vedi E. Jüngel, *Dio, mistero del mondo* e J. Moltmann, *Il Dio crocifisso*.

Capitolo Secondo

RIVELAZIONE E TRINITÀ

Chiunque rifletta oggi sul mistero di Dio all'interno della tradizione cattolica dovrà tener conto di due sviluppi di grande importanza. Il primo è il cambiamento di prospettiva a riguardo della comprensione che la chiesa ha della rivelazione, avvenuto tra il Vaticano I e il Vaticano II. Il secondo è il riaprirsi della questione della Trinità all'interno della teologia protestante a partire da Karl Barth. Cominciamo riflettendo un momento su questi due sviluppi.

È comunemente riconosciuto che il Vaticano I ha lavorato con una visione proposizionale della rivelazione. Vi si dice che Dio rivela delle cose su se stesso e sul destino degli uomini le quali di tanto superano le possibilità della mente umana che, se non fossero state rivelate da Dio, ci sarebbero inaccessibili. Così, secondo il Vaticano I, ci sono due ordini di conoscenza: quello basato sulla fede e quello basato sulla ragione. Nella sua costituzione sulla fede *Dei Filius*, il Concilio afferma, « Ci sono due ordini di conoscenza, distinti non solo nell'origine ma anche nell'oggetto. Essi sono distinti nell'origine, poiché in uno conosciamo per mezzo della ragione naturale, nell'altro per mezzo della fede divina. Ed essi sono distinti nell'oggetto, poiché oltre a ciò che può essere raggiunto dalla ragione naturale, noi facciamo oggetto della nostra fede misteri che sono nascosti in Dio e che, senza la rivelazione divina, non possono mai essere conosciuti » [1]. È degno di nota che in questo testo, e in tutti gli altri del Concilio, si parla di misteri al plurale. Lo stesso accade quando il Concilio parla della comunicazione delle verità divine. E spiega che si tratta di misteri propriamente detti, poiché, secondo la loro stessa natura, oltrepassano la capacità di comprensione dell'intelletto creato. Siccome essi sono al di là delle possibilità della nostra ragione, il Concilio offre come fonda-

---

[1] DS 3015.

mento della fede il motivo estrinseco dell'autorità di Dio rivelante, il quale non può né ingannare né può essere ingannato.

Invece, il Vaticano II usa un concetto più profondo di rivelazione, con un concetto che è pienamente cristologico. Nella *Dei Verbum*, i padri conciliari abbandonano il modello proposizionale di rivelazione in favore di un modello di auto-comunicazione. Dio non rivela tanto verità intorno a se stesso o i misteri del suo essere, ma piuttosto rivela o comunica se stesso. Così il numero due della *Costituzione sulla divina rivelazione* inizia, « Piacque a Dio nella sua bontà e sapienza rivelare se stesso e far conoscere il mistero della sua volontà ». Colpisce che il Concilio accentui nello stesso paragrafo la portata soteriologica della rivelazione, usando ancora il singolare invece del plurale per riferirsi alla verità della rivelazione divina. « La profonda verità, poi, su Dio e sulla salvezza degli uomini, per mezzo di questa rivelazione risplende a noi nel Cristo, il quale è insieme il mediatore e la pienezza di tutta la rivelazione ». In questo stesso passo vediamo come il Concilio Vaticano II pensa la rivelazione in termini cristologici. La rivelazione non viene più vista, come nel Vaticano I, in contrasto con la storia ma in prospettiva storica. Dobbiamo guardare gli eventi storici concreti di spazio e tempo, cioè la storia di Gesù di Nazareth, per scoprire la presenza della rivelazione di Dio. Il numero quattro della *Dei Verbum* lo esprime in modo succinto, « Perciò egli, vedendo il quale si vede anche il Padre, con tutta la sua presenza e con la manifestazione di sé, con le parole e con le opere, con i segni e con i miracoli, e specialmente con la sua morte e la gloriosa risurrezione di tra i morti, e infine con l'invio dello Spirito di verità, compie e completa la rivelazione ». Già in questi brevi passaggi il Concilio allude al fatto che la rivelazione cristiana può essere capita adeguatamente solo in termini trinitari. Infatti, il punto essenziale delle affermazioni del numero due è che Dio Padre si rivela e si fa conoscere attraverso Gesù Cristo, ma, come indica il numero quattro, la pienezza della rivelazione di Gesù si attua nel mistero pasquale e « infine con l'invio dello Spirito di verità ».

La nuova direzione della teologia Bartiana

Che il Concilio Vaticano II si sia mosso in questa direzione non è semplicemente un caso. Tutta la via verso il nuovo modello di rivelazione come auto-comunicazione di Dio è stata preparata, non da ultimo, dal movimento della neo-ortodossia all'interno della teologia protestante e dall'impulso dato al rinnovamento della teologia trinitaria dal lavoro pioneristico di Karl Barth.

Certamente per cogliere il significato e l'effetto della teologia di Barth è necessario comprenderla storicamente. Barth scriveva dal contesto della teologia del diciannovesimo secolo che si era sviluppata sotto l'influsso dell'Illuminismo. È significativo che Kant, uno dei più grandi pensatori dell'Illuminismo, rifiuta la dottrina cristiana della Trinità considerandola un'inutile speculazione. Egli scrive, « Dalla dottrina della Trinità, presa alla lettera non si può ricavare assolutamente nulla di pratico se si crede di capirla ed ancor meno se ci si accorge che essa trascende ogni nostro concetto » [2]. Sotto l'influsso di questo tipo di pensiero, Schleiermacher mette al centro della sua teologia l'esperienza umana, specialmente l'esperienza religiosa di totale dipendenza da un altro. Nella sua grande opera *La Fede Cristiana* Schleiermacher relega la dottrina della Trinità in un'appendice. Non è caso che Barth intenda capovolgere la teologia di Schleiermacher. Nella *Dogmatica ecclesiale* la Trinità è presentata come prologomeno a tutta la teologia cristiana. Secondo Barth, la dottrina della Trinità fornisce quella struttura senza la quale la fede non è più intelligibile.

Tutta la teologia di Barth intende essere una risposta a Schleiermacher. Barth rifiuta la tradizione del pensiero dell'Illuminismo che mette l'umanità al centro dell'universo. Barth vuole sostituire questo antropocentrismo con un cristocentrismo. Allo stesso tempo, nonostante tutta l'insistenza posta da Barth sul fatto che la teologia ha solo un oggetto, la Parola di Dio, è anche chiaro come egli tenga costantemente un occhio a fuoco sulla situazione contemporanea dell'uomo. L'uomo e la donna di oggi vivono in un mondo nel quale Dio sembra essere distante, assente, in silenzio o perfino morto. La dottrina Barthiana della rivelazione intende essere una gioiosa risposta alla persona contemporanea che si trova in questa situazione di buio e di angoscia.

Questo è lo sfondo che permette di cogliere alcuni dei punti cardinali della teologia Barthiana della rivelazione. Da una parte, Barth insiste sul fatto che Dio nel suo proprio essere è essenzialmente nascosto, celato, velato. Barth non si stanca mai di riaffermare la trascendenza di Dio. Dio è tanto al di sopra di noi che non sussiste per noi alcuna possibilità di raggiungerlo. Questo è vero prima di tutto perché siamo creature. Dio è nel suo cielo e noi siamo sulla terra. Questo è ancor più vero a motivo della peccaminosità della situazione umana. Secondo la Bibbia, la nostra peccaminosità ci ha separati da Dio. Gli abbiamo voltato le spalle ed abbiamo troncato il nostro rapporto. L'amicizia può essere ristabilita solo da parte di Dio. Dato l'insuperabile abisso tra Dio e l'uomo, la teologia cristiana deve rifiutare radicalmente l'antropocentrismo. La teologia non dovrebbe cominciare con il soggetto umano o con l'esperienza religiosa, dato che non è mai possibile ascendere da questo punto di partenza per raggiungere il Dio vivente.

---

[2] KANT, *Der Streit der Fakultäten*, Philosophische Bibliothek, Leipzig, p. 34. Citato da MOLTMANN, *Trinità e Regno di Dio*, Queriniana, Brescia 1983, p. 16.

Allo stesso tempo, la teologia Barthiana non è negativa, poiché lo scopo del metodo di Barth è di portare a riconoscere che ciò che è impossibile dal basso è possibile dall'alto; ciò che è impossibile antropologicamente è possibile cristologicamente, ed è questo esattamente il senso della rivelazione.

Per Barth, la fede cristiana è radicata nel fatto che Dio ha parlato. Mandando la sua parola nelle tenebre della nostra situazione umana, Dio ha dato prova della sua esistenza, ha consegnato se stesso per farsi conoscere così come egli è ed ha stabilito un rapporto con noi che non avremmo mai potuto stabilire da noi stessi. Per Barth è importante riconoscere la situazione d'ateismo nella quale viviamo, ma non si dovrebbe prendere l'ateo troppo seriamente, poiché il cristiano ha una roccia salda sulla quale stare, e precisamente il fatto che Dio ha parlato e che la sua Parola è penetrata nel silenzio che ci atterrisce.

La prima cosa da dire, quindi, sulla dottrina Barthiana della rivelazione è che la rivelazione è identificata con la Parola di Dio. Nella *Dogmatica ecclesiale*, Barth parla di un triplice senso della Parola di Dio. Nel suo senso originale e primario la Parola di Dio si identifica con Gesù Cristo. C'è un'identità ed unità indissolubile fra Dio e la sua Parola. Gesù Cristo *è* la Parola di Dio. In modo derivato ci sono altri due significati della Parola, cioè la Parola di Dio nella Bibbia e la Parola di Dio nella proclamazione della chiesa. Gesù si serve di questi mezzi, cosicché è possibile trovarlo in essi. Per esempio, Gesù Cristo può rivelarsi al credente quando egli legge la scrittura o quando ascolta una predica, ma non c'è in questo caso lo stesso indissolubile legame fra Dio e la sua Parola che c'è in Gesù Cristo incarnato.

Per Barth, quindi, la rivelazione nel senso primordiale si deve identificare con Gesù Cristo. Una comprensione cristologica della rivelazione. In Gesù Cristo accade qualcosa che non è mai accaduto prima e che non accade da nessun'altra parte. Il Dio nascosto e trascendente diventa svelato e storico. Barth scrive, « La comprensione cristiana della rivelazione è la risposta dell'uomo alla Parola di Dio che si chiama Gesù Cristo. È la Parola di Dio che crea la comprensione cristiana della rivelazione. Da essa riceve il suo contenuto, la sua forma e il suo limite » [3]. Barth mette in evidenza che questa rivelazione è radicalmente nuova, « In Gesù Cristo e solo in lui entra sul palcoscenico della vita umana ciò che è realmente *nuovo*, e ciò che era finora sconosciuto, perché velato e nascosto » [4]. La rivelazione per Barth è anche unica e irripetibile. Da quando Dio ha realmente comunicato se stesso, non è rimasto nulla che egli debba ancora dire. Gesù Cristo è l'evento escatologico. Per Barth ne segue anche che

[3] KARL BARTH, « Revelation », in *Revelation A Symposium* a cura di John Baille e H. Martin, Londra 1937, p. 42.
[4] *Ibid.*, p. 45.

non ci sono altre rivelazioni. Solo in questo evento si può trovare Dio così come egli è. Barth non esita a dire che la rivelazione è senza analogia. Egli scrive, la rivelazione « non ha analogie e non si ripete in nessun altro luogo. È unica e parla da se stessa. Non riceve luce da nessun'altra parte; la sorgente della sua luce è in se stessa e solo in se stessa »[5].

Nella *Dogmatica ecclesiale* Barth introduce anche una categoria interpretativa per gettare luce sulla natura della rivelazione. Questa è la categoria della Signoria di Dio, un concetto critico per la comprensione trinitaria che Barth ha della rivelazione. Secondo Barth, la parola « Dio » e la parola « Signore » sono nella Bibbia sinonimi. Ciò che la Bibbia rivela è la sovranità di Dio. Questo è il tema costante dell'Antico Testamento. Nel dare i dieci comandamenti agli israeliti, Dio li introduce con la verità fondamentale della sua sovranità, « Io sono il Signore, tuo Dio, che ti ho fatto uscire dal paese d'Egitto, dalla condizione di schiavitù: non avrai altri dèi di fronte a me » (Es 20, 2-3). Questo è anche il messaggio dei profeti, come leggiamo ad esempio in Isaia, « Volgetevi a me e sarete salvi, paesi tutti della terra, perché io sono Dio; non ce n'è altri » (Is 45, 22). Dunque Barth sceglie di costruire tutta la sua teologia su ciò che considera essere la testimonianza fondamentale del messaggio biblico: « Dio rivela se stesso come Signore »[6].

Barth sostiene che se si riflette sulla testimonianza biblica, si vede che la rivelazione della Signoria di Dio ricorre in una triplice ripetizione. In realtà questa triplice reiterazione della sua Signoria corrisponde alla natura della rivelazione. Ciò che vediamo nel fatto della rivelazione è l'esistenza di una triplice distinzione fra Dio il Rivelatore, Dio la rivelazione, e l'essere rivelato o l'impartizione di questa rivelazione.

In primo luogo, c'è Dio il Rivelatore. Attraverso l'atto della rivelazione noi scopriamo chi è Dio. Dio è il soggetto della sua rivelazione. Egli rimane irriducibilmente soggetto e non può mai essere reso un oggetto da manipolare. Come soggetto attivo, Dio è il Signore della sua rivelazione. Senza l'atto della rivelazione Dio sarebbe essenzialmente nascosto. Ma in questo atto sovrano della sua libertà Dio sceglie di svelare se stesso. Instaura una relazione fra sè e gli uomini. Dio il Rivelatore è anche la sorgente della sua rivelazione. È l'abisso, il fondamento, l'insondabile mistero della divinità. In un certo modo, Barth ammette che la parola Dio si riferisce nel senso originale e primordiale a questa sorgente della divinità. Sebbene ci sia identità tra il Rivelatore e la Rivelazione, è decisivo osservare il giusto ordine delle relazioni. La rivelazione ha la sua origine nel mistero insondabile che è la sorgente della divinità.

[5] *Ibid.*, p. 46.
[6] Su questo punto Barth riceve le critiche di Moltmann, il quale pensa che non si possa importare all'interno della teologia un concetto alieno di Signoria. Piuttosto che sviluppare la dottrina della Trinità nei termini di un concetto apriorico di Signoria, Moltmann sostiene che dobbiamo sviluppare la comprensione della Signoria sulla base della storia trinitaria di Dio. Vedi MOLTMANN, *op. cit.*, pp. 151-158.

Se la prima domanda a riguardo della rivelazione è: « chi è Dio? », la seconda è « che cosa fa Dio? ». Qui la risposta è che Dio svela se stesso e si fa conoscere. Dio comunica se stesso in modo tale da essere identico con ciò che egli rivela. Pertanto Dio non rivela qualcosa su se stesso, ma rivela se stesso in quanto tale. In realtà Dio identifica se stesso con un evento storico, con la persona di Gesù di Nazareth. Gesù Cristo è l'autorivelazione di Dio nel senso primordiale. Barth trova numerose e diverse vie per illuminare questa verità. Per esempio, dice che Gesù è l'auto-interpretazione di Dio. Un'interpretazione così esatta che Dio corrisponde a se stesso in questo evento. Dice anche che Dio re-itera se stesso in questo evento, che la sua divinità diventa temporale in questo evento. Sulla base dell'evento della rivelazione, è necessario sia fare delle distinzioni in Dio, sia salvaguardare l'unità fra il Rivelatore e la Rivelazione. In linguaggio Barthiano, Dio si differenzia da se stesso per diventare diverso da se stesso e rimanere tuttavia se stesso.

L'identità fra Dio e la sua rivelazione permette a Dio di rimanere irriducibilmente soggetto nell'atto del suo rivelarsi. Dio non crea un *tertium quid* fra se stesso e il mondo. In questo caso si comprenderebbe l'umanità di Gesù in modo cosificato, come qualcosa di cui Dio si serve per esprimere se stesso. L'umanità di Gesù non è qualcosa di cui Dio si serve, ma è piuttosto l'auto espressione di Dio. Secondo Barth, l'errore di fondo di Ario fu non cogliere questo concetto, facendo così del *Logos* un intermediario fra Dio e il mondo.

Avendo riflettuto su chi è Dio e su che cosa fa Dio nella sua rivelazione, dobbiamo passare ad una terza questione: che cosa effettua Dio nella sua rivelazione? La risposta di Barth è che Dio effettua in noi, destinatari della sua rivelazione, la comunione con lui. Il terzo modo d'essere di Dio nella sua rivelazione è ciò che s'intende con lo Spirito Santo. È necessario completare l'atto della rivelazione con questo terzo modo d'essere di Dio, altrimenti la rivelazione rimane un puro fatto del passato. Ma ciò che la rivelazione diventa attualmente, ciò che accade in me, è opera dello Spirito Santo. E poiché è solo Dio che può effettuare la comunione con sé, questo terzo modo d'essere deve essere divino come gli altri due. Quindi un'analisi di Dio nella sua rivelazione ci manifesta che Dio è e vuole essere in una triplice ripetizione, come colui che è il Rivelatore, la Rivelazione e l'essere in Rivelazione (Revealedness), cioè come il Padre, la Parola e lo Spirito Santo. In altre parole, la rivelazione implica un'interpretazione trinitaria di Dio.

Barth ammette che la terza distinzione in Dio è la più nebulosa e la più difficile da comprendere. È più facile cogliere l'identità-nella-differenza fra Dio e il Rivelatore e il suo atto di rivelazione. Ma per Barth un punto importante da ricordare è che Dio rimane sempre irriducibilmente soggetto nella sua rivelazione. Questo è importante quando l'evento della rivelazione diventa attuale in me. Senza questa terza distinzione, Dio rimarrebbe un oggetto di fronte a me. Ma la fede cristiana vuole dire di più di questo. Io non mi trovo davanti a Cristo semplicemente come di fronte ad un oggetto. Cristo dimora attualmente in me, cosicché io lo conosco come un soggetto, come un tu. Questo implica la terza reiterazione di Dio come soggetto, Dio Spirito Santo.

È interessante notare quanto sia agnostica la teologia trinitaria di Barth. Egli cerca di essere pienamente coerente nello sviluppare la sua dottrina su Dio esclusivamente sulla base della rivelazione. Secondo il punto di vista di Barth, la rivelazione esige che il credente faccia delle distinzioni in Dio. Senza queste distinzioni non ci è possibile dare un resoconto adeguato della nostra esperienza di Dio sulla base della sua Parola. Ma fa parte del mistero di Dio che il « come » della sua trinità ci rimanga insondabile. In una certa misura, possiamo vedere come la rivelazione ha la sua origine nel rivelatore e così riusciamo ad avere una qualche comprensione della distinzione che troviamo nella confessione di fede fra il non generato e il generato. Ma Barth ammette che è assai più difficile avere una qualche comprensione del terzo termine dell'evento della rivelazione. La teologia classica parla di processione e spirazione. In generale, Barth è scettico nei confronti dei tentativi Agostiniano-Tomistici di illuminare le processioni secondo analogie umane, come quella d'intelletto e volontà. Tutti i tentativi in questo senso sono troppo antropologici per Barth e corrono il rischio d'ibridismo umano. No, Barth pensa che dobbiamo contentarci di lasciare il come della trinità di Dio avvolto nel mistero. Dobbiamo contentarci di dire solo ciò che è necessario sulla base cristologica della rivelazione di Dio in Gesù. Come Barth scrive, « Non possiamo stabilire il come delle processioni divine e perciò dei modi d'essere di Dio. Non possiamo definire il Padre, il Figlio e lo Spirito Santo, vale a dire non possiamo delimitarli l'uno dall'altro. Possiamo solo dire che nella rivelazione sono presenti tre che si delimitano l'un l'altro, e se col nostro pensiero non possiamo andare oltre la rivelazione dobbiamo accettare il fatto che questi tre, che si delimitano l'un l'altro, sono antecedentemente una realtà in Dio. Noi possiamo affermare il fatto delle processioni e dei modi d'essere divini. Ma tutti i tentativi di specificare il come di questa delimitazione si dimostreranno impossibili » [7].

La relazione reale di Dio al mondo

Nel primo capitolo abbiamo visto che un'analisi precisa dell'idea di creazione implica una relazione con Dio a senso unico. D'altra parte, abbiamo notato che ciò che è importante dal punto di vista religioso per il credente è sapere che Dio vuole davvero avere una relazione col mondo.

[7] KARL BARTH, *Church Dogmatics*, I, T. and T. Clark, Edinburg 1975, p. 476.

Ma questo è precisamente il miracolo della rivelazione di Dio. Il teologo gesuita tedesco Peter Knauer, che si è appropriato della tradizione Barthiana della Parola di Dio attraverso la teologia del linguaggio di Gerhard Ebeling, afferma che il messaggio cristiano consiste precisamente nel coinvolgersi reale di Dio in questo mondo attraverso la sua Parola, una Parola che ci offre la comunione con sé. Parlando della rivelazione come di un evento-della-Parola, dice, « Questo rivolgersi di Dio a noi con parole umane è esso stesso l'evento della comunione con Dio. Quindi il concetto "Parola di Dio" nel suo senso autentico deve essere compreso in modo tale che includa la globalità dell'atto del parlare di Dio e che concerna l'intera realtà dell'uomo. Pertanto non deve essere completata da nessun'altra azione divina, ma essa stessa porta a compimento ciò che dice. In realtà, nella parola che ci è rivolta abbiamo la salvezza (Eb 2, 3). Perciò la "Parola di Dio" non è un discorso *sull'*amore di Dio per l'uomo, ma è essa stessa la pienezza di quest'amore, è cioè un evento-della-Parola » [8].

In un'analisi profonda del concetto evento-della-Parola, Knauer mostra come la relazione reale di Dio al mondo, implicata nel suo rivolgersi a noi, può essere giustificata solo sulla base di una comprensione trinitaria di Dio. Quindi Knauer, alla pari di Barth, sostiene che il Dio trino è la condizione di possibilità necessaria dell'autorivelazione di Dio. La sua tesi è la seguente: « Il rivolgersi di Dio all'uomo può essere capito come relazione reale di Dio al mondo solo se questo presuppone una relazione eterna di Dio a Dio, del Padre al Figlio » [9]. Per Knauer, il significato della rivelazione è che il credente, colui al quale Dio si rivolge, si sappia amato con quello stesso amore che il Padre ha per il Figlio da tutta l'eternità. La misura o la norma dell'amore di Dio per il mondo non è il mondo, ma il Figlio eterno. Così, nel porsi di Dio in relazione col mondo, non è il mondo il termine che misura l'amore di Dio. La misura è l'amore eterno del Padre e del Figlio. Quindi il termine costitutivo dell'amore di Dio per il mondo è il Figlio in cui il mondo viene incluso. Pertanto scrive Knauer, « Solo con una comprensione trinitaria di Dio è possibile unire le tesi dell'autocomunicazione di Dio alle sue creature con il riconoscimento della sua perfetta trascendenza, assolutezza ed unicità » [10].

Knauer prosegue, poi, analizzando la nozione dell'autocomunicazione di Dio sullo sfondo del problema della relazione di Dio al mondo. La nozione dell'autocomunicazione divina, afferma Knauer, può essere capita solo sul presupposto dell'incarnazione e del dono dello Spirito.

Per mezzo dell'incarnazione il Padre fa partecipe il mondo del suo amore eterno per il Figlio. Per mezzo della sua Parola incarnata, Dio

---

[8] Peter Knauer, *Der Glaube kommt vom Hören*, Frankfurt am Main 1982, p. 75.
[9] *Ibid.*, pp. 103-104.
[10] *Ibid.*, p. 104.

attua una relazione reale di se stesso al mondo e dice tutto quello che vuole comunicarci. Bisogna fare attenzione, tuttavia, ad analizzare la nozione dell'incarnazione in maniera corretta. L'umanità di Gesù non è una realtà indipendente e a sé stante, una realtà usata dalla Parola. Una tale concezione farebbe di una realtà terrena, creata, la misura e la norma dell'amor di Dio. Questa sarebbe una concezione mitologica secondo la quale il divino verrebbe confuso col terreno, di modo che Dio diventerebbe una parte di un sistema finito. Inoltre, secondo questa concezione, l'umanità sarebbe divinizzata in un modo monofisita, cosicché si potrebbe cercare di provare la divinità sulla base delle qualità sovrumane e straordinarie di questa umanità. Secondo il Concilio di Calcedonia, comunque, la divinità e l'umanità di Gesù rimangono senza separazione, ma anche senza confusione. Perciò l'umanità di Gesù rimane pienamente umanità, uguale a noi in tutto eccetto il peccato. Non possiamo provare la divinità di Gesù sulla base di un'umanità straordinaria. Per Knauer, la divinità di Gesù si può riconoscere solo tramite la fede sulla base della Parola.

Allo stesso tempo Knauer si appella alla nozione classica di an-ipostasi per spiegare che il termine dell'amore di Dio non è la creatura, ma il *Logos* divino, il Figlio. La dottrina dell'an-ipostasi si riferisce al problema di come dobbiamo capire la relazione fra la divinità e l'umanità in Gesù. In altre parole, come dobbiamo capire l'unità del Dio uomo? La definizione di Calcedonia ha escluso il dualismo di tutte le spiegazioni nestoriane. Gesù non è il risultato dell'addizione di Dio e uomo. Non è che Dio prenda possesso di un'umanità già esistente. Piuttosto, nell'autoespressione di Dio, nel suo incarnarsi, l'umanità viene ad essere l'umanità stessa di Dio. La natura umana, in quanto creata, dal primo momento del suo essere fu sempre l'umanità del *Logos*. Papa Leone I espresse questa verità nella frase, *assumptione creatur*, cioè nell'atto del suo essere creata l'umanità fu assunta dal *Logos*. L'umanità creata di Gesù non fu mai un'umanità a se stante, non fu mai un'ipostasi indipendente, ma fu sempre l'umanità dell'unica ipostasi del *Logos* divino. Di qui il termine an-ipostasi. « An » viene dall'alfa privativa della lingua greca, un modo per negare un'espressione. L'umanità di Gesù è an-ipostatica, cioè non è un'ipostasi a se stante, ma è l'umanità del *Logos* divino. Knauer usa questo modello per spiegare come Dio nell'incarnazione possa avere una relazione reale col mondo. Il termine dell'amore di Dio, secondo questo modello, non è l'umanità ma è il *Logos*. Così la misura dell'amore di Dio non è una realtà creata, ma è l'amore eterno del Padre e del Figlio. La natura umana non è il termine costitutivo della relazione di Dio al mondo. Il termine costitutivo è il *Logos* divino intra-trinitario. La base della relazione di Dio al mondo è la relazione di Dio a se stesso.

Comunque, tutto questo ha un significato se siamo effettivamente in relazione con Dio, cioè se partecipiamo a quest'amore del Padre e del

Figlio. Questo è ciò che accade nella fede. La fede non è semplicemente un atto di assenso intellettuale. La fede è un rapporto esistenziale con Dio sulla base dell'offerta che Dio fa di se stesso. Un'offerta che realizza ciò che propone. Dio mi parla in modo da farmi entrare in relazione con il Dio che si rivolge a me. In questo senso la fede è resa possibile dal dono di Dio stesso. In termini teologici, ciò significa che la fede è l'opera dello Spirito Santo. L'opera dell'incarnazione rimane incompleta fino a che gli uomini non sono portati nella relazione d'amore del Padre e del Figlio, fino a che la persona umana non si sa amata con la misura divina dell'amore eterno del Padre per il Figlio. Questo accade quando lo Spirito Santo mi dà la possibilità di credere. Nell'atto della fede la rivelazione divina raggiunge il suo compimento. Il Padre è in relazione reale col mondo e la persona umana entra in una relazione reale con Dio. Ma, come ora possiamo vedere, è solo la fondazione trinitaria della rivelazione che rende intelligibili queste affermazioni.

Dio come Donatore, Dono e Fondamento dell'accettazione del Dono

Per completare questa riflessione sulla relazione fra la rivelazione e la Trinità, può essere utile prendere in esame la teologia di Karl Rahner, poiché fra i teologi cattolici ha dato inizio ad un capitolo del tutto nuovo nella teologia trinitaria spostando l'attenzione dalla speculazione sulla vita intradivina della Trinità verso la fondazione della fede trinitaria nella storia della salvezza. Come egli indica, aprendo nuovi orizzonti nel suo articolo in *Mysterium Salutis*, la Trinità è « l'origine trascendente della salvezza ».

Nel suo *Corso Fondamentale sulla Fede*, Rahner osserva che per una comprensione corretta del termine rivelazione si deve vedere come esso includa tre esperienze distinte ma in relazione tra di loro. Innanzi tutto, c'è una rivelazione naturale. Questa è la rivelazione che Dio fa di se stesso ad ogni uomo semplicemente in virtù della sua umanità. Forse il termine chiave nell'antropologia filosofica di Rahner è trascendenza. Questo termine indica che l'uomo è una spinta dinamica oltre se stesso verso l'Infinito. Come S. Tommaso d'Aquino, Rahner comprende il soggetto umano secondo le due facoltà d'intelletto e volontà. In ogni atto di conoscenza io sono conscio di una realtà finita. Ma questa realtà finita fa che io mi ponga poi nuove domande. Pertanto, la conoscenza è un processo dinamico, un processo che in linea di principio non conosce termine. Per Rahner, ciò implica che la conoscenza sia essenzialmente ordinata al Mistero Infinito. Rahner preferisce parlare di Mistero, poiché questo termine indica che l'orizzonte della mia conoscenza è necessariamente indefinibile ed ineffabile. Se potessi definire il Mistero, non sarebbe Mistero ma piuttosto un oggetto finito.

Allo stesso tempo, la persona umana non è solo un soggetto di conoscenza. È anche un soggetto di libertà e d'amore. Ma qui si rivela tanto la sua natura quanto la sua trascendenza. In ogni atto di scelta, sono spinto al di là dell'oggetto finito verso l'Infinito. Ogni scelta rivela il divario fra l'aspirazione e l'anelito infiniti del mio cuore e le realtà finite con le quali cerco di soddisfare il mio desiderare. Pertanto anche in ogni scelta finita ho una conoscenza implicita della meta ultima delle mie azioni.

La conclusione è che in ogni atto umano Dio, il Mistero Santo, è rivelato implicitamente come termine della trascendenza. C'è dunque una dimensione religiosa in tutte le esperienze umane, ma essa rimane nascosta, anonima, indefinibile. In linea di principio non mi è possibile dare un nome al Mistero, poiché il Mistero non è mai un oggetto appartenente al mondo delle mie esperienze categoriali. Tuttavia, nonostante il suo carattere ineffabile, il Mistero è di fatto più reale del mio mondo di tutti i giorni. Dato che questo Mistero è inevitabilmente presente in tutte le mie esperienze, possiamo dire che si tratta di una rivelazione naturale di Dio ad ogni persona umana. Come dice Rahner, « Quando Dio crea l'altro e di conseguenza lo crea come il finito, quando Dio crea lo spirito che riconosce l'altro come finito attraverso la propria trascendenza e così in rapporto al proprio fondamento, e il quale di conseguenza riconosce nel contempo tale fondamento come qualitativamente e del tutto diverso, appunto come il Mistero Santo ineffabile che è separato da ciò che è semplicemente finito, là abbiamo già una certa qual manifestazione di Dio quale Mistero Infinito » [11].

Una tale manifestazione di Dio, comunque, può difficilmente eliminare tutti i problemi per chi vi rifletta. Il tipo di rivelazione che la persona umana sperimenta nella rivelazione naturale è di sua natura problematico in quanto, come Rahner mostra, questo Dio indietreggia di fronte ad ogni nostro tentativo di comprensione. Rahner parla del Mistero come orizzonte dell'orientamento asintotico [12] e in un altro passo scrive, « Esso si dà a noi nel modo di uno che si rifiuta, nel modo del silenzio, della lontananza, di uno che si mantiene costantemente in uno stato di non espressività, cosicché qualsiasi discorso da parte sua, per essere percepibile, ha sempre bisogno che tendiamo l'orecchio a un silenzio » [13]. Perciò la natura stessa della rivelazione naturale fa sorgere l'ulteriore domanda se Dio desideri rimanere distante e in silenzio oppure se voglia avvicinarsi e parlare.

[11] KARL RAHNER, *Corso fondamentale sulla Fede*, Edizioni Paoline, Roma 1984⁴, p. 228.
[12] *Ibid.*, p. 162.
[13] *Ibid.*, p. 95.

Naturalmente il credente sa che Dio ha parlato e ci si è fatto vicino attraverso la sua rivelazione in Cristo. Così arriviamo alla storia della salvezza propriamente detta, alla rivelazione assolutamente soprannaturale di Dio, all'offerta non solo di una partecipazione all'esistenza attraverso la creazione, ma all'offerta della sua stessa vita divina. Come ripete instancabilmente Rahner, Dio non vuole offrirci nient'altro se non se stesso. Il Donatore e il Dono sono identici nell'atto della rivelazione.

Per comprendere questa rivelazione soprannaturale, dobbiamo approfondire il significato sia dell'incarnazione che dell'elevazione soprannaturale della creatura attraverso la grazia. Cominciamo con la realtà dell'incarnazione.

In tutti i suoi scritti teologici sull'incarnazione, Rahner si preoccupa di almeno due problemi. Prima di tutto, come si può presentare la fede della chiesa nell'incarnazione in modo che all'uomo e alla donna di oggi non appaia mitologica e perciò non credibile? Parlare di Dio che discende dal cielo prendendo la forma di un uomo sembra spesso al contemporaneo una storia dell'era prescientifica che non è più credibile. Ciò è legato al problema che il credete comune comprende la sua fede in un modo monofisita, cioè Gesù è presentato come Dio vestito da uomo. L'umanità di Gesù non è compresa come un'umanità autonoma, ma piuttosto come qualche cosa che viene usato dalla divinità. Così, ciò che è messo in evidenza è la natura divina. Gesù è visto come l'intervento miracoloso di Dio negli affari degli uomini, diverso da tutti noi, ad esempio, per il suo potere di fare miracoli, la sua onniscienza, la sua visione immediata di Dio e la sua essenza divina.

Fin dal primo volume dei suoi *Saggi di teologia*, Rahner ha percepito che il cuore di questo problema è la questione di come si debba comprendere l'unità di Cristo, o nel linguaggio di Calcedonia, l'unità delle nature divina e umana di Cristo. Rahner vede anche come questo problema non sia solo della cristologia. Esso sottende anche il problema della dottrina della creazione e della relazione di Dio al mondo. Dio e il mondo non sono « altri » nello stesso modo in cui due oggetti categoriali sono distinti. Se fosse così, Dio non sarebbe Dio, ma Dio ed il mondo esisterebbero in un sistema più grande, onnicomprensivo. D'altro canto, è necessario che distinguiamo Dio e il mondo, altrimenti cadremmo nel panteismo. Rahner mostra come la distinzione fra Dio e il mondo debba essere capita all'interno di una più profonda unità, cioè come Dio nell'atto della creazione crea la distinzione da se stesso e nello stesso tempo la supera con la sua potenza creatrice. Egli scrive, « La distinzione tra Dio e il mondo è di tal natura che l'uno pone ed è la distinzione dell'altro nei propri riguardi, per cui proprio nella divisione dà vita alla più grande unità » [14]. Lo stesso

---

[14] *Ibid.*, p. 94.

problema sottende la comprensione dell'incarnazione. La definizione di Calcedonia, secondo la quale Gesù è una sola persona divina in due nature, esclude due interpretazioni estreme dell'unità di Gesù. Una è la nestoriana, secondo la quale Gesù è un composto di due nature. L'altra è la monofisita. Secondo questa interpretazione, dopo l'incarnazione c'è una sola natura, la natura divina in carne umana. Ovviamente una simile interpretazione non fa giustizia all'umanità di Gesù ed è implicitamente docetista. Perciò, il problema per Rahner è di come si possa comprendere l'unità di Gesù in modo che rimanga spazio per un'umanità pienamente autonoma.

Nel primo volume dei *Saggi di teologia*, Rahner riflettendo su questo problema propone, come unica soluzione, che l'unità deve essere il fondamento della distinzione. In un unico e medesimo atto, il *Logos* deve creare l'umanità come un'umanità autonoma, distinta, ma anche come un'umanità che si trova unita al *Logos* in qualità di umanità del *Logos*. Ciò che fa ex-sistere l'umanità come qualcosa di distinto da Dio, e ciò che unisce la natura col *Logos* è esattamente lo stesso. Rahner scrive, « Si può concepire questa umanità *concreta* di Cristo in quanto tale come diversa dal *Logos*, solo *in quanto* è unita a lui. L'unione col *Logos* la deve costituire nella sua diversità da lui, cioè proprio in quanto natura umana. L'unione stessa deve essere il fondamento della diversità » [15].

In questo modo Rahner apre la via ad un nuovo approccio alla cristologia nel quale Gesù è compreso come simbolo, sacramento, o autorivelazione di Dio, ciò vuol dire che Gesù è quella realtà umana finita che è distinta da Dio ma che è nello stesso tempo così identica con Dio da esserne l'autoespressione perfetta. Come dice Rahner, quando Dio vuole manifestare se stesso al mondo quello che avviene è Gesù di Nazareth. Oppure in un'altra terminologia, Gesù è l'esteriorizzazione di Dio o la sua *ek-stasis*. Dio non dà qualcosa di diverso da sé, ma Dio dà il suo vero io. Come Rahner non cessa mai di affermare, il Donatore e il Dono sono identici. In Gesù, dunque, abbiamo un'umanità che precisamente nella sua umanità è la rivelazione di Dio. C'è la più stretta unità possibile all'interno della differenziazione fra l'umanità e la divinità. Come dice Rahner, « La realtà umana di Gesù non è umana, e quindi come tale priva d'interesse per il mondo e poi "per di più" propria di Dio e solo in tal senso importante quale caratteristica che sovrasta sempre l'umano e l'abbraccia dal di fuori. L'elemento umano ordinario di questa vita è l'esistenza di Dio nel senso precisato più sopra con cautela. È una realtà umana e *perciò* di Dio e viceversa » [16].

---

[15] KARL RAHNER, « Problemi della cristologia d'oggi », *Saggi di cristologia e di mariologia*, Edizioni Paoline, Roma 1967, p. 59.
[16] *Ibid.*, pp. 75-76.

In un saggio successivo Rahner ricorre al termine di simbolo per esprimere questa cristologia. Dio è il simbolizzato. Gesù è il simbolo di Dio, ma simbolo compreso non nel senso superficiale di un ente che si riferisce ad un'altra realtà assente, ma nel senso metafisico profondo di un ente che esprime se stesso attraverso un altro ente, il quale, pur essendo da esso diverso, è costitutivo della sua essenza. Al termine del suo saggio sulla teologia del simbolo Rahner nota che Gesù « è l'assoluto simbolo di Dio nel mondo, insuperabilmente ripieno della realtà simbolizzata, quindi non solo la presenza e la rivelazione nel mondo di quello che Dio è in se stesso, ma anche la presenza espressiva di ciò (o meglio: di colui) che Dio nella libertà della grazia volle essere nei confronti del mondo, e in maniera tale che questa posizione di Dio, essendo espressa così, non può più essere ritratta, ma è e rimane quella definitiva e insuperabile » [17].

La cristologia simbolica di Rahner priva la fede tradizionale della chiesa del suo significato? La formula suggerita da Rahner, « Gesù è il simbolo di Dio », indebolisce la fede cristiana nell'incarnazione? Possiamo ancora dire, per esempio, che Gesù è Dio? Dalle spiegazioni date spero sia chiaro che Rahner intende offrirci un'interpretazione attuale di Calcedonia, non una sua confutazione. Egli crede che la sua cristologia simbolica dica la stessa cosa della formulazione di Calcedonia. In una stimolante riflessione su questo problema nel *Corso fondamentale sulla Fede*, Rahner sostiene che, se intendiamo la formula correttamente, possiamo continuare a dire « Gesù è Dio », ma ci avverte che il credente comune interpreta, verosimilmente questa formula in senso monofisita. Per esempio, in una normale proposizione come « Pietro è un uomo », viene presupposta ed espressa un'identità reale tra il soggetto e il predicato. Ma quest'identificazione reale non si può fare nell'affermazione « Gesù è Dio » senza incontrare ancora delle difficoltà, perché, secondo Calcedonia, le due nature esistono non solo senza separazione (*adiairetos*), ma anche senza confusione (*asynchytos*). Come viene spiegato da Rahner, « Gesù, nella e secondo la sua umanità che noi vediamo quando diciamo "Gesù", non "è" Dio, e Dio, nella e secondo la sua divinità, non "è" uomo nel senso di un'identificazione reale » [18]. Così, in tutte queste frasi in cui si usa « è », è sempre presente il pericolo che il vero significato di Calcedonia venga distorto e che si comprenda la frase in un senso monofisita, cioè che si pensi che l'umanità sia confusa con la divinità in modo da considerare l'umanità una maschera o una livrèa della divinità. Di fatto l'incarnazione ci presenta un'unità singolare, profondamente misteriosa, fra realtà essenzialmente differenti e che sono ad un'infinita distanza l'una dall'altra. Quest'unità può essere colta solo con un atto di fede.

[17] KARL RAHNER, « Sulla teologia del simbolo », *Saggi sui sacramenti e sulla escatologia*, Edizioni Paoline, Roma 1969, p. 80.
[18] *Corso fondamentale sulla Fede*, p. 374.

La cristologia di Rahner, come quella di Barth, è basata sul fatto che Dio si è realmente manifestato. Nell'incarnazione c'è un'identità reale fra il Rivelatore e la Rivelazione, fra il Donatore e il Dono. Questo atto di rivelazione ha luogo nella nostra storia. Ciò è per Rahner particolarmente importante, perché, secondo la sua antropologia, l'uomo è un essere radicalmente storico e dunque ogni pretesa di raggiungere la salvezza al di fuori della sua storicità, non riuscirebbe mai perché non troverebbe l'uomo concretamente nel mondo di spazio e di tempo nel quale vive. Allo stesso tempo Rahner vede come anche l'offerta categoriale della salvezza sia in se stessa insufficiente per salvare l'uomo. L'uomo può essere pienamente redento solo se l'offerta della salvezza lo raggiunge nel più profondo della sua soggettività. Ciò accade per Rahner attraverso il dono della grazia divina. Infatti, il modo d'agire di Dio verso gli uomini è sempre bipolare. Dio agisce sia a livello trascendentale nel soggetto che a livello categoriale nella storia. In termini di economia della salvezza, ciò significa che Dio agisce cristologicamente e pneumatologicamente. Avendo già presentato la comprensione rahneriana di Gesù Cristo, posso ora passare alla sua comprensione dell'opera dello Spirito Santo nel profondo della soggettività di ogni uomo.

Fra i teologi contemporanei, Rahner è certamente uno dei più grandi campioni del dono della grazia di Dio. Nel *Corso fondamentale sulla Fede*, Rahner intitola il suo quarto capitolo « L'uomo come evento dell'autocomunicazione libera e perdonante di Dio ». Questo è molto importante perché indica quanto sia intima la relazione fra la grazia e la soggettività umana. Proprio come nella sua cristologia, anche qui Rahner mette l'accento sul fatto che il Donatore e il Dono si identificano. Così Dio si dona alla creatura in modo da diventare, attraverso la grazia, un principio co-costitutivo dello stesso soggetto umano.

Diversi spunti di riflessione emergono di qui. Se la tesi sopra è corretta, ciò comporta, e Rahner se ne rende conto, che la comprensione primaria della grazia deve essere quella della grazia increata. Questa è una divergenza rispetto alla tradizione scolastica. Per Rahner la grazia è il dono increato della vita stessa di Dio.

In secondo luogo, per illuminare il mistero dell'autodonazione di Dio, Rahner si appella alla distinzione fra causalità formale e causalità efficiente. Nella causalità efficiente, Dio crea un effetto distinto da sé, come nell'atto della creazione. Ma nel dono della grazia, egli diventa un elemento co-costitutivo del soggetto umano. Questo si potrebbe comprendere per analogia con la causalità formale nella quale una realtà particolare, un principio dell'essere, diventa un elemento costitutivo di un altro ente per il fatto di aver comunicato se stesso a questo ente. Comunque la categoria di causalità formale potrebbe essere fuorviante in quanto potrebbe sembrare che implichi una riduzione della trascendenza di Dio. Di solito, parlando della causalità formale in senso aristotelico, la causa formale e la causa materiale sono considerate immanenti all'ente. Il problema è di come comprendere il dono che Dio fa di se stesso alla creatura senza rinunciare alla trascendenza divina o senza fare della grazia un qualcosa di puramente accidentale o di estrinseco per la creatura. Rahner riconosce di usare il termine di causalità formale in modo analogico (a volte parla di causalità quasi-formale). Ad ogni modo, ciò che egli vuole è comprendere la grazia in modo tale che la creatura partecipi all'autorivelazione di Dio senza cessare di essere creatura e che Dio doni se stesso per diventare un elemento costitutivo del compimento del soggetto umano senza cessare di essere Dio. In un passo importante del *Corso fondamentale sulla Fede*, Rahner scrive, « L'autocomunicazione da parte di Dio non è data solo sotto forma di dono, bensì anche come la necessaria condizione della possibilità di quella accettazione di tale dono che può permettere a quest'ultimo di essere realmente Dio stesso, senza che esso, nel venir accettato, si trasformi in certo qual modo da Dio in un dono finito e creato che soltanto rappresenta Dio senza essere Dio stesso. Affinché possiamo accogliere Dio senza che in tale accettazione ancora una volta lo depotenziamo per così dire nella nostra finitezza, la nostra accettazione deve essere sorretta da Dio stesso, l'autocomunicazione da parte di Dio come offerta deve essere anche la condizione necessaria della possibilità della sua accettazione » [19].

Naturalmente, parlando della grazia increata, Rahner parla dello Spirito Santo. Infatti, non parla di Dio nella sua auto-espressione storica, che è il *Logos* incarnato, ma parla dell'altro modo dell'auto-comunicazione di Dio, Dio Spirito Santo, la cui missione è divinizzare il soggetto umano e rendere possibile l'accettazione del dono di Dio che offre se stesso.

Comunque, a questo punto sorge una questione importante. Come si rapportano queste due modalità dell'auto-comunicazione di Dio? La tradizione cristiana ha sempre affermato l'assoluta necessità di Cristo per la salvezza. In coerenza con questa posizione, ha anche affermato che la grazia è sempre grazia di Cristo. D'altro canto, Rahner sostiene fortemente l'universalità della grazia. La grazia è data a qualsiasi persona, almeno sotto forma di offerta. Se ciò è vero, e se una persona accetta questa grazia, quale significato ha ancora l'incarnazione?

Ci sono due modi in cui si potrebbe rispondere a queste domande. In primo luogo, Rahner si appella ad un altro tipo di causalità, la causalità finale. Tutta la grazia è grazia di Cristo, poiché tutta la grazia è data in vista di Cristo. Cristo è stato da tutta l'eternità il fine voluto dell'autocomunicazione di Dio. Nei disegni di Dio Cristo non è mai stato un'aggiunta posteriore. Quindi anche la grazia data temporalmente prima dell'even-

[19] *Ibid.*, p. 176.

to-Cristo è orientata a lui. In secondo luogo, tutto ciò ha un senso solo se è radicato nella vita trinitaria di Dio. L'elargizione della grazia e il dono dell'incarnazione sono due modalità dell'autocomunicazione di Dio. Esse hanno, tuttavia, una relazione intrinseca l'una all'altra perché sono radicate nell'essere eterno di Dio. Le due modalità dell'autocomunicazione di Dio nel tempo possono essere tenute insieme in unità solo se sono un'unità-in-differenziazione nella vita divina. Naturalmente, questa è per Rahner convinzione di fede. Il movimento col quale Dio esce da se stessa ed entra nella storia attraverso la creazione e attraverso l'opera dello Spirito Santo è sempre orientato a Gesù Cristo, che è sia la perfetta auto-offerta di Dio che, contemporaneamente, la risposta perfetta a questa offerta. Poi, nel dono della grazia ciascuno di noi ha l'opportunità di partecipare di quell'autocomunicazione di Dio e quindi di essere divinizzato. Grazia ed incarnazione sono doni complementari.

In questa sezione sulla teologia di Rahner, abbiamo parlato poco in modo esplicito della sua teologia trinitaria. La nostra attenzione si è posta sull'incarnazione e sulla grazia. In effetti ci siamo concentrati sulla presenza di Dio nella storia della salvezza. Ma implicitamente abbiamo sempre parlato della Trinità. Poiché, se è vero che Dio ha comunicato se stesso nella nostra storia della salvezza, cioè se l'unico Mistero Santo ha comunicato se stesso (e non qualcosa di diverso da sé) nell'incarnazione e nella grazia, allora ne segue, come mostra Rahner, che Dio nella sua stessa vita deve esistere secondo questi tre modi d'essere. Se Dio ha dato se stesso senza riserva nella sua rivelazione, allora Dio è nella sua vita divina così com'è nella sua rivelazione. Se Dio nella sua rivelazione è trino, allora Dio nel suo Essere infinito è il Mistero trinitario. Ne segue logicamente la tesi che è diventata un luogo comune da quando Rahner ha cominciato a scrivere sulla teologia trinitaria, cioè che la Trinità economica è la Trinità immanente, e viceversa. Comunque, come spero che ora sia chiaro, questa tesi non è priva, come sosteneva Kant, di ogni significato pratico. Essa è ben lontana dall'essere soltanto un'astrazione speculativa. L'affermazione della Trinità di Dio intende preservare e rendere intelligibile l'esperienza che abbiamo di Dio nella storia della salvezza. In definitiva, questa affermazione della Trinità di Dio ha la funzione di rendere intelligibile la convinzione centrale della fede che il Mistero Santo silente e distante ci si è fatto vicino nella prossimità radicale dello spazio e del tempo e nella profondità della nostra soggettività umana. Come scrive Rahner, « Solo attraverso questa dottrina infatti possiamo prendere sul serio in maniera radicale e salvaguardare integralmente la proposizione semplice, incomprensibile ed evidente ad un tempo, secondo la quale Dio stesso, quale Mistero Santo permanente, quale fondamento incomprensibile dell'esistenza trascendente dell'uomo, non è solo il Dio della lontananza infinita, ma vuole essere anche il Dio della vicinanza assoluta in una vera autopartcipazione ed è presente in questo modo nella profondità spirituale della nostra esistenza, nonché nella concretezza della nostra storia corporea. In tale proposizione è già veramente racchiuso il senso della dottrina trinitaria » [20].

La Trinità economica e la Trinità immanente

Prima di concludere il capitolo, potrebbe essere utile dire alcune parole di più sull'identità fra la Trinità economica e la Trinità immanente, dal momento che è verso questa intuizione che si sono dirette tutte le nostre riflessioni in questo capitolo. Prima di tutto, è degno di nota che oggi esista un consenso abbastanza esteso su questa tesi nella teologia Cattolica, Protestante ed Ortodossa. Oltre allo sviluppo di questa idea in Rahner, c'è la testimonianza del teologo Ortodosso J. Meyendorff che scrive, « L'Essere di Dio per noi appartiene al suo Essere in sé » [21]. Lo stesso viene messo in rilievo da Barth quando scrive, « La realtà di Dio nella sua rivelazione non deve essere qualificata con un "soltanto" come se al di là della rivelazione ci fosse un'altra realtà di Dio; piuttosto è così che la realtà di Dio che ci viene incontro nella rivelazione è la sua realtà nel più profondo della sua eternità » [22]. Kasper esprime la stessa dottrina con una formula leggermente diversa. Egli scrive, « Dio è la salvezza dell'uomo per mezzo di Gesù Cristo nello Spirito Santo » [23].

Kasper sviluppa la sua posizione nel modo seguente [24]. Prima di tutto la salvezza dell'uomo non può consistere in nient'altro se non in Dio stesso. Ma la salvezza di Dio ci raggiunge per mezzo di Gesù Cristo e nel suo Spirito. Questa salvezza verrebbe compromessa se non avessimo realmente a che fare con Dio stesso. Così Dio nell'economia di salvezza deve corrispondere a Dio come egli è nella sua stessa vita divina.

In secondo luogo, Kasper nota come l'esempio più chiaro dell'identità della Trinità economica con la Trinità immanente sia l'incarnazione. Kasper accetta l'argomento di Rahner secondo il quale Gesù è il simbolo reale di Dio, cioè è quella realtà nella quale il divino giunge alla sua espressione visibile più perfetta.

Infine, la salvezza portataci da Cristo consiste nel nostro diventare figli e figlie di Dio per mezzo di lui. Questa autocomunicazione di Dio diventa un evento in noi per mezzo dello Spirito Santo che il Figlio riversa nei nostri cuori. Ciò che Gesù ha per natura, noi lo abbiamo per grazia. Quindi l'inabitazione di Dio in noi ha una struttura trinitaria. Dio viene a

[20] *Ibid.*, p. 187.
[21] J. Meyendorff, *Introduction a l'étude de Gregoire Palamas*, Paris 1959, p. 298.
[22] Karl Barth, *Church Dogmatics*, I, p. 479.
[23] Walter Kasper, *Il Dio di Gesù Cristo*, Queriniana, Brescia 1984, p. 360.
[24] *Ibid.*, pp. 364-369.

noi per mezzo del suo Figlio e nello Spirito Santo. Poiché c'è un'inabitazione personale dello Spirito Santo in noi, noi siamo uniti al Figlio e, per mezzo suo, al Padre. Se si toglie questa struttura trinitaria della fede, si compromette in realtà l'intera esperienza della salvezza.

Allo stesso tempo, Kasper nota che l'identità fra Trinità immanente e Trinità economica è aperta a diverse false interpretazioni. Una di queste sarebbe considerare la Trinità nella storia della salvezza semplicemente come la manifestazione temporale dell'eterna Trinità immanente. Al contrario bisogna ammettere che nell'incarnazione accade a Dio qualche cosa di nuovo. In virtù del suo farsi carne, Dio ha un nuovo modo d'essere nel mondo. Lo attestiamo nella tesi classica che Dio divenne uomo. Non possiamo attenuarne il significato pensando che a Dio non accada nulla. Nonostante l'assioma classico dell'immutabilità di Dio, l'incarnazione implica che Dio realmente « diviene ». Secondo l'espressione di Rahner, anche se Dio è in se stesso immutabile, egli si muta nell'altro, diventa cioè uomo [25]. Rahner ci avverte che è insufficiente limitarsi a dire che il cambiamento (cioè il processo della vita umana e della morte di Gesù) sia avvenuto nella natura umana creata di Gesù, poiché, così sostiene Rahner, quantunque ciò sia in se stesso vero, « se uno si limita a dire questo, ha appunto sorvolato e taciuto proprio ciò che in fondo costituisce il cardine di tutto l'asserto: che tale evento, tale divenire, tale tempo, questo iniziare e questo compiersi sono l'evento della storia di Dio stesso » [26].

Un secondo e forse più serio pericolo sarebbe dissolvere la Trinità immanente nella Trinità economica della storia della salvezza. Questa sarebbe la dottrina secondo la quale Dio può essere Dio, può realizzarsi come Dio solo coinvolgendosi nella storia. Questo è il punto di vista di Hegel e anche della filosofia e della teologia del processo americano. Pure Moltmann, in alcune delle sue affermazioni, si avvicina ad una simile posizione. Ma la Trinità immanente non viene costituita dalla Trinità economica. Piuttosto, Dio decide liberamente di aprirsi alla storia. Come scrive Kasper, nella tesi che la Trinità immanente è la Trinità economica il senso della parola « è » non è quello di una vuota tautologia, come A = A. Non stiamo parlando di un'entità statica. Piuttosto, questo « è » deve essere capito nel senso di un evento storico. Forse sarebbe meglio dire che la Trinità immanente diventa la Trinità economica, dato che « la copula "è" va intesa nel senso di un'esistenza indeducibile, libera, gratuita, storica della Trinità immanente nella Trinità dell'economia della salvezza » [27].

---

[25] Karl Rahner, *Corso fondamentale sulla Fede*, p. 288.
[26] *Ibid.*, p. 288.
[27] Walter Kasper, *op. cit.*, pp. 367-368.

Conclusione

In questo capitolo abbiamo cercato di mostrare come la comprensione specificamente cristiana di Dio sia radicata nella rivelazione che Dio fa di se stesso. Abbiamo cercato anche di chiarire perché un'ermeneutica adeguata della rivelazione conduca ad una formulazione trinitaria dell'essere di Dio. Sullo sfondo c'era sempre l'obiezione kantiana secondo la quale la dottrina trinitaria è una fatua speculazione separata dall'esperienza e al di là dei limiti della comprensione umana. Questa è un fraintendimento che si radica in un approccio falso alla comprensione cristiana di Dio che cerca di penetrare i misteri della vita divina prescindendo dagli eventi concreti della storia della salvezza nei quali Dio si è fatto conoscere. D'altra parte, anche le nostre riflessioni di questo capitolo rimarranno aride fin quando non andremo oltre una schematizzazione formale della rivelazione e non indicheremo nella vita stessa di Gesù le basi di questa struttura trinitaria. Pertanto, nei due capitoli seguenti sarà nostro compito ricercare i fondamenti della dottrina cristiana su Dio nella consapevolezza di Gesù della sua figliolanza divina e nella sua esperienza dello Spirito. Dovremo poi proseguire domandandoci come queste esperienze centrali di Gesù siano state ambedue verificate e confermate nel mistero pasquale.

Capitolo Terzo

GESÙ, IL FIGLIO E IL PORTATORE DELLO SPIRITO

Introduzione

Il maggior pericolo che potrebbe insorgere sulla base del capitolo precedente consisterebbe nel fatto di considerare la dottrina della Trinità solamente come un corollario tautologico del concetto di rivelazione. Ciò renderebbe la fede nella Trinità quel tipo di astrazione che il razionalismo del diciottesimo e del diciannovesimo secolo volevano giustamente evitare. Tale è l'accusa che è stata portata, per esempio, contro la teologia trinitaria di Barth. Nella sua autorevole opera *Dio, mistero del mondo*. Eberhard Jüngel sottolinea come Barth possa dare l'impressione che la dottrina della Trinità sia una deduzione della proposizione « Dio si rivela come Signore ». Per superare questa impressione, Jüngel sostiene che non si debba solamente interpretare l'umanità di Gesù all'interno dell'orizzonte della fede trinitaria, ma in modo ancor più rilevante che si debba fondare la fede trinitaria nel contesto dell'umanità di Gesù [1]. In effetti questo è anche il suggerimento di Robert Butterworth. Riconoscendo che gli approcci contemporanei alla dogmatica cercano di fondare le dottrine nella reale esperienza cristiana di Dio e nella prassi cristiana, asserisce, « Se la fondamentale e particolare esperienza di Dio, che sta alla base dello sviluppo dottrinale della tradizione cristiana in generale e della dottrina della Trinità in particolare, deve essere scoperta da qualche parte, è certamente nell'esperienza umana che Gesù ha avuto di Dio » [2]. Egli poi continua sostenendo che « l'esperienza dell'Abba » di Gesù, la consapevolezza della sua Figliolanza e il suo possesso dello Spirito siano i germi della dottrina trinitaria successiva. Ritorniamo dunque al Nuovo

---

[1] Eberhard Jüngel, *Dio, mistero del mondo*, Queriniana, Brescia 1982, p. 457, nota 22.
[2] Robert Butterworth, « The Doctrine of the Trinity », *The Way* 24 (1984), p. 54.

Testamento ed esaminiamo la testimonianza biblica della singolare esperienza che Gesù ebbe di Dio, la quale divenne la base dell'esperienza di Dio dei cristiani, allorché impararono a partecipare alla vocazione e al destino propri di Gesù.

Gesù, il Figlio

Non c'è alcun dubbio che il Nuovo Testamento attribuisca a Gesù l'identità singolare di Figlio unico di Dio. Tale fede è attestata principalmente nel quarto vangelo, sebbene anche Paolo conosca questa teologia. Nella lettera ai Galati, per esempio, scrive, « Dio mandò il suo Figlio, nato da donna, nato sotto la legge, per riscattare coloro che erano sotto la legge, perché ricevessimo l'adozione a figli » (4, 4-5). Ciononostante è il quarto evangelista che sviluppa nel modo più completo la nozione della figliolanza divina di Gesù in senso assoluto. Si potrebbero moltiplicare i testi quasi all'infinito, ma per i nostri scopi ne saranno sufficienti alcuni. C'è, per esempio, nel capitolo tre, il versetto che riassume l'intera buona novella, « Dio ha tanto amato il mondo da dare il suo Figlio unigenito, perché chiunque crede in lui non muoia, ma abbia la vita eterna » (3, 16). Ancora nel capitolo cinque, è al Figlio in senso assoluto che Dio assegna il ruolo di giudice, « Il Padre non giudica nessuno, ma ha rimesso ogni giudizio al Figlio, perché tutti onorino il Figlio come onorano il Padre » (5, 22).

La difficoltà, dal punto di vista dell'esegesi moderna, consiste nel sapere quanto di questa fede neotestamentaria risalga allo stesso Gesù storico. Con certezza sappiamo come nell'Antico Testamento fosse possibile attribuire un rapporto speciale di figliolanza fra Dio e un essere umano, senza con ciò implicare che quest'ultimo fosse divino. Si pensi, per esempio, al re che si riteneva fosse elevato alla condizione di figlio di Dio al momento della sua incoronazione. Troviamo testimonianza di questa interpretazione nei salmi, specialmente nel noto versetto del salmo due, « Tu sei mio figlio, io oggi ti ho generato ». Questo versetto divenne una fonte importante per le speranze messianiche e fu applicato al re ideale o messia di Dio, che era atteso da Israele. Il problema, allora, è fino a che punto si possa attribuire a Gesù la nozione di figliolanza divina in senso stretto. Gesù sostenne di avere una condizione singolare di Figlio di Dio o è questo uno sviluppo successivo della chiesa dopo la risurrezione?

Qui accetto l'opinione moderata di studiosi quali James Dunn, C.F.D. Moule, Martin Hengel e altri secondo i quali c'è uno sviluppo significativo nelle affermazioni del Nuovo Testamento riguardanti Gesù, ma tale sviluppo non implica una rottura radicale o una discontinuità con l'autocomprensione di Gesù; si tratta, piuttosto, del dischiudersi, avvenuto dopo la risurrezione, di quella rivendicazione che in modo implicito era presente in Gesù fin dall'inizio. In altre parole, non intendo sostenere che Gesù asserì esplicitamente di essere Figlio di Dio nel senso assoluto che la teologia trinitaria affermò successivamente, cioè come la seconda persona della Trinità, ontologicamente uguale al Padre, ma ritengo che si possano addurre valide prove affinché le radici di questo sviluppo dottrinale successivo possano essere trovate all'interno della singolare esperienza di figliazione vissuta da Gesù nella sua particolare relazione con Dio come Abba. Così, per esempio, Hengel osserva, « Gesù non ha indicato, *expressis verbis*, se stesso come "figlio di Dio"; tuttavia nel suo rapporto "filiale" con Dio come padre sta la radice effettiva di questo titolo post-pasquale » [3]. L'esegeta di Cambridge C.F.D. Moule adotta una posizione simile. Egli scrive, « Probabilmente non è realistico suddividere la nozione di figliolanza in compartimenti successivi, come se potessimo separare un uso più o meno umanistico, o meramente messianico da un uso trascendentale e teologico sviluppatosi in uno stadio successivo. Le indicazioni sono, piuttosto, che le parole e le azioni di Gesù stesso, insieme all'evento della croce e a ciò che lo seguì, si presentarono ai suoi amici, fin dai primi giorni, come un insieme complesso e multivalente di associazioni che si riferivano strettamente alla parola "Figlio" » [4].

Esiste effettivamente un consenso unanime, oggi, fra gli esegeti, e cioè che Gesù si concepì come il profeta del Regno di Dio. Egli proclamò un'imminente irruzione della signoria di Dio nel mondo. Fu mandato da Dio per proclamare quest'evento prossimo come un messaggio gioioso per coloro che erano disposti ad essere convertiti e ad accettare il perdono di Dio. Nella coscienza di Gesù, la storia del mondo era alla sua undicesima ora. Il momento della rivelazione finale e insuperabile di Dio era imminente. Nelle parole e nelle azioni di Gesù, la signoria regale di Dio si faceva già avvertire. Ci sarebbe stato soltanto un piccolo intervallo prima del momento in cui questo inizio nascosto doveva essere rivelato a tutti. È ancora più importante comprendere, comunque, il legame che Gesù pone fra se stesso, il suo insegnamento e il suo ministero. Nella sua predicazione e nella sua missione egli afferma un'unione indissolubile fra se stesso e il Regno che viene. L'accettazione o il rifiuto di lui determineranno l'accettazione o il rifiuto nel Regno quando apparirà la gloria di Dio. Tutto ciò equivale ad una cristologia implicita durante la vita di Gesù, poiché egli presuppone un vincolo intrinseco fra la salvezza di Dio e se stesso. Come ho già detto, questa autocomprensione alla base della missione di Gesù potrebbe essere riassunta in termini di profezia escatologica. Reginald Fuller, esegeta anglicano, lo esprime nel modo seguente,

---

[3] MARTIN HENGEL, *Il Figlio di Dio*, Paideia, Brescia 1984, pp. 94-95; SCM, Londra 1976, p. 63.
[4] C.F.D. MOULE, *The Origin of Christology*, Cambridge Univeristy Press, 1977, pp. 30-31.

« È la non espressa ed implicita figura del profeta escatologico ciò che dà unità a tutta l'attività storica di Gesù, alla sua proclamazione, al suo insegnamento con *exousia*, alle sue guarigioni e ai suoi esorcismi, al suo mangiare insieme ai reietti della società ed infine alla sua morte nel compimento della sua missione profetica. Si elimini questa autocomprensione implicita del suo ruolo in termini di profeta escatologico, e l'intero ministero diventa una serie di frammenti senza rapporto, se non addirittura senza significato » [5].

Ma ci potremmo chiedere: da dove traeva Gesù questo senso di missione, specialmente l'autorità con la quale predicava ed agiva, collocando se stesso al di sopra della legge di Mosè, facendo appello, come sua difesa, a nessun'altra autorità all'infuori delle sue parole (« Amen, amen, io vi dico ») e dell'autorità del suo Dio, tanto da suscitare lo stupore della gente, che dichiarava che egli non insegnava come gli scribi e i farisei? A riguardo di tale questione, gli esegeti fanno riferimento precisamente alla singolare esperienza di Figliolanza, vissuta da Gesù. L'esegeta inglese Dunn scrive, per esempio, « La coscienza che Gesù ebbe della sua figliolanza fu probabilmente un elemento fondamentale nella sua autocoscienza, dal quale sorsero le sue altre convinzioni fondamentali su se stesso e sulla sua missione » [6]. Dalla sua ricerca esegetica, Schillebeeckx fu portato a tirare la stessa conclusione nel libro *Gesù, la storia di un vivente*. Qui egli scrive, « La fonte di tale messaggio e prassi di vita, che inoltre smantella un'immaginazione oppressiva di Dio, è da ricercarsi nella sua esperienza dell'Abba, senza la quale l'immagine del Gesù storico è drasticamente deturpata, il suo messaggio indebolito e la sua prassi concreta... spogliata del significato che egli stesso le diede » [7].

Esaminiamo allora più da vicino la testimonianza del Nuovo Testamento a riguardo dell'esperienza di Dio come Padre, avuta da Gesù. La prima cosa che ci colpisce è costituita dal linguaggio che Gesù usa nel suo rivolgersi a Dio, vale a dire la parola « Abbà ». Nonostante ci siano circa 170 esempi nel Nuovo Testamento di Gesù che si rivolge a Dio come Padre con la parola greca $\pi\alpha\tau\acute{\eta}\rho$, e nonostante molti di essi siano senza dubbio opera del redattore teologico, è effettivamente impossibile non riconoscere che l'uso risalga a Gesù stesso. Una ragione a favore di questo è che c'è almeno un caso nei vangeli in cui l'evangelista tramanda la parola aramaica. Nel racconto del Getsemani in Mc 14, 36, Gesù prega: « Abbà, Padre! Tutto è possibile a te, allontana da me questo calice! Però non ciò che io voglio, ma ciò che vuoi tu ». Ci sono altri due casi di riminiscenza della parola « Abbà » nelle lettere di S. Paolo. In Rm 8, 15

---

[5] REGINALD FULLER, *The Foundations of New Testament Christology*, Charles Scribner's Sons, N.Y. 1965, p. 130.
[6] JAMES DUNN, *Jesus and the Spirit: A Study of the Religious and Charismatic Experience of Jesus and the First Christians as Reflected in the New Testament*, SCM, Londra 1975, p. 39.
[7] EDWARD SCHILLEBEECKX, *Gesù, la storia di un vivente*, Queriniana, Brescia 1976, p. 277.

Paolo dichiara, « Voi non avete ricevuto uno spirito da schiavi per ricadere nella paura, ma avete ricevuto uno spirito da figli adottivi per mezzo del quale gridiamo: "Abbà, Padre!". Lo Spirito stesso attesta al nostro spirito che siamo figlio di Dio ». In un'altra lettera Paolo scrive, « E che voi siete figli ne è prova il fatto che Dio ha mandato nei nostri cuori lo Spirito del suo Figlio che grida: Abbà Padre ». È difficile immaginare come questi casi in cui ricorre il termine aramaico possano essere entrati nel Nuovo Testamento se non conservando una memoria autentica del modo in cui Gesù parlava e pregava.

Dal punto di vista dello sviluppo di una teologia della vita di Gesù, ciò che è specialmente importante qui è che il modo di pregare di Gesù segna un netto distacco dalla tradizione dell'Antico Testamento. È vero che nell'Antico Testamento Dio era considerato il padre del suo popolo. Vi sono numerosi esempi nei quali il titolo di « padre » è impiegato per esprimere l'amore di Dio per il suo popolo. Nel libro dell'Esodo, per esempio, si legge, « Allora tu dirai al faraone: Dice il Signore: Israele è il mio figlio primogenito. Io ti avevo detto: lascia partire il mio figlio perché mi serva! Ma tu hai rifiutato di lasciarlo partire. Ecco io faccio morire il tuo figlio primogenito! » (Es 4, 22). In Osea ritroviamo di nuovo la stessa idea in un versetto che Matteo applicherà più tardi a Gesù nei racconti dell'infanzia, « Quando Israele era giovinetto, io l'ho amato e dall'Egitto ho chiamato mio figlio » (Os 11, 1). La metafora della paternità di Dio è usata nei salmi per esprimere la misericordia e la compassione di Dio, « Come un padre ha pietà dei suoi figli, così il Signore ha pietà di quanti lo temono » (Sal 103, 13). Comunque, ciò che notiamo in questi testi dell'Antico Testamento è che la paternità di Dio è espressa in terza persona. Non era usuale nell'Antico Testamento di rivolgersi a Dio, chiamandolo padre, nella preghiera. Per di più non vi sono esempi di modi individuali di rivolgersi a Dio come padre nella preghiera personale. La paternità di Dio era considerata più in termini di relazione di Dio con la nazione, col suo popolo Israele. Inoltre, non è difficile capire perché ci sia stata questa riserva da parte del popolo ebraico. La parola « Abbà » era tratta da un uso secolare. Era la parola del bambino per suo padre e aveva la connotazione dell'espressione inglese « Daddy » (« Papà »). In altre parole, esprimeva familiarità e intimità. Per contro, la mentalità ebraica accentuava la sovranità e la trascendenza di Dio. Il rispetto dei Giudei per Dio era talmente grande che essi si rifiutavano di pronunciare il suo nome. Il fatto che Gesù osasse rivolgersi a Dio con tale familiarità fu per loro come uno shock. Questo costituiva una novità sorprendente. Così osserva Schillebeeckx, « La particolarità del rapporto di Gesù con Dio sta senza dubbio nella sua semplicità disinvolta che nel tardo giudaismo, seppure non del tutto assente, era tuttavia eccezionale » [8].

[8] *Ibid.*, p. 267.

Un'altra caratteristica colpisce nella vita di preghiera di Gesù ritratta dai vangeli. Gesù prega Dio chiamandolo ogni volta « Padre mio ». Inoltre, egli fa sempre la distinzione fra « Padre mio » e « Padre vostro ». In altre parole Gesù riconosce sempre di avere un rapporto privilegiato nei confronti del suo Abbà. Non si pone allo stesso livello dei suoi discepoli.

Piuttosto li invita a condividere la sua esperienza di preghiera insegnando loro il « Padre nostro ». Uno studio di questa preghiera rivela molti tratti che illuminano l'autocomprensione di Gesù. Per esempio, abbiamo indicato sopra come il centro della missione di Gesù fosse la venuta del Regno di Dio ed abbiamo suggerito che la fonte del senso di missione avuto da Gesù è da ricercarsi nella sua esperienza dell'Abbà. Ma è precisamente l'unione di queste due realtà ciò che troviamo nella preghiera del Signore. Senza dubbio la petizione centrale di questa preghiera è « venga il tuo Regno ». Ma quando ci vien detto di pregare così e di chiedere la venuta del Regno, ci vien anche detto di usare quella forma di rivolgersi a Dio che Gesù stesso usò. Ci vien detto di cominciare a rivolgerci a Dio chiamandolo Padre, Abbà. In altre parole, siamo invitati ad essere partecipi della figliolanza di Gesù e a pregare come lui ha pregato. Oggi molti esegeti hanno messo in evidenza che il contesto originale della preghiera del Signore era completamente escatologico, un fatto che concorda perfettamente con il ministero di Gesù. In questa preghiera escatologica, il legame fra l'esperienza dell'Abbà di Gesù e il Regno rivela che partecipare del dono della paternità di Dio fa parte del dono escatologico che Gesù ci offre. Nel diciannovesimo secolo, la paternità di Dio e la fratellanza degli uomini erano spesso visti come un patrimonio comune dell'esperienza religiosa dell'umanità. Ma le cose non stanno così. Poter chiamare Dio Abbà è un dono che uno riceve quando diventa discepolo di Gesù ed è iniziato alla sua esperienza unica di Figliolanza. Per questo motivo nella tradizione cristiana la preghiera del Signore fu sempre considerata uno dei tesori più preziosi che venivano offerti a chi era stato appena battezzato. Anche la sua collocazione nell'eucaristia, direttamente prima della comunione, in quella parte della messa da cui i catecumeni erano esclusi, è un segno che questa è una preghiera per i cristiani pienamente iniziati. Poter entrare in un rapporto con Dio, nel quale egli è l'Abbà, fa parte del dono escatologico che ci viene offerto in Gesù.

Prima di lasciare la questione della Figliolanza di Gesù, dobbiamo dire una parola sul significativo ma controverso testo che troviamo in Mt 11, 27, nel quale Gesù dice, « Tutto mi è stato dato dal Padre mio; nessuno conosce il Figlio se non il Padre, e nessuno conosce il Padre se non il Figlio e colui al quale il Figlio lo voglia rivelare ». Il testo è stato chiamato il fulmine giovanneo nei vangeli sinottici. A prima vista sembra un esempio perfetto di quel tipo di Figliolanza assoluta attribuita a Gesù nel quarto vangelo, di quel genere di cristologia che rappresenta un grande sviluppo del messaggio di Gesù. Per lungo tempo gli esegeti hanno considerato questo passo una riflessione teologica della prima comunità cristiana posta sulle labbra di Gesù. Tuttavia, lo studioso tedesco Joachim Jeremias ha sollevato serie obiezioni contro questo assunto. Ha mostrato, per esempio, che non esistono ragioni linguistiche in base alle quali si possa rifiutare l'autenticità di questo *loghion*. È possibile risalire dal testo greco all'aramaico originale che Gesù potrebbe aver pronunciato. Jeremias ammette che nella sua forma presente riflette una cristologia postpasquale, ma suggerisce che sotto il detto si trovi una cristologia « del Figlio » risalente a Gesù stesso.

Jeremias crede che alla base del detto ci sia una metafora fondata sulla vita giudaica, palestinese di tutti i giorni. Proprio come un padre ha una conoscenza intima di suo figlio, lo inizia al suo mestiere, e proprio come un buon padre giudeo introduce suo figlio alla conoscenza della Torah, così Dio ha questo genere di rapporto con Gesù. Il *loghion*, allora, originariamente non parla di una cristologia della figliolanza assoluta nel senso trinitario, ma vuole indicare l'autorità assoluta di Gesù basata sulla sua intimità unica con il Padre. Gesù è il portatore di una rivelazione che non è stata comunicata a nessun'altra persona. La sua missione è unica e senza equivalenti nella storia del mondo. Questa interpretazione si accorda con gli altri detti di Gesù nei quali egli afferma di essere colui che comunica la rivelazione e la salvezza definitiva di Dio. Si pensi, per esempio, al versetto precedente nel vangelo di S. Matteo, « Ti benedico, o Padre, Signore del cielo e della terra, perché hai tenuto nascoste queste cose ai sapienti e agli intelligenti e le ha rivelate ai piccoli »; o a Mc 4, 11 dove Gesù dichiara, « A voi è stato confidato il mistero del Regno di Dio; a quelli di fuori invece tutto viene esposto in parabole ». Schillebeeckx dice, « All'epoca di Gesù l'abbà significava per il figlio: *autorità e istruzione*; il padre è l'autorità e il maestro. Essere figlio voleva dire: "appartenere a" e si dà prova di tale figliolanza con l'osservanza dei precetti paterni. Così il figlio riceve tutto dal padre... Il figlio riceve dal padre anche "missioni", incarichi che egli deve eseguire in nome del padre » [9]. Questa comprensione del rapporto abbà-figlio, che sta sotto Mt 11, 27, getta luce sulla relazione di Gesù al suo Abbà, presentandocela come la sorgente della comprensione della sua missione e del senso d'autorità col quale la portava a termine.

Diversi anni fa, l'esegeta americano Raymond Brown, rispondendo alla preoccupazione di chi temeva che i metodi critici moderni minassero alla sua base la fede della chiesa, fece notare, un po' umoristicamente, che anche se l'esegesi moderna non riconosce l'autenticità di molti dei detti di Gesù, per lo meno nessuno degli esegeti moderni smentirebbe che ci sono

[9] *Ibid.*, p. 270.

due parole che in modo indiscutibile risalgono a Gesù stesso. Una di queste è "Amen", e l'uso singolare fattone da Gesù rivela la profondità e l'ampiezza con cui ha percepito la sua autorità. L'altra parola è "Abbà", la testimonianza della sua esperienza unica di preghiera. Brown pensa che anche sulla base di queste due parole si potrebbe andare molto lontano nel rispondere alla domanda del vangelo: chi dice la gente che io sia? Sulla base del modo di pregare di Gesù, non avrei avuto dei titoli come Figlio di Dio, ma avrei saputo che « Gesù pensa di avere il diritto di pregare Dio nel linguaggio intimo, familiare del tempo; egli si rivolge a Dio come un piccolo bambino a suo padre, cosa che nessun altro fa, e, per di più, egli pensa di avere il diritto di insegnare a tutti che, se lo seguiranno, potranno pregare Dio in quel modo ». Brown trae la conclusione: « Ciò non mi direbbe che Gesù è il Figlio di Dio, ma mi direbbe il modo in cui la chiesa arrivò a capire che lui era il Figlio di Dio » [10].

Gesù, il portatore dello Spirito

Se si guarda la testimonianza del Nuovo Testamento e la si compara con la storia della dottrina cristiana, si nota una notevole discrepanza. Mentre il modello di interpretazione di Gesù secondo il quale egli è uno condotto dallo Spirito ha nel Nuovo Testamento un posto rilevante, lo stesso modello conosce nella dogmatica cristiana una breve carriera, probabilmente a motivo delle controversie cristologiche del quarto secolo. Trovandosi di fronte ai teologi eterodossi che negavano l'uguaglianza eterna di Gesù al Padre, la chiesa abbandonò una cristologia pneumatologica che facilmente poteva sembrare una strada aperta verso una specie di adozionismo, vale a dire verso quella dottrina secondo la quale Gesù non è altro che un uomo, dotato però di un dono particolare dello Spirito Santo.

Tuttavia, attraverso le scoperte esegetiche di questo secolo, siamo diventati consapevoli che nel Nuovo Testamento ci sono diverse cristologie e che per gli autori biblici un modo importante di interpretazione di Gesù fu quello del portatore dello Spirito. È per noi oggi importante ricuperare questa prospettiva perché ci aiuta a comprendere la relazione di Gesù sia all'Antico Testamento che a noi. Come nota il Concilio Vaticano II, in Cristo e in noi c'è l'unico e medesimo Spirito (LG, 7).

Anche se diamo solo uno sguardo superficiale al Nuovo Testamento, notiamo prima di tutto che non c'è nessun aspetto della vita di Gesù che non sia, dal punto di vista degli autori del Nuovo Testamento, in relazio-

---

[10] RAYMOND BROWN, conferenza non pubblicata « The Christology of the New Testament ». Vedi anche *Jesus, God and Man*, Bruce Publishing Co., Milwaukee 1967, pp. 88-89. Brown attinge agli studi di Joachim Jeremias. Vedi JEREMIAS, *Teologia del Nuovo Testamento*, Paideia, Brescia 1977, pp. 76-83; *Il Messaggio Centrale del Nuovo Testamento*, Paideia, Brescia 1968, pp. 7-31.

ne allo Spirito Santo. Secondo S. Luca, Gesù è concepito nel momento in cui lo Spirito Santo scende su Maria e la potenza dell'altissimo stende la sua ombra su di lei (Lc 1, 35). Nel battesimo, lo Spirito di Dio discende su Gesù, inaugurando così il suo ministero pubblico e rivelando a tutti che egli è assunto nell'incarico di messia di Dio (Mc 1, 10-11). Dopo il suo battesimo Gesù è sospinto nel deserto dalla potenza dello Spirito. S. Luca ci riferisce che Gesù inizia il suo ministero pubblico riferendosi ad Isaia 61: « Lo Spirito del Signore è sopra di me, per questo mi ha consacrato con l'unzione, e mi ha mandato per annunziare ai poveri un lieto messaggio » (Lc 4, 18). Sulla croce Gesù offre se stesso al Padre nello Spirito Santo (Eb 9, 14) e S. Paolo dice che nella risurrezione egli divenne Spirito datore di vita (1 Cor 15, 45). In uno dei discorsi kerigmatici di Pietro negli atti, la nozione della consacrazione di Gesù nello Spirito è una caratteristica centrale della predicazione cristiana primitiva su di lui, « Voi conoscete come Dio consacrò in Spirito Santo e potenza Gesù di Nazaret, il quale passò beneficando e risanando tutti coloro che stavano sotto il potere del diavolo, perché Dio era con lui » (At 10, 38).

Non ci sono dubbi che, allora, il Nuovo Testamento interpreti l'identità e la missione di Gesù nei termini della categoria dello « Spirito ». Comunque, come nel caso della Figliolanza di Gesù, la difficoltà è sapere in che misura questa interpretazione risalga a Gesù stesso. Forse il miglior punto di partenza sarebbe l'autocomprensione di Gesù come profeta. Abbiamo già visto come in tutto il ministero di Gesù sia implicita la figura del profeta escatologico del Regno. Nell'Antico Testamento i profeti ricevevano lo Spirito di Dio per predicare la Parola di Dio in una situazione particolare. Il profeta è un ministro della parola di Dio nella potenza dello Spirito. Una testimonianza interessante a questo riguardo può essere trovata in 2 Re 2 dove Elia è rapito al cielo e trasmette il suo spirito di profezia ad Eliseo. Ciò che Eliseo domanda prima del rapimento di Elia è semplicemente questo: « Due terzi del tuo spirito diventino miei » (v. 9). Già nel conferimento dello spirito di profezia al discepolo Eliseo, vediamo adombrato il dono dello Spirito che Gesù fa ai suoi discepoli.

C'è anche un altro fattore importante che deve essere notato, cioè che dopo l'esilio la profezia era considerata essersi estinta in Israele. Nondimeno c'era la speranza che negli ultimi giorni Dio avrebbe di nuovo effuso il suo Spirito e che in Israele sarebbero ancora sorti i profeti. Nel libro di Gioele è testimoniata questa speranza, una speranza che i cristiani credettero essersi compiuta nell'evento della Pentecoste. Così dice la profezia di Gioele, « Dopo questo, io effonderò il mio Spirito sopra ogni uomo e diverranno profeti i vostri figli e le vostre figlie; i vostri anziani faranno sogni, i vostri giovani avranno visioni. Anche sopra gli schiavi e sulle schiave, in quei giorni, effonderò il mio Spirito » (Gl 3, 1-2; At 2, 17-18).

Ciò a cui assistiamo nella vita di Gesù è precisamente un compimento di queste attese. Prima di tutto, egli predica la parola di Dio nella situazione straordinaria degli ultimi giorni. Non solo predica questa parola ma anche l'incarna in opera di salvezza, per esempio, nelle sue guarigioni e nel suo sedersi a tavola coi pubblicani e coi peccatori. Inoltre, compie proprio quel genere di azioni simboliche che i profeti di un tempo avevano fatto. Osea sposò una prostituta come simbolo dell'unione di Dio con un popolo adultero. Geremia rimase celibe e senza discendenza come segno del giudizio di Dio su Israele. Così anche Gesù moltiplica i pani e i pesci come segno del banchetto escatologico del Regno e come riattualizzazione dell'esperienza della manna nel deserto, purifica il tempio come segno del giudizio di Dio sul culto d'Israele, maledice il fico e lo fa inaridire come segno del rifiuto d'Israele, entra in Gerusalemme seduto sopra un asinello come gesto simbolico della natura del suo regno.

Oltre a ciò, è chiaro che nel tempo della sua vita Gesù fu considerato un profeta. Come risposta alla sua domanda, « Chi dice la gente che io sia? » (Mc 8, 27-28), i discepoli replicano « Giovanni il Battista, altri poi Elia e altri uno dei profeti ». Ma non sono solo gli altri a considerare Gesù profeta, egli stesso interpreta la sua morte in termini profetici. In Lc 13 Gesù dice, « Però è necessario che oggi, domani e il giorno seguente io vada per la mia strada, perché non è possibile che un profeta muoia fuori di Gerusalemme. Gerusalemme, Gerusalemme, che uccidi i profeti e lapidi coloro che sono mandati a te, quante volte ho voluto raccogliere i tuoi figli come una gallina la sua covata sotto le ali, e voi non avete voluto! » (vv. 33-34). La conclusione è quindi che la categoria di profezia è molto adatta ad interpretare l'autocomprensione e la missione di Gesù, sebbene, come con tutte le categorie dell'Antico Testamento, Gesù le porti a compimento e superi le loro limitazioni. Nondimeno, in quanto profeta, Gesù è precisamente colui che è ripieno dello Spirito di Dio come nessuno dei suoi predecessori era stato.

Una seconda indicazione della relazione di Gesù allo Spirito è il suo ministero di esorcista. Sebbene ci siano stati alcuni tentativi razionalistici di demitologizzare i miracoli, esiste un'effettiva unanimità per quanto riguarda il fatto che Gesù abbia compiuto sia guarigioni che esorcismi. L'attività di esorcista è particolarmente significativa, poiché rivela una dimensione importante dell'attività di Gesù come profeta del Regno di Dio. La signorìa di Dio si fa sentire in una situazione di conflitto. La venuta del Regno di Dio avviene con potenza. C'è una battaglia universale, cosmica, fra il potere di Dio e il potere di Satana. Per un giudeo, Dio è re in virtù della sua opera di creatore, come anche in virtù della sua alleanza con Israele. Ma in un certo senso, la regalità di Dio è ancora tenuta in sospeso, poiché, fino a quando ci sono malattie, morte, ingiustizia, oppressione, il Regno di Dio non è manifestato in pienezza. Per un giudeo non sussistono dubbi a riguardo della suprema Signoria di Dio e del suo potere su Satana. Tuttavia nelle lotte sataniche dell'età presente, si deve riporre la propria speranza nella vittoria escatologica di Dio su Satana. Nel ministero di Gesù, e specialmente nella sua attività di esorcista, si trova un simbolo convincente del fatto che la Signoria di Dio si fa sentire con potenza. La vittoria decisiva è imminente. Gesù è il più forte, con il potere di vincere perfino la forza di Satana. Per noi è a questo punto di una importanza critica il *loghion* nel quale Gesù collega il suo ministero di esorcista con il suo annuncio profetico del Regno. Esistono due redazioni di questo *loghion* nel Nuovo Testamento. Il contesto è quello di Gesù che scaccia un demonio da un uomo muto. Coloro che lo criticano portano l'accusa che lui scaccia i demoni in nome di Beelzebul. Gesù risponde che Satana non può essere diviso in se stesso e prosegue affermando il legame fra questo suo ministero e l'irruzione del Regno di Dio. Secondo Lc 11, 20, Gesù dice « Se invece io scaccio i demoni con il dito di Dio, è allora giunto a voi il Regno di Dio ». Secondo Mt 12, 28, Gesù dice, « Ma se io scaccio i demoni per virtù dello Spirito di Dio, è allora giunto a voi il Regno di Dio ». È difficile dire quale di queste versioni sia quella originale, ma, in ogni caso, ciò non è importante, poiché il dito di Dio è un modo metaforico per parlare della potenza di Dio. Ciò che è importante è che Gesù si è impegnato indubbiamente in una attività di esorcista e che questa attività fu un aspetto rilevante della sua opera profetica di annuncio del Regno. Tale ministero fu considerato dalla chiesa primitiva un segno del possesso tutto particolare dello Spirito di cui godevano la vita e l'opera di Gesù.

Veniamo ora ad un altro importante elemento nell'interpretazione di Gesù del Nuovo Testamento, l'uso di Is 61. Questo poema, che richiama i canti del Servo dei capitoli 42-53, raffigura il Servo del Signore come uno che possiede in modo speciale lo Spirito per portare da parte di Dio l'annunzio di salvezza ai poveri e agli oppressi. Il Servo dichiara, « Lo Spirito del Signore è su di me perché il Signore mi ha consacrato con l'unzione; mi ha mandato a portare il lieto annunzio ai poveri, a fasciare le piaghe dei cuori spezzati, a proclamare la libertà degli schiavi, la scarcerazione dei prigionieri, a promulgare l'anno di misericordia del Signore » (vv. 1-2). Si è immediatamente colpiti dalla rilevanza che questo passo assume all'interno della presentazione di Gesù che ci fa il terzo vangelo. In questa scena del capitolo quarto del vangelo di Luca, l'evangelista costruisce l'inaugurazione del ministero di Gesù all'interno della sinagoga, dove egli prese il libro delle scritture, l'aprì al passo di Isaia e proclamò, « Oggi si è adempiuta questa scrittura che voi avete udito con i vostri orecchi ». Per S. Luca questo momento inaugurale del ministero di Gesù intende evidentemente fornire la pista interpretativa per la comprensione della sua vita e della sua missione. Egli è il salvatore escatologico degli ultimi tempi, ripieno di Spirito Santo, che ha la missione di proclamare la parola della visita « graziosa » e perdonante di Dio al suo popolo. Tuttavia incontriamo di nuovo la difficoltà se si possa o meno considerare questo testo un ricordo di ciò che Gesù realmente fece. Al riguardo la maggioranza degli esegeti concordano sul fatto che la scena, così come l'abbiamo nel vangelo di S. Luca, sia una costruzione teologica. Tuttavia, James Dunn mostra come, pur essendo la scena di Lc 4 una redazione tardiva, ci siano sempre delle buone ragioni per pensare che Is 61 abbia svolto un ruolo importante nella coscienza di Gesù[11].

La prima ragione a favore è che un'idea simile si trova al centro delle beatitudini, che certamente risalgono a Gesù stesso. Nella prima beatitudine Gesù dichiara, « Beati voi poveri, perché vostro è il Regno di Dio » (Lc 6, 20). Proprio come in Is 61, qui Gesù pone i poveri al centro della sua predicazione e li dichiara beati precisamente a motivo della loro disponibilità ad ascoltare la buona novella dell'avvento del Regno di Dio. L'altro testo nel quale c'è una forte reminiscenza di Is 61 è quello di Mt 11, 2-7, nel quale Giovanni Battista invia una delegazione a Gesù per domandargli se sia davvero lui l'atteso d'Israele. Nella prospettiva del ministero di Gesù, questa perplessità di Giovanni il Battista è del tutto intelligibile. Il Nuovo Testamento ci ritrae Giovanni Battista come un profeta di fuoco alla pari di Elia nell'Antico Testamento. Il suo è un annunzio dell'incombente giudizio di Dio dal quale nessuno potrà scappare. S. Matteo ricorda le sue parole, « Razza di vipere! Chi vi ha suggerito di sottrarvi all'ira imminente? ». Giovanni attende colui che deve venire dopo la sua predicazione, il quale, però, battezzerà nel fuoco come fece Elia nell'Antico Testamento (Mt 3, 11). In questo contesto possiamo vedere come Giovanni Battista sia disorientato da Gesù. Gesù venne subito dopo il suo ministero, iniziando la sua missione solo quando Giovanni venne messo in prigione. Ma Gesù non era la figura aspettata da Giovanni: egli era messaggero di misericordia, dell'amnistia offerta da Dio all'undicesima ora. Il modo di fare di Gesù, che mangiava con i pubblicani e i peccatori, dovette certamente cambiare l'idea che Giovanni si era fatto di colui che Dio doveva mandare dopo di lui. Da ciò la delegazione a Gesù. Ma la risposta di Gesù a Giovanni è precisamente nei termini di Is 61: « Andate e riferite a Giovanni ciò che udite e vedete: i ciechi ricuperano la vista, gli storpi camminano, i lebbrosi sono guariti, i sordi riacquistano l'udito, i morti risuscitano, ai poveri è predicata la buona novella » (Mt 11, 4-5). Come nota Dunn, la risposta si addice in modo così perfetto alla perplessità di Giovanni che non ci sono ragioni per non pensare che questo sia stato davvero il modo in cui Gesù ha

---

[11] JAMES DUNN, *op. cit.*, pp. 53-62.

interpretato la sua missione [12]. Egli si vide come compimento del ruolo del servo sul quale è lo Spirito di Dio, preannunziato in Is 61. Quindi Gesù non solo percepì in modo del tutto particolare la relazione al suo Dio come Abba, ma anche ebbe coscienza di se stesso come portatore straordinario dello Spirito. Così conclude Dunn, « Spirito e Figliolanza, Figliolanza e Spirito, non sono che due aspetti dell'unica esperienza di Dio che sta alla base della vita e del ministero di Gesù » [13].

L'esperienza del battesimo

Se c'è un passo nel Nuovo Testamento nel quale la Figliolanza di Gesù e il suo possesso dello Spirito entrano in stretta armonia, questo è il racconto del battesimo. Ci viene detto che dopo il battesimo i cieli si aprirono, lo Spirito discese su di lui e il Padre disse, « Tu sei il Figlio mio prediletto, in te mi sono compiaciuto ». Vengono subito in mente molte osservazioni. Prima di tutto, il riferimento al Figlio ricorda il Sal 2, 7, « Tu sei mio figlio, io oggi ti ho generato ». Questo versetto si riferisce nel salmo all'unzione del re. Il re diventa figlio di Dio attraverso la sua unzione regale. Ma qui la Figliolanza di Gesù e il suo ufficio messianico sono legati insieme per mezzo dello Spirito. Come nota Heribert Mühlen, la messianologia dell'Antico Testamento viene reinterpretata in senso pneumatico [14]. Per l'evangelista il battesimo è l'insediamento di Gesù nel suo ufficio di messia. Questa scena rappresenta l'unzione per la sua missione. Da questo momento comincia il suo compito ripieno della potenza dello Spirito.

C'è, comunque, un altro punto di capitale importanza. Proprio i tre elementi che vediamo collegati insieme nel battesimo di Gesù, cioè battesimo, Figliolanza e possesso dello Spirito, sono gli stessi tre che sono collegati insieme nella teologia del battesimo cristiano. Nel battesimo riceviamo la vita nuova dello Spirito che ci mette in grado di partecipare alla eredità di Gesù facendoci condividere la sua Figliolanza. Questi sono temi ricorrenti nella teologia paolina, come quelli che troviamo in Rm 8, 10 s., 15; Gal 4, 6. Comunque, c'è anche una trasfigurazione notevole della comprensione del battesimo. Nel mondo antico l'acqua era usata quasi universalmente come simbolo religioso, ma principalmente nel senso di purificazione e catarsi. Tuttavia, nella teologia paolina, l'acqua del battesimo ha un significato più profondo. Qui essa diventa simbolo di morte e di vita nuova, in realtà di risurrezione attraverso la morte. L'ac-

---

[12] *Ibid.*, p. 60.
[13] *Ibid.*, p. 67.
[14] HERIBERT MÜHLEN, « L'Evento di Cristo come Atto dello Spirito Santo », in *Mysterium Salutis* a cura di J. Ferrier e M. Löhrer, vol. 6, Queriniana, Brescia 1971, pp. 655-656.

qua non è solo purificazione, ma è anche evocatrice di una potenza distruttiva. Andare nell'acqua del battesimo è immergersi, cioè, essere inghiottiti nella morte di Gesù per rinascere con lui alla vita nuova. Questo è il significato profondo di Rm 6, 3-4, « O non sapete che quanti siamo stati battezzati in Cristo Gesù, siamo stati battezzati nella sua morte? Per mezzo del battesimo siamo dunque stati sepolti insieme a lui nella morte, perché come Cristo fu risuscitato dai morti per mezzo della gloria del Padre, così anche noi possiamo camminare in una vita nuova ». L'esegeta C.F.D. Moule domanda come possiamo spiegare una trasformazione così sorprendente. Si tratta semplicemente del genio creativo della chiesa primitiva e degli autori del Nuovo Testamento? Moule pensa che una tale spiegazione non sia plausibile [15]. Inoltre, troviamo traccia di una reinterpretazione di questo genere del battesimo, la quale potrebbe essersi sviluppata poi nella teologia cristiana successiva. C'è, per esempio, il ricordo dei detti del Signore in Mc 10, 38 e Lc 12, 50. Nel primo passo Gesù chiede ai suoi discepoli, « Potete bere il calice che io bevo, o ricevere il battesimo con cui io sono battezzato? ». Nel secondo testo, Gesù si riferisce chiaramente alla sua sofferenza e morte quando dice, « C'è un battesimo che devo ricevere; e come sono angosciato finché non sia compiuto! ». Così nella vita di Gesù non vediamo solo un'associazione di battesimo, Figliolanza e possesso dello Spirito, ma abbiamo anche più di un indizio che Gesù comprese come la sua vocazione di Figlio e di portatore dello Spirito comportasse l'offerta della sua vita.

Forse quest'idea può essere ulteriormente comprovata se prendiamo in esame il racconto della passione in Mc 14. Nel vangelo di Marco il punto culminante della passione si trova senza dubbio nella domanda del sommo sacerdote: sei tu il Cristo? In questo modo il sommo sacerdote pone la domanda direttamente a riguardo dell'identità messianica di Gesù. Ma abbiamo già visto che nell'Antico Testamento la regalità messianica è collegata alla Figliolanza divina e che nel Nuovo entrambe sono messe in relazione al possesso dello Spirito. Qui, nella scena della passione, ci accorgiamo che Gesù opera un'altra associazione di simboli degna di nota. Per la prima volta nel vangelo di Marco proclama pubblicamente la sua identità messianica e poi prosegue dicendo, « Vedrete il Figlio dell'uomo seduto alla destra della Potenza e venire con le nubi del cielo » (v. 62). Qui, dunque, Gesù si identifica anche con la figura veterotestamentaria del Figlio dell'Uomo. Anche se tutto il concetto di Figlio dell'Uomo è disputato, molti esegeti sarebbero d'accordo con Moule nel riconoscere come sfondo di questo detto Dn 7, 13. Il problema è nell'interpretazione del passo e nella sua relazione a Gesù. Moule fa il seguente illuminante suggerimento. In Dn 7, 13 la figura del Figlio dell'Uomo è una figura umana rappresentante il popolo d'Israele che, anche nella persecuzione,

---

[15] MOULE, op. cit., pp. 29-30.

rimane fedele. Questo servo fedele sarà giustificato nell'ultimo giorno e sarà portato davanti al trono divino del Vegliardo. Ma la stessa figura è un simbolo perfetto per rappresentare la persona e l'opera di Gesù. Per Moule, « Figlio dell'uomo » non è un titolo applicato a Gesù, ma un simbolo della sua vocazione ad essere fedele fino in fondo, anche fino alla morte, confidando nella giustificazione definitiva davanti alla corte celeste. L'unica difficoltà è che nel passo dell'Antico Testamento la figura del Figlio dell'Uomo è accolta nella corte celeste per la sua giustificazione, mentre qui egli viene manifestato al mondo per il giudizio. Tuttavia, la differenza che *prima facie* si coglie fra i due si rivela essere, ad una riflessione più profonda, nient'altro che un invito a vedere l'unità più profonda che esiste fra di loro. Con le parole di Moule, « La gloria della figura umana nel cielo è la sua investitura di giudice sulla terra » [16]. Per questo Moule sostiene che quello di « Figlio dell'Uomo » è uno dei simboli più importanti usati da Gesù per descrivere la sua vocazione.

Il risultato di queste riflessioni esegetiche è che anche nella stessa vita di Gesù fu presente una percezione profonda del suo essere Figlio in modo del tutto particolare, nel senso, cioè, di un rapporto intimo col suo Abbà, e di essere in modo straordinario portatore dello Spirito. Se queste esperienze sono collegate alle altre del ritratto neotestamentario di Gesù, come il suo battesimo, il suo uso di un linguaggio battesimale, il suo impiego del simbolo di Figlio dell'Uomo, si vede allora come anche la comprensione avuta da Gesù della sua Figliolanza e del suo possesso dello Spirito ebbero un'orientazione singolare. Entrambi furono in stretto legame con la vocazione filiale di obbedienza al Padre suo, un'obbedienza che, Gesù ne fu consapevole, l'avrebbe portato all'offerta suprema della sua vita sulla croce. Così Moule conclude che uno dei messaggi più chiari emergente dai vangeli è che il Figlio dell'Uomo sofferente « colui al quale deve essere resa giustizia nella gloria, che il significato dell'essere grandi è servire, che essere Figlio di Dio significa dedicarsi in modo incondizionato alla volontà di Dio, anche fino alla morte. È dunque essenziale al ministero di Gesù che il Figlio di Dio si mostri come il debole e vulnerabile Figlio dell'Uomo. I due sono in realtà identici, e questo molto prima che fra di loro vengano intessute delle ingegnose connessioni esegetiche » [17].

Secondo Moule, perciò, c'è un'intera rete di tradizioni su Gesù che portò ad una reinterpretazione radicale di ciò che significava essere Figlio di Dio. Questo processo di reinterpretazione proseguì indubbiamente dopo la morte e la risurrezione di Gesù quando cominciarono a chiarirsi alla comunità cristiana primitiva tutte le implicazioni della Figliolanza di Gesù. Certamente fu una reinterpretazione creativa, ma non fu affatto in discontinuità radicale con l'autocomprensione di Gesù.

[16] *Ibid.*, p. 18.
[17] *Ibid.*, p. 27.

Conclusione

Le nostre riflessioni di questo capitolo hanno cercato di situare le formulazioni successive della chiesa a riguardo dell'esperienza cristiana di Dio nel tempo del Nuovo Testamento, e più particolarmente nell'esperienza fondante di Gesù stesso. Abbiamo visto che ci sono buone ragioni per credere che Gesù si comprese come Figlio di Dio e portatore dello Spirito. Ma abbiamo anche visto che egli ha reinterpretato queste idee nei termini di una singolare vocazione all'obbedienza, un'obbedienza che l'avrebbe portato alla croce. Al centro della nostra esperienza cristiana c'è il mistero pasquale di Gesù, il suo passaggio dalla morte alla gloria del Padre. Ora, la cosa più importante per noi è interrogarci e riflettere sul modo in cui Gesù ha vissuto la sua esperienza della Figliolanza e dello Spirito in quel momento supremo di crisi, la crocifissione, in cui la sua esperienza dell'Abbà fu messa alla prova fino in fondo e in cui la sua esperienza dell'intimità col Padre sembrò frantumarsi nell'impenetrabile oscurità dell'abbandono di Dio.

Capitolo Quarto

LA TRINITÀ E IL MISTERO PASQUALE

Abbiamo visto che il centro della coscienza di Gesù era la sua relazione unica a Dio come Abba. Se partiamo dal presupposto che « persona » è un concetto che esprime una relazione, possiamo arrivare a dire che « È la sua relazione al Padre che costituisce l'essenza della sua persona » [1]. A causa di questa intimità nacque in lui la consapevolezza della propria missione. Gesù pretende infatti di essere il portatore di una rivelazione unica: « Tutto mi è stato dato dal Padre mio; nessuno conosce il Figlio se non il Padre, e nessuno conosce il Padre se non il Figlio e colui al quale il Figlio lo voglia rivelare » (Mt 11, 27). Più concretamente questa rivelazione consiste nell'annuncio e nel farsi presente della sovranità di Dio. L'autorivelazione finale di Dio, che comprende la sua vittoria sul peccato, sulla morte e su tutte le potenze distruttrici, si andava infatti manifestando nella predicazione e nel ministero di Gesù. Quindi ciò che vediamo nella vita di Gesù è il farsi storico di Dio. Dio si sta avvicinando al mondo, sta entrando nel mondo, cosicché la storia si apre a riceverlo come il suo proprio futuro.

Tuttavia, se il rivelarsi di Dio al mondo può essere compreso solo storicamente, lo stesso vale per la relazione di Gesù al Padre. Il suo rapporto col Padre e la percezione della propria missione si sono sviluppate storicamente. Molti esegeti così distinguono tra l'originaria coscienza della propria missione quando si trovano ancora in Galilea e la sua successiva percezione di essa dopo la crisi che lo condusse a Gerusalemme e alla croce.

Da quanto ci riporta il vangelo sembra che all'inizio la predicazione e il ministero abbiano incontrato un certo successo. E se Gesù, come dobbiamo ammettere, non fingeva, non c'è nessuna ragione per non credere che l'urgente appello che rivolgeva al suo popolo non fosse una chiamata

---

[1] Jon Sobrino, *Christology at the Crossroads*, SCM, London 1978, p. 105.

piena di speranza da parte di Gesù. Gesù infatti, credeva che l'atto finale di redenzione di Dio fosse molto vicino e così, all'undicesima ora, chiamava il suo popolo a prepararsi per il giorno del Signore che stava ormai per arrivare. Ma tutti i vangeli ci riportano che dopo un certo periodo ci fu un indurimento di cuore e una resistenza di fronte all'opera di Gesù, e questo provocò una grande crisi nella sua vita. Una testimonianza di ciò è il suo spostamento geografico dal cuore della Galilea verso Cesarea di Filippi e poi verso le dieci città della dodecapoli. Questa svolta si trova nel capitolo 8 del vangelo di S. Marco e nel capitolo 13 del vangelo di S. Matteo. Qui Gesù smette di parlare alle folle e si concentra con i suoi discepoli i quali non capiscono ancora la natura della sua missione. C'è una testimonianza della stessa crisi anche nel quarto vangelo: dopo il miracolo dei pani le masse lo abbandonano (Gv 6, 66) cresce l'opposizione a lui con due tentativi di lapidarlo (Gv 8, 59; 10, 31-39) e alla fine rimane solo con i dodici. Come risultato di questa crisi, Gesù decide di andare a Gerusalemme per lanciare il guanto della sfida nel cuore stesso della capitale della nazione. Drammaticamente S. Luca riporta: « Mentre stavano compiendosi i giorni in cui sarebbe stato tolto dal mondo, si diresse decisamente verso Gerusalemme » (Lc 9, 51).

Ci sono due aspetti di questa crisi sui quali è utile riflettere. Il primo è l'atteggiamento di Gesù nei confronti della propria morte. Non c'è nessun dubbio che secondo il Nuovo Testamento Gesù non fu sorpreso dalla morte. Infatti ci sono molti brani che parlano della sua libera offerta della vita come sacrificio espiatorio. Senza alcun dubbio, alla luce della resurrezione la Chiesa può guardare indietro alla morte di Gesù e vedere in essa l'autodonazione di Gesù, sacrificio per mezzo del quale siamo riconciliati con Dio. Questa fede si riflette nel racconto dell'istituzione dell'eucaristia nell'Ultima Cena dove Gesù offre il suo corpo e il suo sangue « per molti ». La prima comunità cristiana vide in Gesù la figura del servo sofferente di cui parla Isaia. La difficoltà sta nel sapere fino a che punto questa fede della Chiesa primitiva possa essere proiettata indietro nella coscienza esplicita che Gesù aveva di se stesso. Una cosa, tuttavia, che noi possiamo dire senza alcun dubbio, è che Gesù previde e accettò la sua morte come qualcosa che faceva parte della sua fedeltà al Padre celeste e della missione che aveva ricevuto da lui. Abbiamo già visto, per esempio, che Gesù decise consapevolmente di andare a Gerusalemme. Egli non aveva molto da dubitare sul fatto che con questa decisione avrebbe dovuto fare i conti con la possibilità della morte. Infatti egli si era già incontrato con l'ostilità e il rifiuto, conosceva il destino di Giovanni il Battista e interpretava la propria vita e il proprio destino nei termini dei profeti. « Però è necessario che oggi, domani e il giorno seguente io vada per la mia strada, perché non è possibile che un profeta muoia fuori di Gerusalemme. Gerusalemme, Gerusalemme, che uccidi i profeti e lapidi coloro che sono mandati a te, quante volte ho voluto raccogliere i tuoi figli come una gallina la sua covata sotto le ali e voi non avete voluto! » (Lc 13, 33-34). Perciò, parlando storicamente, possiamo vedere come Gesù è posto di fronte a due fedeltà che rifiuta di abbandonare: egli rimane saldo nella fedeltà alla propria missione di rappresentare la misericordia finale di Dio verso l'umanità peccatrice, e allo stesso tempo, egli sta dalla parte degli uomini e delle donne, rappresentandoci davanti a Dio fino alla fine, e si lascia annientare dal nostro rifiuto. La morte di Gesù è il risultato del suo rifiuto di compromettere questa duplice fedeltà.

L'altro aspetto di questa crisi è precisamente la dimensione di una crisi di fede. Prima di tutto, ci dobbiamo domandare se Gesù aveva fede. Nel Medioevo, S. Tommaso rispose a questa domanda negativamente perché riteneva che Gesù possedesse la visione beatifica in ogni momento della sua vita. Oggi, la maggior parte dei teologi tende a considerare quanto sia incompatibile la visione beatifica con la conoscenza e la libertà umana di Gesù durante lo stato del suo pellegrinaggio terreno. Molti teologi vorrebbero prendere sul serio la kenosi di Gesù nell'atto di incarnarsi e perciò distinguono tra due stati della storia umana di Gesù, lo stato di pellegrinaggio e quello di compimento nella resurrezione. Se Gesù è realmente divenuto uomo, ciò sembrerebbe significare che ha avuto una crescita nella conoscenza. Sembrerebbe anche che, se ha realmente accettato la nostra condizione, la sua libertà debba essere stata condizionata da una certa ignoranza. Come indica Ralmer, se Gesù ha sempre avuto una chiara omniscienza e la presenza beatificante del Padre, è difficile vedere come una qualche scelta umana sia stata possibile per lui. Questo non vuol dire che Gesù fosse incerto e confuso circa la sua identità, o circa la sua intimità col Padre, o circa la missione da lui affidatagli, ma soltanto che tutti questi aspetti della sua esperienza erano da lui vissuti nelle condizioni dello spazio e del tempo.

In questo senso Gesù è il supremo esempio di fede, una fede capita come il completo abbandono a Dio, nella condizione di oscurità propria dell'uomo, a dispetto delle minacce che la vita umana pone. In questo modo possiamo far propria la teologia della Lettera agli Ebrei e così vedere Gesù non come dispensato dalla fede, ma piuttosto come modello della fede, come « catalizzatore » della fede, come colui che rende possibile la fede stessa. Scrive infatti l'autore di questa lettera: « Teniamo fisso lo sguardo su Gesù, autore e perfezionatore della fede, il quale, in cambio della gioia che gli era posta innanzi, si sottopose alla croce, disprezzando l'ignominia, e si è assiso alla destra del trono di Dio » (12, 2).

In questa prospettiva vorrei sottolineare la dimensione di fiducia propria della fede. Gesù in ogni momento della vita ha abbandonato se stesso nelle mani di Dio senza voler controllare gli eventi e senza chiedere garanzie, lasciando a Dio di essere Dio. Ma precisamente quando guardiamo alla fede di Gesù in questo modo, possiamo vedere due stadi della sua fede. Il primo stadio si svolge nel periodo della Galilea. Gesù ha ricevuto dal Padre la rivelazione, la missione di predicare il Regno. Dal momento del battesimo, unto per questa missione, egli proclama in parole ed opere l'imminente sovranità del Padre. Ma nel momento della crisi della Galilea, la sua fede viene messa alla prova. Egli è sfidato a vivere a un livello di fede più profondo. Come ha indicato Sobrino, non è necessario capire la crisi di fede come una crisi di dubbio. La tentazione contro la fede che Gesù ha sperimentato non si fonda sul dubbio, ma sulle vicissitudini della sua stessa vita. Nella crisi della Galilea, Gesù si ritrova sempre più solo: le masse si allontanano, i capi religiosi induriscono i loro cuori, i discepoli non riescono a capire. Vediamo qui un movimento che conduce direttamente alla croce dove Gesù si trova radicalmente solo, apparentemente abbandonato anche da Dio che lui chiama Abba. Secondo Sobrino, Gesù venne fuori dalla crisi di fede ma questa crisi modificò completamente la qualità della sua fede. Egli scrive: « Il centro della sua vita continua ad essere il Padre. Gesù ha ancora fiducia in lui; però ora non c'è nulla per fondare una tale fiducia. Diventa una fiducia contro ogni fiducia. La preghiera di Gesù nel giardino del Getsèmani non presuppone più lo stesso concetto di Dio che Gesù aveva all'inizio della sua vita. La sua fedeltà al Padre non sta più davanti alla sua venuta imminente, bensì davanti alla morte. E Gesù vede la sua morte come il fallimento della sua missione. Egli deve lasciare Dio rimanere Dio senza nessuna verifica; lo fa in assenza di qualsiasi conferma »[2].

La morte di Gesù come evento trinitario

Moltmann ha mostrato che non possiamo fare giustizia adeguatamente alla morte di Gesù se non la interpretiamo a tre livelli: quello religioso, quello politico e quello teologico[3].

Sul piano religioso, per esempio, la morte di Gesù è un confronto col Giudaismo. È estremamente significativo che Gesù fu rifiutato dai capi ufficiali del Giudaismo come un bestemmiatore. La sua non fu una morte di martire, la morte di un eroe, come quella dei Maccabei. Ma, come dice S. Paolo, la sua fu la morte di un maledetto, dal momento che fu appeso ad un albero (Gal 3, 13). La lettera agli Ebrei esprime questo fatto drammaticamente quando dice che Gesù fu ucciso fuori dalla porta (Eb 13, 12), cioè non nella città santa di Gerusalemme ma come uno che è rigettato e cacciato fuori. L'intera vita di Gesù fu un confronto con la

---

[2] *Ibid.* p. 94.
[3] Vedi Jurgen Moltmann, *Il Dio Crocifisso*, Queriniana, Brescia 1973, cap. 4.

religione ufficiale del suo tempo e le sue parole più aspre le riservò per le cosiddette persone religiose. Per questo S. Paolo dice che la morte di Gesù ci spinge a scegliere: la salvezza nella legge (cioè la religione del Giudaismo) o la salvezza nella croce (Rm 10, 4).

Anche sul piano politico, la morte di Gesù è un confronto tra due fonti d'autorità, quella di Cesare e quella di Cristo. Questo confronto è rappresentato nella sua massima drammaticità nella scena del processo, quando Gesù incontra Pilato faccia a faccia. Pilato crede di essere l'ultima autorità su Gesù e lo condanna a morte. Ma per coloro che hanno fede, la risurrezione di Gesù manifesta che il potere di Pilato era illusorio. L'ultima fonte d'autorità è Gesù. Dio governa il mondo attraverso la sua Signoria. Questo ha un'importanza particolare in quanto Gesù ha corretto il significato di potere in termini di servizio. Tutte le relazioni padrone-schiavo sono state rovesciate alla radice. Gesù il Signore si è fatto il servo di tutti. Egli non chiama più i suoi discepoli servi ma amici e dà loro il nuovo comandamento: « Voi sapete che coloro che sono ritenuti capi delle nazioni le dominano, e i loro grandi esercitano su di esse il potere. Fra voi però non è così; ma chi vuol essere grande fra voi si farà vostro servitore, e chi vuol essere il primo tra di voi sarà il servo di tutti » (Mc 10, 42-44). Questo insegnamento è importante specialmente in vista della storia della Cristianità. Come Moltmann ed altri come E. Peterson [4] hanno mostrato, ci sono state tendenze pericolose per la chiesa di identificare se stessa col potere politico. All'inizio del Medio Evo, Gesù fu spesso rappresentato nell'arte secondo l'immagine dell'imperatore. Certo Gesù è Signore, ma è il Signore risuscitato che porta sempre le ferite della passione sul suo corpo come per farci ricordare che egli regna dalla croce. Perciò la Signoria di Gesù è una sfida costante alle nostre concezioni umane del potere. Per il cristiano non c'è nessun potere ma soltanto il carisma dell'autorità esercitata come servizio. Quindi la croce di Gesù sta come un ostacolo permanente ad ogni facile alleanza tra chiesa e stato. La chiesa di Cristo che vive sotto il segno della croce ha sempre la vocazione ad esercitare un ruolo secolare. Naturalmente lo stesso criterio vale per l'esercizio del potere dentro la comunità cristiana.

Tuttavia, l'importanza della contestazione da parte di Gesù della religione giudaica e dell'autorità politica impallidisce in paragone alla grande contestazione di tutte le nostre idee su Dio. Addirittura si può andare oltre fino a dire che la croce è un evento tra Dio e Dio. Come spiegheremo, la croce è un evento nel quale vediamo un abisso nella vita divina, una divisione tra Dio e Dio (*Nemo contra Deum sive Deus ipse*), una separazione, che è tuttavia collegata da Dio stesso, cosicché dobbiamo affermare: Dio è amore.

[4] E. Peterson, *Il monoteismo come problema politico*, Brescia 1983.

Sembra impossibile trovare un modo di aggirare la testimonianza del Nuovo Testamento secondo la quale nella passione Gesù ha sperimentato una tenebra impenetrabile. Tutti i vangeli attestano il fatto che Gesù ha sperimentato paura ed angoscia nella sua anima nel giardino del Getsèmani. Secondo Marco, precisamente in quel momento Gesù chiama Dio Abba, ed implora che suo Padre tolga da lui questo calice di sofferenza (Mc 14, 32). Ma la sua preghiera rimane senza risposta. Ancora, il più antico racconto della morte di Gesù sulla croce attesta che egli morì con un alto grido, chiamando forte: « Mio Dio, mio Dio, perché mi hai abbandonato? » (Mc 15, 34). Quando notiamo come gli evangelisti modificano queste parole dette sulla croce, possiamo essere abbastanza certi che quel grido lanciato dalla croce era uno dei ricordi più chiari della prima comunità. Perciò quel Dio col quale Gesù aveva vissuto con la familiarità fiduciosa di un bambino, non lo salvò da quella notte oscura. Leander Keck osserva: « Gesù morì senza una parola o un gesto da parte di Dio per rassicurarlo che, qualunque cosa la folla sprezzante potesse pensare, egli sapeva che Gesù era non soltanto innocente ma ben saldo in ciò che era importante » [5]. Continuando questa riflessione Keck dice che la morte provoca una crisi nella comprensione di Dio, sia per Gesù che per noi. Gesù ci assicura che Dio è degno di fiducia, che egli è fedele a se stesso e alla sua opera, che egli instaurerà il Regno, che possiamo perciò abbandonarci a lui con estrema confidenza. Eppure questo Dio non salva Gesù dalla morte. E neppure il regno viene. Ciò che viene è solo il grido di abbandono sulla croce. Per cui seppure questo Dio è sicuramente fedele, nondimeno egli è un Dio che distrugge le nostre aspettative. Come Keck dice: « Il solo Dio che è fedele è colui che non interviene per proteggere il pio ma che è presente nella tenebra più densa forse proprio come la tenebra stessa » [6].

Comunque, tali riflessioni ancora non ci portano al cuore del mistero della croce. Arriviamo a questo centro solo quando vediamo questo evento come un evento tra Padre e Figlio, tra Dio e Dio, un evento, in altre parole, che coinvolge la Trinità intera. È forse S. Paolo che per primo presenta le abbondanti implicazioni della croce come evento trinitario. Prima di tutto, secondo Paolo, è un evento che comporta il reciproco abbandono del Padre e del Figlio. In Rm 8, 32 Paolo dice che Dio non ha risparmiato il suo unico figlio, ma lo ha dato per tutti noi. Allo stesso modo in Gal 2, 20 Paolo parla del figlio di Dio che mi ha amato e ha dato se stesso per me. In entrambi i casi il termine greco è *paradidonai* che significa « consegnare ». Che cosa implica questo consegnare? Se consideriamo seriamente le tenebre e il grido di abbandono sulla croce,

[5] L. KECK, *A Future for the Historical Jesus*, Abingdon Press, Nashville 1971, p. 229.
[6] *Ibid.*, p. 231.

sembrerebbe che questo consegnare sia un consegnarsi all'abbandono di Dio. Come Moltmann insiste [7], la croce è un evento in cui si realizza un duplice abbandono di Dio. Il figlio si trova abbandonato dal Padre, consegnato alla morte. E il Padre che lo consegna soffre la morte del figlio. Nel momento della croce, l'essenza divina è divisa in due. Padre e Figlio sono separati dalla morte, dalle tenebre, dal peccato.

Sembrano necessarie alcune chiarificazioni. Prima di tutto, questo abbandono di Dio può essere ulteriormente determinato da un altro versetto di S. Paolo. In 2 Cor 5, 21 Paolo dice, « Colui che non conobbe peccato, Dio lo fece peccato per noi, affinché noi potessimo diventare giustizia di Dio in lui ». Qui abbiamo di nuovo una affermazione drammatica. Sulla croce il Figlio si è fatto peccato, si è identificato con la nostra situazione di peccaminosità. Balthasar ed altri hanno mostrato come è stato difficile per la chiesa accettare tale affermazione in tutta la sua serietà. Per esempio, nella soteriologia di Anselmo, Gesù soffre la punizione del peccato, ma non è toccato dalla realtà del peccato nel suo proprio essere. Ma se accettiamo pienamente quello che Paolo afferma, dobbiamo dire che Gesù sperimentò sulla croce l'abbandono di Dio, e questo abbandono è proprio il significato del peccato, cioè la separazione da Dio. In altre parole sulla croce Gesù sperimentò la realtà dell'inferno.

In secondo luogo, ho detto che la croce distrugge le nostre idee su Dio. La croce ci spinge ad affrontare uno dei più profondi problemi teologici, la sofferenza di Dio. Sotto l'influenza della filosofia greca, la teologia cristiana tendeva ad affermare l'impassibilità di Dio. Tuttavia, tutta la tradizione dell'Antico Testamento parla piuttosto della passione di Dio per il suo popolo. La croce è il culmine di questa tradizione. Qui Dio accetta letteralmente di soffrire nella sua stessa vita. In questo secolo, teologi come Barth hanno mostrato che la croce distrugge tutti quegli assiomi come l'impassibilità di Dio. Tuttavia, un teologo come Moltmann si spinge anche più lontano. Noi dobbiamo non solo pensare teisticamente un Dio che soffre, ma come cristiani dobbiamo pensarlo in un modo trinitario [8]. Dobbiamo domandarci non soltanto che cosa significa la sofferenza della croce per il Figlio ma dobbiamo pure domandarci che cosa essa significhi per il Padre. Moltmann afferma che sarebbe impossibile sostenere che il cuore del Padre non è toccato dalla morte del suo Figlio. Il Padre soffre la perdita del suo Figlio. Per questo la croce coinvolge non solo la passione del Figlio, ma anche la passione del Padre.

Torniamo, tuttavia, per un momento a questo concetto di *paradidonai*. Abbiamo già notato che la croce implica un mutuo consegnarsi di Padre e Figlio. Un certo numero di teologi contemporanei come Moltmann e

---

[7] Vedi MOLTMANN, *op. cit.*, pp. 282 ss.
[8] *Ibid.*

Balthasar [9] citano la riflessione di Popkes il quale sostiene che la parola *paradidonai* non deve essere diluita così da significare « mandare » oppure « donare ». Deve invece essere presa nel senso più forte possibile di « consegnare ». Popkes confronta ciò che è avvenuto sulla croce con ciò che avvenne fra Abramo e Isacco. Ma mentre Dio cedette alla compassione nel caso del sacrificio del figlio di Abramo, ciò non avvenne nel caso di Gesù. Popkes osa dire che possiamo parlare della prima persona della Trinità come quella che espelle, butta fuori e annichilisce la seconda.

Una tale interpretazione mi sembra sbagliata per parecchie ragioni. Prima di tutto, si mette una tale enfasi sull'azione del Padre che si perde di vista il fatto che secondo il Nuovo Testamento c'è sempre un mutuo *paradidonai*. Alla consegna del Figlio da parte del Padre corrisponde l'obbedienza del Figlio e il suo autoconsegnarsi per amore degli uomini. Tutte le implicazioni di questa mutua consegna possono essere pienamente afferrate solo quando penetriamo nel cuore del mistero trinitario. Prima di tutto, è importante vedere che il Figlio nella sua pura essenza è obbedienza. E questa obbedienza non è appunto un'obbedienza propria della condizione di figlio. Il Nuovo Testamento torna costantemente all'affermazione che la figliolanza di Gesù consiste nella sua obbedienza. « Io faccio sempre le cose che gli sono gradite » (Gv 8, 29). Ciò che Gesù può fare in assoluta libertà è sempre determinato dal suo essere Figlio. Come Balthasar nota, ciò che potrebbe essere « *de potentia absoluta* » in realtà non è possibile « *de potentia trinitaria* », in quanto il Figlio oltrepasserebbe il campo della sua missione [10].

Questo fatto ci ricorda che la missione di Gesù, realizzatasi pienamente sulla croce, ha la sua origine nella trinità eterna. Se concepiamo l'evento della croce come un dramma divino che coinvolge il Padre e il Figlio, allora come procede Balthasar nella sua argomentazione, questo dramma, deve essere fondato nell'eterno dramma trinitario della vita divina [11]. La croce è il compiersi nella storia di questo dramma che sorpassa ogni dramma, cioè dell'eterno movimento drammatico che si svolge in Dio stesso. In altre parole, l'unico modo per evitare di vedere la croce come imposizione di un'obbedienza alienante è situare l'azione drammatica della croce dentro l'eterno dramma trinitario. Questo è il merito della teologia trinitaria di Balthasar. Balthasar vuole sottolineare che la croce è una separazione tra Padre e Figlio, ma la drammatica cesura che strazia il cuore di Dio sul calvario è già stata abbracciata da tutta l'eternità dalla

[9] Vedi MOLTMANN, *ibid.*, p. 222; HANS URS VON BALTHASAR, *Mysterium Paschale* in *Mysterium Salutis* a cura di Johannes Feiner e Magnus Lohrer, vol. 6 L'Evento Cristo, Queriniana, Brescia 1971, pp. 254 ss.

[10] Per lo sviluppo di questo punto, vedi VON BALTHASAR, *Gli Stati di Vita del Cristiano*, Jaca Book, 1985, p. 161; *Lo Spirito e L'Istituzione*, Morcelliana, Brescia 1979, pp. 50-51.

[11] Vedi VON BALTHASAR, *Teodrammatica*, vol. 4, Jaca Book, 1986, pp. 297-305; *Gloria*, vol. 7, Jaca Book, 1977, p. 205.

Trinità divina. Dall'eternità e per l'eternità il Padre ha donato se stesso al Figlio, ha rischiato il suo essere nel Figlio, e dall'eternità il Figlio è stato un sì al Padre, nel completo ed obbediente abbandono a lui così il rischiare se stesso del Padre verso il Figlio crea uno spazio per il Figlio. Il Padre separa se stesso da se stesso, affinché possa esistere il Figlio. Questa separazione è però collegata nell'eternità dallo Spirito Santo, la comunione di amore del Padre e del Figlio. Perciò secondo Balthasar dentro la vita divina c'è e una separazione e un'unione che rendono possibili la separazione e l'unione dell'evento della croce. Il movimento drammatico della trinità economica è reso possibile ed abbracciato nel dramma originario della trinità eterna. Così Balthasar colloca il dramma tra Dio e il mondo nel dramma tra Dio e Dio. Egli scrive: « Bisogna dire invece che nella "*kenosis*" del cuore paterno nella generazione del Figlio sta già incluso e superato ogni altro possibile dramma tra Dio e il mondo, dal momento che ogni mondo può avere il suo luogo soltanto all'interno della differenza del Padre e del Figlio tenuta aperta insieme superata dallo Spirito Santo » [12]. Estendendo le conseguenze di questa dottrina all'evento della croce, Balthasar scrive: « che Dio (in quanto Padre) possa in questo modo dar via la sua divinità, e che Dio (in quanto Figlio) non la tenga unicamente come prestata ma la possegga in "eguaglianza di essenza" significa una così inconcepibile e insuperabile "separazione" di Dio da se stesso che ogni altra separazione in tal modo resa possibile (mediante essa!), sia pure la più amara ed oscura, può verificarsi solo *all'interno* di essa » [13]. Dunque, la conclusione della riflessione condotta fin qui è che la più profonda ermeneutica della croce non può che essere un'ermeneutica propriamente teologica, che la croce cioè può essere compresa adeguatamente soltanto se è vista come un evento tra Dio e Dio, tra Padre e Figlio, un evento che è il compiersi nella storia del dramma originario che si svolge tra il Padre e il Figlio, i quali dall'eternità rischiano il loro essere l'uno verso l'altro e così sono distinti ma ancora una cosa sola nello Spirito Santo che è il loro vincolo di comunione.

Dalla teologia del Venerdì Santo alla teologia del Sabato Santo

Per capire più a fondo il significato della morte di Gesù, può essere utile riflettere sul fenomeno umano della morte. Dal punto di vista antropologico possiamo vedere che la morte ha una dimensione attiva e una passiva. Ogni morte, per esempio, è una manifestazione della libertà

[12] *Teodrammatica*, vol. 4, p. 304.
[13] *Ibid.*, 302.

umana. La morte è l'ultima possibilità della mia esistenza umana, l'atto attraverso il quale definisco il progetto di tutta la mia vita. L'essere umano non muore come un animale ma è sempre sfidato a prendere posizione nei confronti della propria morte. La mia morte può essere un atto di fiducia, un abbandono d'amore, oppure un atto di ribellione, d'amarezza e di rassegnazione. Nessun'altra persona o forza può determinare il mio modo di morire. In questa prospettiva, vediamo l'importanza dell'affermazione del Nuovo Testamento secondo la quale la morte di Gesù rappresentò un attivo autoabbandono. La sua morte fu un sacrificio. Infatti, nel vangelo di Marco, Gesù dice, « Il Figlio dell'Uomo non è venuto per essere servito ma per servire e dare la propria vita in riscatto per molti » (Mc 10, 45). Sempre sulla stessa linea, Gesù nel quarto vangelo afferma, « Io offro la mia vita, per poi riprenderla di nuovo. Nessuno me la toglie ma la offro da me stesso » (Gv 10, 17-18). Forse potremmo chiamare quest'aspetto del mistero pasquale la teologia del Venerdì Santo.

Tuttavia, una riflessione antropologica rivela un'altra dimensione della morte, quella passiva. Filosoficamente si può dire che la morte non è mai solamente un atto di libertà, ma anche una minaccia, qualcosa che soffro e subisco, il mio ultimo limite e destino. In questo senso la morte umana mette in questione la vita dell'uomo. La morte solleva la domanda se la vita sia alla fine una frustrazione, cioè se sia possibile trovare un compimento ultimo e un senso alla vita. Da un punto di vista teologico possiamo dire di più. La morte è sperimenta come una minaccia precisamente a causa del vincolo tra la morte e il peccato. Per l'essere umano la morte non è qualcosa di materiale ma una realtà condizionata dal peccato. La morte rappresenta la concretizzazione della ansietà dell'uomo di fronte all'esclusione da Dio, cioè, di fronte alla possibilità dell'inferno.

Questa dimensione passiva della morte è rappresentata dalla teologia del Sabato Santo. Qui siamo debitori alla riflessione di Hans Urs Von Balthasar [14] il quale assume questa dimensione della passione di Gesù nella sua teologia sulla base dell'esperienza mistica della sua amica Adrienne Von Speyr. Che cosa vuole affermare Balthasar nella sua teologia del Sabato Santo?

Almeno in due brani del Nuovo Testamento (1 Pt 3, 19; 4, 6), ci sono riferimenti alla discesa di Gesù negli inferi. Secondo Balthasar, questa immagine della discesa agli inferi è evidentemente mitologica ma esprime una verità di profonda importanza teologica. Per Balthasar la discesa di Gesù agli inferi non è un viaggio trionfante di Cristo vittorioso. Certamente la vittoria della resurrezione ha i suoi effetti anche là ed ha un potere retroattivo per tutti quelli che hanno vissuto prima di Cristo. Ma la

---

[14] Vedi soprattutto *Mysterium Paschale* in *Mysterium Salutis*, vol. 6, pp. 289-324.

discesa di Gesù negli inferi altro non è che la sua totale identificazione con la nostra condizione di impotenza in quanto peccatori.

Per esporre le implicazioni di questa identificazione, Balthasar fa appello all'immagine veterotestamentaria dello Sheol. Lo Sheol, che è lo stato di morte, è un tema costante dei salmi. Sono usate varie metafore per descriverlo: è il luogo delle tenebre (Sal 49, 19) e del silenzio (Sal 94, 17), un posto dal quale non c'è ritorno (Gb 7, 9). È descritto come l'abisso e l'eterna prigione (Sal 30, 9; 85, 6); là i morti sono isolati, esclusi da Dio e dal mondo, privi di ogni forza e vitalità, sono solo polvere (Sal 30, 9).

Ma quando il Nuovo Testamento dice che Gesù « divenne peccato » (2 Cor 5, 21), e quando parla della sua discesa negli inferi, gli scrittori biblici intendono affermare che Gesù ha sperimentato la nostra morte di peccato. Sulla croce, anche Gesù fu separato dal Padre. Gesù divenne senza vita e senza possibilità di risuscitarsi dai morti. Sulla croce la Parola di Dio si fece silenzio. Sulla croce Gesù sperimentò l'obbedienza del cadavere.

Se come abbiamo detto prima la morte di un peccatore è l'inferno, se la santità di Dio esclude il peccatore dalla sua presenza, perché la sua santità non può tollerare il peccato, se il peccato provoca necessariamente l'ira di Dio, allora Gesù sulla croce ha sperimentato l'inferno stesso. L'inferno infatti, come dice Balthasar, è un concetto cristologico. Il significato dell'inferno è determinato dall'esperienza di Cristo sulla croce. Nell'Antico Testamento, l'inferno fu soltanto adombrato, perché tutti coloro che hanno vissuto prima di Cristo, hanno vissuto nella speranza della sua venuta. Nel periodo del Vecchio Testamento brillava la luce del suo avvento. Solo nel momento della croce questa luce è cacciata dal mondo. Solo in questo momento la morte di Dio diviene una seria possibilità. Ma poiché Gesù è risorto e poiché ha sofferto l'inferno al posto nostro, nessuno di noi è destinato a conoscere il peso del peccato come lui lo conobbe. Egli ha eliminato per noi il destino dell'inferno. Questa è la nostra consolazione. Quello che ci giudicherà è colui che è stato giudicato al nostro posto. Come dice il quarto vangelo, « Il Padre non giudica nessuno ma ha rimesso ogni giudizio al Figlio » (5, 22). Ma come chiede S. Paolo, « Chi condannerà? Gesù Cristo che è morto e che intercede per noi » (Rm 8, 34). Poiché Gesù ha sperimentato l'assoluta solitudine dell'inferno, nessuno di noi è destinato a questo totale isolamento, ma siamo destinati a godere sempre della sua compagnia. Come dice anche Paolo, nella Lettera ai Romani, « Se noi viviamo, viviamo per il Signore e se noi moriamo, moriamo per il Signore; così sia che viviamo, sia che moriamo siamo del Signore » (14, 8).

C'è un ultimo aspetto della teologia del Sabato Santo, il mistero della libertà umana. Come Barth ha a suo tempo notato, il peccato è l'impossibile possibilità. Creandoci Dio accetta di correre il rischio della nostra libertà. Dio si espone alla possibilità di un NO definitivo. Il mistero di questa possibilità di un NO sembra porci di fronte ad un dilemma. Se l'essere umano con la propria libertà può rifiutare Dio definitivamente, sembrerebbe che gli scopi di Dio siano frustrati e che la persona umana possieda un'ultima supremazia su Dio. D'altra parte, se il desiderio di Dio di salvare l'uomo è più forte e vince la libertà umana, sembra allora che l'essere umano venga privato di quella stessa qualità che lo fa uomo. Balthasar trova la soluzione di questo apparente vicolo cieco nel mistero della croce. Dio permette all'uomo di essere realmente libero, accetta il suo NO, ma nella sua infinita misericordia e con la fantasia dell'intelligenza divina, trova la soluzione appropriata decidendo di accompagnare la libertà umana là, nell'estremità del suo assoluto isolamento. Perciò il peccatore non si trova più definitivamente solo, ma in compagnia del Figlio di Dio abbandonato. Dio irrompe nella sua solitudine e accompagna la persona umana fin nella situazione più estrema della sua scelta negativa, cosicché il peccatore si trova in una situazione di co-solitudine. Come scrive Balthasar: « Il figlio morto discende in questa definitività (della morte), non certo agendo più, ma, fin dalla croce e in rapporto ad essa, spogliato di ogni potere e iniziativa propria, come colui del quale si è puramente disposto, come quegli che è abbassato a pura materia, l'Obbediente (a modo di cadavere) nell'indifferenza assoluta, senza residui, incapace di qualsiasi solidarizzare attivo, meno che mai di qualsiasi « predicazione » ai morti. Egli (ma per un amore supremo) è morto insieme con loro. E appunto perciò egli disturba l'assoluta solitudine cui anela il peccatore: questi, che vuol essere « dannato », allontanato da Dio, nella propria solitudine, ritrova Dio, ma Dio nell'impotenza assoluta dell'amore, che solidarizza senza limiti col « non-tempo, con chi danna se stessa » [15].

Trinità e Redenzione

S. Giovanni parla di Gesù come l'agnello di Dio che toglie il peccato del mondo (Gv 1, 29). Nella teologia classica e nella spiritualità della chiesa Gesù ha portato il nostro peccato nel senso che ha espiato la nostra colpa e ci ha riconciliati col Padre. Oggi tali idee vengono spesso attaccate. Specialmente la teoria di S. Anselmo, la cosiddetta teoria della soddisfazione, è stata spesso attaccata alla base in quanto non possiamo più pensare alla croce come qualcosa che placa la giustizia di un Dio arrabbiato. Molti moderni scrittori come Rahner hanno posto in rilievo il fatto che

[15] *Lo Spirito e L'Istituzione*, p. 350.

l'evento-croce è il risultato dell'amore del Padre e non un evento che riconquista l'amore del Padre.

Sebbene io sia pienamente d'accordo che Dio da tutta l'eternità è amore che perdona, e che è quest'amore il motivo dell'Incarnazione e della croce, non sarei d'accordo con l'idea che ci si possa dispensare dalla tradizione della redenzione. Sebbene Dio sia sempre disposto al perdono, dobbiamo chiederci come Dio possa perdonare in modo da prendere sul serio sia la realtà del peccato che quella della libertà umana.

Secondo Norbert Hoffman [16], la comprensione della redenzione nell'Antico Testamento è drammatica. Dio, nell'alleanza, entra realmente in dialogo col suo popolo. E quando Israele pecca, Dio rimane fedele al proprio patto e fedele anche nel rispettare la libertà del suo partner. Il modo con cui Dio può perdonare e tuttavia prendere sul serio questa libertà è la redenzione. Nell'atto della redenzione Dio lascia che l'uomo sperimenti la realtà del peccato per ciò che essa è, vale a dire, come separazione da Dio. Il peccato è l'assenza di Dio. Il peccato è incompatibile con Dio e perciò Dio lo caccia fuori dalla sua vita. Espiando il peccato, il peccatore si rivolge di nuovo verso Dio ma sperimenta la sua separazione come sofferenza, e attraverso la sofferenza della perdita di Dio, il peccatore trasforma il suo peccato in amore. Per cui la redenzione non è qualcosa che implica sofferenza nel senso di una punizione estrinseca di Dio. Redenzione è far fronte alla realtà del peccato per ciò che essa è.

Questo sfondo veterotestamentario ci offre la chiave per la comprensione della croce come redenzione. Prima di tutto, è importante vedere che il fine di Dio nella creazione del mondo è stato da sempre cristologico. Gesù Cristo non è un ripensamento avvenuto dopo l'atto di creazione. Come dice la Lettera agli Efesini, « In lui ci ha scelti prima della creazione del mondo » (Ef 1, 4). Per cui il nostro posto nella volontà eterna di Dio è cristologico. In questo contesto il peccato non è solamente un fallimento morale o la trasgressione di un comandamento. Il peccato è il rifiuto della figliolanza in Cristo, è il NO dell'uomo a diventare figlio nel Figlio. Con questo NO, il peccato, che di per sé non avrebbe un proprio posto, va ad occupare il posto del Figlio.

Ma nella croce Dio consegna suo Figlio caricandolo del nostro peccato. Il Figlio nella sua libertà prende su di sè tutto il peso della realtà del peccato. Colui che è senza peccato conosce e diviene peccato. Questo spiega l'agonia della croce e il grido d'abbandono. Egli affronta l'abisso del peccato, la separazione da Dio. Egli beve questo calice fino all'ultima goccia, ma poiché lo fa per amore, trasforma il peccato in amore, lo cancella e ricrea la condizione di figli. Come Hoffmann scrive, « L'amore

---

[16] Vedi NORBERT HOFFMANN, *Kreuz und Trinität, Zur Theologie der Sühne*, Johannes, Einsiedeln 1982.

che qui prende su di sè il peccato, cambia questo peccato in un dolore che può essere appropriatamente descritto con una sola parola: inferno. Ma poiché l'inferno è sofferto da un tale amore, esso è sofferto fino alla morte. L'inferno esiste qui soltanto come la sofferenza di questo amore ed è nient'altro che amore nella forma di sofferenza, il dolore del Figlio che è privato del Padre: "Mio Dio, mio Dio, perché mi hai abbandonato?" » [17]. Dunque Gesù offre l'inferno al posto nostro. In questo senso egli ci rappresenta. Gesù affronta la potenza del peccato e la vince per mezzo di quest'amore sofferente; così siamo inseriti in modo nuovo nella sua figliolanza. Per questo Paolo può dire che siamo una nuova creazione. Qui noi vediamo la teologia dell'*admirabile commercium*. Gesù diviene quello che siamo (peccato) affinché noi possiamo diventare quello che lui è (giustizia). Con le parole di 2 Cor 5, 21, « Colui che non conobbe peccato, Dio lo fece peccato per noi, affinché noi potessimo diventare, per mezzo di lui, giustizia di Dio ».

Balthasar nota che Dio è sempre perdono. Dio non deve cambiare le proprie intenzioni. Così egli osserva che nell'evento-croce non è Dio ad essere riconciliato col mondo ma piuttosto è il mondo che viene riconciliato con Dio. Perché possiamo vedere il processo di creazione e di riconciliazione in questo modo:

1. Siamo creati nel Figlio.

2. Il peccato è il NO all'offerta della figliolanza divina; esso va ad occupare il posto del Figlio.

3. Sulla croce Gesù prende il posto del peccato e ne porta su di sé tutto il peso. Ma nel caricarsi di questo peccato con amore sofferente, egli lo trasforma. La croce è la negazione della negazione.

4. Finalmente, per mezzo di questa espiazione, siamo ristabiliti nella nostra figliolanza in Cristo. Il mistero pasquale fa possibile una nuova creazione.

È importante vedere che un tale atto di perdono divino, che prende sul serio la libertà del partner dell'alleanza con Dio, è possibile solo in una comprensione trinitaria di Dio. La rivelazione di Dio in Cristo ci mostra che egli è un Dio per noi. Ma la croce ci lascia vedere come sia radicale la qualità di questo « per noi ». Il Dio della filosofia neoplatonica rimaneva insensibile ed irraggiungibile dalla sofferenza del mondo. Noi cristiani, invece, affermiamo che il peccato tocca il cuore del Padre. Dio è così tanto « per noi » che non mette limite al suo amore anche di fronte alla realtà del peccato. Egli prende il peccato nella sua propria vita. Ma questo è possibile solo perché Dio è l'amore del Padre e del Figlio. L'amore del

---

[17] *Ibid.*, p. 31.

Padre e del Figlio è, con le parole di Adrienne Von Speyr, così ampio da comprendere il mondo intero. Il mondo trova il suo posto nello spazio reso aperto dal dono di se stesso del Padre. Ma perché Dio è questa comunità aperta, nella quale il Padre è totalmente per il Figlio, e il Figlio totalmente per il Padre, diviene possibile la decisione in base alla quale il Padre manda il Figlio nel mondo e il Figlio in libera obbedienza accetta la missione di identificarsi con noi anche fino al punto dell'abbandono della croce. Dio desidera così tanto la risposta della sua creazione che, per vincere il rifiuto della sua offerta d'amore, egli manda il suo Figlio nelle tenebre della croce. Così il soteriologico « per noi » della croce è fondato nello sconfinato altruismo delle persone divine, le quali sono, nella loro essenza, l'una per l'altra.

Il vincolo d'amore

In questo capitolo abbiamo generalmente parlato dell'evento-croce come di un evento tra il Padre e il Figlio. Allo stesso tempo ci siamo costantemente riferiti al mistero pasquale come evento trinitario. Il terzo membro non ancora menzionato, senza il quale la croce non è concepibile come evento di rivelazione, è lo Spirito Santo. Lo Spirito Santo è il membro più trascurato della Trinità e la sua presenza è spesso soltanto accennata, come quando l'autore della Lettera agli Ebrei dice, « Cristo con uno Spirito eterno offrì se stesso senza macchia a Dio » (Eb 9, 14) [18]. Nondimeno la presenza dello Spirito è indispensabile. Abbiamo già sottolineato l'abbandono della croce, il mutuo abbandono del Padre e del Figlio. Tuttavia, la resurrezione rivela che in realtà, anche nel momento della loro estrema separazione, essi erano uniti. Il vincolo che univa il Padre e il Figlio sulla croce era lo Spirito Santo. Abbiamo anche visto che la croce fu un atto di amore divino perdonante da parte del Padre e di amore divino sofferente da parte del Figlio. Così il vincolo d'amore che univa Padre e Figlio in questo momento di abbandono era lo Spirito della loro unione. Questo segue anche da quando abbiamo visto circa le presupposizioni della Trinità economica. La separazione del Padre e del Figlio nella croce è fondata, come abbiamo visto, nella separazione del Padre e del Figlio nella loro eterna vita, una separazione tuttavia che è tenuta aperta e collegata dallo Spirito. Anche nella croce, il momento della loro separazione è paradossalmente il momento della loro massima unione.

Ne segue una importante conseguenza. Abbiamo notato che all'interno della vita trinitaria l'amore del Padre e del Figlio non è rimasto chiuso in se stesso. Lo Spirito Santo apre la vita divina al di fuori di sé nella

---

[18] Per lo sviluppo di questo punto, vedi GIOVANNI PAOLO II, *Dominum et Vivificantem*, p. 40.

creazione e nella riconciliazione. Lo Spirito Santo completa il circolo della vita divina, che però non è un circolo chiuso, bensì aperto. Nello stesso modo, dall'evento della croce, dall'evento nel quale Dio si identifica totalmente con l'umanità abbandonata, lo Spirito è riversato sul mondo, quale Spirito di salvezza e di riconciliazione. Moltmann esprime questo così: « Da questo avvenimento, che si verifica tra il Padre e il Figlio, scaturisce la donazione stessa, lo Spirito che accoglie loro che sono abbandonati, che giustifica gli empi e vivifica i morti » [19].

Questa effusione dello Spirito e il suo essenziale collegamento con la croce, ha delle importanti implicazioni per la spiritualità e per la prassi cristiana. Qui sarebbe sufficiente dire che il dono dello Spirito, elargito dalla croce, fonda la spiritualità cristiana della compassione. Abbiamo visto che l'intera teologia dell'Antica Alleanza è fondata sulla passione di Dio. Nella Nuova Alleanza questa passione non è compresa dialogicamente come una relazione io-tu, ma unitariamente e trinitariamente come compassione del Padre, del Figlio e dello Spirito Santo. Il dolore e il peccato del mondo toccano il cuore divino, cosicché le tre persone della Trinità si coinvolgono nella nostra sofferenza e la redimono. Sulla base di questa visione di Dio l'unica legittima risposta cristiana è una spiritualità della compassione. Il cristiano non è chiamato a ritirarsi dal mondo ma a vincere la minaccia dell'indifferenza e, come Dio, ad aprirsi alla sofferenza dei suoi fratelli e delle sue sorelle. La parola chiave nella spiritualità cristiana è « identificazione ». Da quando Dio si è identificato con il povero e con l'abbandonato nella croce di Cristo, il cristiano vuole mettersi là dove Dio si è messo. Come S. Ignazio di Loyola propone negli Esercizi Spirituali (cfr. n. 167), quanto più uno cresce nell'amore, tanto più uno sceglie la forma che Dio ha scelto per se stesso: povertà, umiliazione, ingiurie. È una scelta cristiana motivata da una identificazione di amore. Ma essa non è una scelta solamente orientata al passato; piuttosto lo Spirito, riversato dalla croce, guida i credenti di oggi ad una identificazione di compassione con il Cristo di oggi, con il Cristo che si è identificato con gli abbandonati e che perciò può e deve essere trovato nascosto sotto la forma dei suoi fratelli poveri e sofferenti.

Il nome di Dio

Nella Prima Lettera di S. Giovanni, il discepolo afferma che Dio è amore, e quest'affermazione deve ispirare ogni riflessione cristiana (cfr. 1 Gv 4, 16). In contrasto col Dio dei filosofi, sia il Motore Immobile di Aristotele che il Soggetto Assoluto di Hegel, S. Giovanni ci dice che Dio

---

[19] J. MOLTMANN, *Futuro della Creazione*, Queriniana, Brescia 1980, p. 85.

è amore. Una tale affermazione non è una dichiarazione della ragione; essa è un modo di ricapitolare la nostra esperienza cristiana di Dio. Il Dio in cui crediamo è il Dio che conosciamo in Gesù Cristo. Ma il culmine della nostra esperienza di Gesù è la sua croce ed il mistero pasquale. Che ci sia un Dio che può uscire da se stesso fino ad esporsi al peccato ed all'abbandono, un Dio che è Signore soltanto mediante il suo essere servo di tutti, è qualcosa di scandaloso per la ragione ed anche per l'istinto religioso. Come dice Paolo, la croce è inevitabilmente « una pietra d'inciampo per i Giudei e follia per i pagani » (1 Cor 1, 23). Tuttavia, la croce compresa come la cospirazione dell'amore del Padre, del Figlio e dello Spirito Santo ci costringe a vedere la verità del detto di S. Anselmo: Dio è *id quo maius cogitari nequit*, ciò di cui non si può pensare il maggiore. Il *Deus semper maior*, però, che noi scopriamo nella croce non può essere adeguatamente descritto come Essere Assoluto, ma merita la descrizione più adeguata coniata da John Wesley: egli è Puro Amore Illimitato.

Capitolo Quinto

TEOLOGIA DELLO SPIRITO SANTO

Introduzione

Nella storia della teologia cristiana, lo Spirito Santo è spesso apparso come il Dio sconosciuto. Guardando da una prospettiva storica, vediamo che la natura dello Spirito Santo non fu un soggetto di interesse speculativo fino al quarto secolo. Un teologo della tradizione Ortodossa dell'Oriente, Vladimir Lossky, interpreta questo fatto teologicamente [1], mostrando che nell'Incarnazione la persona del Figlio è chiaramente manifestata mentre nella venuta dello Spirito Santo la persona dello Spirito Santo rimane nascosta. Nell'Incarnazione, la natura divina si nasconde sotto la forma di servo; nondimeno Gesù (come Dio incarnato) rivela il volto umano di Dio. Nel conferimento del dono divino della deificazione, tuttavia, lo Spirito Santo annichilisce se stesso, tanto da parlare della perdita di se stesso nell'opera di santificazione della persona umana [2].

Nondimeno, il riconoscimento della missione dello Spirito Santo di santificare e divinizzare, una missione che ha la sua più alta espressione nel battesimo, rivela il bisogno di chiarire la natura dello Spirito Santo. L'impulso storico che spinse a riflettere sulla persona dello Spirito Santo fu il motivo soteriologico. Se Dio desidera salvare l'uomo, se il battesimo è l'inizio di un processo di condivisione della vita stessa di Dio, allora qual'è la natura dello Spirito Santo che rende possibile questa divinizzazione della creatura?

Queste questioni divennero pressanti per la chiesa del quarto secolo. Dopo il Concilio di Nicea nel quale la chiesa rigettò definitivamente l'arianesimo e affermò la piena uguaglianza del Figlio al Padre, la chiesa

---

[1] Vladimir Lossky, *La teologia mistica della chiesa d'Oriente*, Mulino, Bologna 1967, p. 279.
[2] *Ibid.*, pp. 154-156.

fu chiamata a chiarire la propria comprensione della natura dello Spirito Santo e la relazione dello Spirito col Padre e col Figlio.

Il primo importante contributo fu quello di Atanasio, che era stato anche il difensore della piena divinità del Logos. Riguardo all'Incarnazione, Atanasio aveva dimostrato che, dal momento che soltanto Dio può salvare, Gesù deve essere pienamente Dio. Usando lo stesso argomento, Atanasio pensò che, dato che lo scopo dell'Incarnazione era la nostra divinizzazione, lo Spirito Santo che rende presente Cristo dentro di noi, deve essere pure lui pienamente Dio nello stesso senso del Padre e del Figlio. Ciò che il Figlio è per natura, noi lo siamo per partecipazione. Ma la condizione di possibilità di questa partecipazione è lo Spirito Santo. Perciò lo Spirito Santo è divino. In un testo famoso, Atanasio scrisse, « Lo Spirito Santo è l'unguento e il sigillo col quale il Verbo unge e segna tutto... Così segnati, giustamente diventiamo partecipi della divina natura come dice Pietro, e così la creatura diventa partecipe del Verbo nello Spirito e per lo Spirito siamo partecipi di Dio... ogni volta che si dice che siamo partecipi di Cristo e partecipi di Dio si dà ad intendere che quella unzione e quel sigillo che è in noi non è di natura creata, ma è del Figlio, il quale per lo Spirito che è in Lui ci congiunge al Padre » [3].

Sotto l'influenza di Atanasio e dello sviluppo della sua intuizione di fondo da parte dei Cappadoci, il Concilio di Costantinopoli nel 381 proclamò, « Noi crediamo nello Spirito Santo, che è Signore e dà la vita e procede dal Padre, e con il Padre e il Figlio è adorato e glorificato ». Una attenta lettura di questa confessione di fede rivela che qui la divinità dello Spirito Santo non è definita in termini espliciti. La parola *theos* non è usata per lo Spirito e neppure la parola « consustanziale » che aveva causato tanta contestazione quando era stata applicata al Logos dal Concilio di Nicea. Invece i Padri di questo Concilio si concentrarono sulla missione dello Spirito Santo, sul suo ruolo soteriologico. Lo Spirito Santo è il Datore di vita. Questo implica che lo Spirito Santo collabora all'opera di Dio come creatore. Solo Dio può creare dal nulla. Inoltre, la vita che Dio offre non è solo quella della creatura, ma come abbiamo visto, è la vita soprannaturale della grazia. Questa opera è attribuita qui allo Spirito Santo. Dal momento quindi che lo Spirito Santo ha il compito della deificazione delle creature che sono state chiamate all'essere, lo Spirito merita il titolo divino di Kyrios, o Signore, insieme al Padre e al Figlio. Oltre a ciò, in questa breve formula, il Concilio orienta la teologia all'adorazione. La proclamazione della divinità e della Signoria dello Spirito non è solo un'affermazione astratta; essa è orientata alla lode. Lo Spirito Santo è degno di adorazione e glorificazione. Lo scopo delle affermazioni teologiche è la dossologia.

[3] *Ad Serapion* I, 23, citato da C. VAGAGGINI, *Il senso teologico della liturgia*, Paoline, 1958, p. 171.

L'identità dello Spirito Santo

Nonostante la natura elusiva dello Spirito Santo, possiamo penetrare un po' nella sua identità? Questa domanda ha ossessionato i teologi lungo i secoli. Senza la pretesa di offrire una risposta cristiana definitiva a questa domanda, vorrei attirare l'attenzione su due intuizioni che formano un motivo centrale nella visione di S. Agostino e che hanno continuato a ripresentarsi attraverso i secoli, e cioè lo Spirito come dono e lo Spirito come amore.

Soffermiamoci per un momento sull'identità dello Spirito Santo come dono di Dio. Questa immagine ha una solida fondazione nella Bibbia. Un testo favorito di S. Agostino è quello di Rm 5, 5 [4] dove S. Paolo parla dell'« amore di Dio che è stato riversato nei nostri cuori per mezzo dello Spirito Santo che ci è stato dato ». Un altro testo al quale si rifà Agostino è il capitolo 4 di S. Giovanni, il dialogo di Gesù con la donna Samaritana. La donna chiede un po' di acqua normale, ma Gesù l'ammonisce, « se tu conoscessi il dono di Dio, avresti chiesto acqua viva ». Più tardi, nel capitolo 7, l'evangelista parla delle sorgenti di acqua viva che sgorgheranno dai credenti ed identifica quest'acqua viva con lo Spirito Santo (Gv 7, 39). Un altro testo importante per Agostino è At 8, 20, la storia di Simone il mago, che voleva comprare il potere dello Spirito Santo dagli Apostoli. Pietro lo rimprovera sdegnosamente « perché ha osato pensare di acquistare con denaro il dono di Dio ». Infine Agostino si richiama a Eb 6, 4 dove l'autore parla dell'illuminazione che ricevono i credenti « quando hanno gustato il dono celeste e sono diventati partecipi dello Spirito Santo ».

Agostino, sempre un maestro della lingua, riesce ad usare la fecondità della lingua latina per l'efficacia teologica mediante l'impiego dell'immagine del « donum Dei ». Lo Spirito Santo come tale è dono di Dio. Quello che Dio dona è niente di meno che se stesso. Come direbbe Rahner, il Donatore e il Dono sono identici. Lo Spirito Santo è anche ciò che è stato donato, il *donatum*. Lo Spirito Santo indica pure che Dio nel suo proprio essere è pura donazione, cioè che Dio è *donabile*. L'essere di Dio implica la capacità di donarsi, di consegnare se stesso. Rahner, nella sua opera magistrale *Corso fondamentale sulla Fede*, si appropria dell'immagine di Agostino e parla del Donatore, del Dono e della condizione di possibilità di accettare il Dono [5]. Tutti e tre possono essere identificati con lo Spirito Santo. Dio non vuole donare qualcosa di diverso da se stesso. Egli vuole concedere se stesso come Dono. Questo dono permette ai credenti di partecipare alla vita stessa di Dio. Tuttavia, l'elevazione della creatura a

---

[4] *De Trin.*, liber XV, cap. 18, numero 32.
[5] KARL RAHNER, *Corso fondamentale sulla Fede*, Paoline, 1977, p. 173.

condividere la vita divina supera la capacità del credente. La fede intesa come la partecipazione esistenziale all'offerta di se stesso di Dio deve essere essa stessa opera della grazia. Lo Spirito Santo è colui che rende capaci di credere; per cui, come dice Rahner, lo Spirito Santo è la condizione di possibilità della nostra accoglienza del dono.

In questo senso possiamo parlare dello Spirito Santo come aspetto soggettivo della rivelazione. Ora, a causa dello Spirito Santo la rivelazione di Dio non ci viene incontro come un oggetto di fronte a noi. La rivelazione di Dio avviene in noi. Noi diventiamo l'evento della rivelazione. Nel linguaggio di Rahner, il soggetto umano diventa l'evento della autocomunicazione d'amore di Dio. Dio entra così in una tale unione con la creatura che la soggettività umana diventa essa stessa l'evento della rivelazione. C'è una misteriosa identità tra il rivelatore e il rivelato nell'atto della rivelazione. Rahner esprime questa verità dicendo che Dio come Spirito Santo diventa un elemento co-costitutivo della soggettività umana [6].

Questa dimensione soggettiva dell'evento-rivelazione è stato espresso bene da Kilian Mc Donnell quando parla dello Spirito Santo come luce che rende il credente capace di vedere Cristo. Se non rimaniamo in questa luce i nostri occhi diventano ciechi e non riescono più ad afferrare Cristo come rivelazione di Dio. In un'altra immagine, Mc Donnell parla dello Spirito Santo come la proporzionalità che ci permette di conoscere l'evento-rivelazione e insieme ci rende capaci di conformarci ad essa. Egli scrive, « Con la proporzionalità che dona lo Spirito si può conoscere Gesù, l'immagine del Padre che lo ha mandato. Con la stessa proporzionalità si può riconoscere la presenza di Dio nella storia ed il volto del Figlio nella sua chiesa » [7]. Quindi, si può dire che lo Spirito Santo ha sia una funzione noetica che una ontologica. Epistemologicamente, fa sì che Cristo sia riconosciuto ontologicamente, forma Cristo nella profondità delle persone che credono.

L'altra importante immagine usata da Agostino è quella dell'amore. In una famosa analogia della vita divina, più tardi utilizzata da Riccardo di S. Vittore, Agostino dice che nella Trinità ci sono: l'amante, l'amato e l'amore stesso [8]. Secondo questo modello di comprensione della vita divina, il Padre è l'amante che dona tutto se stesso al Figlio. Il Figlio è l'amato, la risposta perfetta all'offerta del Padre. Lo Spirito Santo è il vincolo del loro amore. Agostino ritorna a quest'immagine molte volte nel *De Trinitate* e in un luogo si riferisce allo Spirito Santo come all'ineffabile comunione del Padre e del Figlio [9].

---

[6] *Ibid.*, p. 167.

[7] Kilian McDonnell, « A Trinitarian Theology of the Holy Spirit », *Theological Studies*, 46, 2 (1985), p. 223.

[8] *De Trin.*, liber VIII, cap. 10, numero 14.

[9] *Ibid.*, liber V, cap. 11, numero 12.

Questo modello è stato un elemento formativo nella tradizione Occidentale del Cristianesimo. La concezione occidentale della vita divina è quella di un circolo. Lo Spirito Santo chiude il circolo, cosicché non ci sono altre processioni in Dio. Con lo Spirito Santo il circolo d'amore trova il suo compimento. Allo stesso tempo, sarebbe uno sbaglio vedere l'amore divino come chiuso in sé stesso. Lo Spirito Santo non solo perfeziona e completa l'amore divino, ma è inoltre l'apertura di questo stesso amore fuori di sé, sul mondo, sul tempo e sulla storia. Moltmann parla della vita divina come circolo aperto [10]. Kasper, in questo contesto, parla dello Spirito Santo come estasi divina, come l'essere al-di-fuori-di-sé di Dio. Come Kasper scrive, lo Spirito « esprime l'essenza più profonda di Dio, l'amore che si comunica, e ce lo manifesta in un modo tale che questa massima interiorità è al contempo la massima esteriorità, cioè la possibilità e realtà dell'esser-al-di-fuori-di-sé, di Dio. Lo Spirito Santo, è, per così dire, l'*ekstasis* di Dio, è Dio come pura eccedenza, Dio come emanazione di amore e di grazia » [11].

Queste intuizioni di Moltmann e di Kasper non sono del tutto nuove. Anche nel Medio Evo, Riccardo di S. Vittore riconobbe che un amore chiuso in se stesso non è amore genuino. Secondo lui l'amicizia per essere vero amore richiede un terzo. I due devono andare al di là di se stessi aprendosi a una nuova realtà. Così Riccardo si riferisce allo Spirito Santo come all'amato comune (*condilectus*) del Padre e del Figlio. L'idea di Riccardo di S. Vittore è stata brillantemente sviluppata dai teologi cattolici contemporanei Heribert Mühlen ed Hans Urs von Balthasar [12]. Entrambi indicano l'alleanza sponsale come il primo analogato per la vita trinitaria. L'amore del marito e della moglie contiene una fecondità che diventa concreta nel loro figlio. Questo figlio non è figlio solo del padre, né solo della madre, ma è il *loro* figlio, il frutto della loro unione. Qui vediamo concretamente nell'esperienza umana la sovrabbondanza traboccante propria dell'amore, che ha la sua origine ultima nella vita trinitaria.

Mühlen, che basa la sua teologia dello Spirito Santo esplicitamente sulla teologia di Riccardo di S. Vittore, spiega che nell'esperienza umana ci sono tre parole originarie: Io, Tu e Noi. Il Noi non è semplicemente la somma degli altri due; è in un certo senso una realtà propria. Ancora una volta ciò emerge con la massima evidenza nel patto coniugale. Il patto matrimoniale non è soltanto il mio matrimonio o il tuo matrimonio, ma il *nostro* matrimonio. La realtà del matrimonio ha una sua oggettività che trascende i due che si sono impegnati in esso. Sulla base di questa

[10] Jürgen Moltmann, *La chiesa nella forza dello Spirito*, Queriniana, Brescia 1976, p. 84.
[11] Walter Kasper, *Il Dio di Gesù Cristo*, Queriniana, Brescia 1984, p. 303.
[12] Vedi Heribert Mühlen, *Der Heilige Geist als Person*, Münster 1966. Anche Hans Urs von Balthasar, « Lo sconosciuto al di là del Verbo », in *Spiritus Creator*, Morcelliana, Brescia 1972, pp. 91-100; « Lo Spirito Santo come amore », *ibid.*, pp. 101-116.

analogia, Mühlen suggerisce di comprendere lo Spirito Santo come il Noi divino, come il Noi-in-persona della vita trinitaria. In questo senso lo Spirito Santo è pura relazionalità. L'identità dello Spirito Santo è definita in termini di relazione al Padre e al Figlio. Lo Spirito Santo non ha niente da se stesso, ma è interamente riferito oltre se stesso, al Padre e al Figlio. Con questo schema concettuale, Mühlen propone quale definizione dello Spirito Santo, che lo Spirito è una persona in molte persone. Lo Spirito Santo è persona in quanto è il vincolo, la relazione del Padre e del Figlio. Si può identificare la persona dello spirito soltanto mediante il riferimento alle altre due persone, senza le quali lo Spirito Santo non potrebbe essere una persona.

Gesù Cristo e lo Spirito Santo

Abbiamo già visto che lo Spirito può essere descritto come l'estasi di Dio, l'aprirsi di Dio fuori di sé, verso la creazione e verso la storia. Lo Spirito è così l'indicazione dell'universalità del progetto salvifico di Dio. Allo stesso tempo il Cristianesimo è centrato su un particolare evento salvifico che porta il nome di Gesù Cristo. Come dice Kasper, in Gesù Cristo il Mistero ultimo e più profondo di tutta la realtà è stato svelato in un modo completamente unico, originale, irripetibile ed insuperabile. Come possiamo mettere insieme queste due convinzioni della fede, l'universalità del piano di salvezza di Dio e la particolarità dell'evento-rivelazione in Gesù Cristo? Questo è uno dei più profondi problemi della teologia cristiana.

Se guardiamo alla testimonianza biblica su Gesù, vediamo che uno dei primi tentativi cristiani di risolvere questo problema fu confessarlo come uomo ricolmo di tutta la pienezza dello Spirito. Lo Spirito di Dio, che era sempre attivo nella creazione e nella storia di Israele, che era stato dato parzialmente ai profeti, dimorò in tutta la sua pienezza escatologica in Gesù. In questo modo Gesù non cade dal cielo come un salvatore inaspettato, ma lo si può comprendere come il compimento di un lungo processo di preparazione.

Abbiamo già visto nel terzo capitolo che nessun aspetto della vita di Gesù è tralasciato dagli scrittori biblici nel loro desiderio di collegare la missione di Gesù e il suo possesso dello Spirito. Dal suo concepimento verginale alla sua resurrezione dai morti, Gesù è capito come colui che agisce per la pienezza del possesso dello Spirito. Così riassume tutto questo At 10, 38: « Dio consacrò in Spirito Santo e potenza Gesù di Nazareth, il quale passò beneficando e risanando tutti coloro che stavano sotto il potere del diavolo, perché Dio era con lui ».

Philip Rosato in un articolo sulla Cristologia pneumatica fa notare come ci siano chiaramenti molti vantaggi per la chiesa nella riscoperta di questa prospettiva [13]. Prima di tutto, si tratta di una cristologia che ha un carattere solidamente biblico e che collega Cristo allo Spirito di Yahweh, attivo nella storia del suo popolo. Egli nota che la persona di Gesù va inquadrata in una prospettiva più larga, quella della concezione spirituale, federale e politica dello Spirito di Yahweh, che era attivo nella storia dei giudici, dei re e dei profeti dell'Antico Testamento. In secondo luogo, questa cristologia mette a fuoco il significato escatologico di Gesù per tutti gli uomini. Essa supera uno stile individualistico di pietà, e collega Gesù alla speranza umana in un regno di giustizia e di pace. Infine, essa mette in evidenza il bisogno umano di redenzione. Questa cristologia è soteriologica fino in fondo. L'essere di Gesù non può essere compreso separatamente dalla sua missione nella storia.

Nonostante questi vantaggi, la Cristologia pneumatica della Bibbia è praticamente scomparsa nella chiesa. La ragione di ciò sembra essere primariamente storica. Gli Ebioniti, una setta eretica del secondo secolo, guardava a Gesù come al nuovo Mosè. Lo spirito di Dio che era stato donato a Mosè ora veniva a posarsi per sempre su Gesù. Gli Ebioniti mettevano una grande enfasi sul battesimo come il momento nel quale Gesù nella sua persona umana, ricevette l'unzione dello Spirito. Chiaramente questa era un'interpretazione adozionistica di Gesù. Gesù nella sua essenza era soltanto un uomo sul quale venne a posarsi lo Spirito di Dio. La chiesa non aveva potuto accettare questa interpretazione di Gesù, perché contraddiceva chiaramente un'altra idea dominante della Bibbia, quella della Parola fatta carne. Se la Cristologia pneumatica sottolineava la relazione *pneuma-sarx*, la Cristologia dell'Incarnazione accentuava l'identità di *logos-sarx* di Gesù. La Cristologia dell'Incarnazione portò alla luce l'identità ontologica di Gesù come persona divina fatta carne nell'Incarnazione. Sebbene questa sia una indiscutibile verità di fede, la concentrazione su questa comprensione di Cristo fino all'esclusione delle altre dimensioni bibliche ha oscurato il pieno significato di Gesù Cristo come rivelazione di Dio. In definitiva, l'aver dimenticato la comprensione pneumatologica di Cristo in favore di una cristologia ontologica ha condotto ad una cristologia astratta, individualistica, particolaristica ed astorica. È interessante, per esempio, che la definizione classica di Calcedonia è così concentrata sulla definizione dell'essere di Gesù da sorvolare quasi completamente la sua storia concreta.

Nondimeno potremmo chiederci se un ritorno ad una cristologia pneumatica non conduca a trascurare la singolarità di Gesù e la sua identità

---

[13] PHILIP ROSATO, « Spirit Christology, Ambiguity and Promise », *Theological Studies* 38 (1977), pp. 423-449.

ontologica unica. Non corriamo il rischio di un nuovo adozionismo? La riemergenza della Cristologia pneumatica non ci espone all'accusa che in questa comprensione di Gesù, egli è differente da noi soltanto in grado e non in essenza?

Molti teologi oggi sono inclini a pensare che è possibile combinare questi due modelli biblici, quello dello Spirito e quello dell'Incarnazione. Kasper [14], per esempio, ritiene che la Bibbia presenta una prospettiva unica ed universale nella quale Gesù può essere inserito senza fare violenza alla sua singolarità ontologica. Secondo Kasper, lo Spirito ci offre la chiave ermeneutica che rende possibile la mediazione tra la vita interna di Dio e la sua opera *ad extra*. Lo Spirito prepara la creazione per l'Incarnazione, guida Gesù durante la sua vita terrena e attraverso la glorificazione del Figlio apre la reale possibilità per tutti gli uomini di condividere l'amore del Dio uno e trino.

Oltre a Kasper, è forse Mühlen che ha fatto il massimo per rinvigorire la Cristologia pneumatica e per mostrare la sua compatibilità con la classica Cristologia ontologica della chiesa. Il punto critico è la relazione tra l'Incarnazione e l'unzione dello Spirito. Abbiamo visto che gli Ebioniti credevano che Gesù fosse un semplice uomo che venne unto con lo Spirito al momento del suo battesimo. Mühlen rigetta questa posizione, pensando invece che Gesù sia stato unto con lo Spirito Santo fin dal primo momento della sua vita incarnata. Per Mühlen, il battesimo è un evento importante nella vita di Gesù nel quale egli diviene più cosciente della propria identità e della propria missione, ma la pienezza dello Spirito egli l'ha ricevuta fin dal primo momento della sua esistenza umana. A questo proposito un punto importante è la relazione tra persona e natura umana. Nell'Incarnazione la persona divina acquista una natura umana. Ma abbiamo visto che secondo Mühlen lo Spirito Santo è sempre una relazione da persona a persona. In questa prospettiva Mühlen pensa che l'unzione di Gesù con lo Spirito presuppone logicamente l'Incarnazione. Temporalmente l'Incarnazione e l'unzione sono sullo stesso piano, ma ontologicamente l'unzione presuppone l'Incarnazione. Lo Spirito Santo va a posarsi sulla persona del Cristo incarnato. Fin dal primo momento della sua esistenza Gesù ha la pienezza dello Spirito. Tuttavia, come nota anche Mühlen, questa pienezza dello Spirito gli viene donata in vista della sua missione. La grazia del Capo è in favore dei membri.

Qual è la funzione dello Spirito Santo nella vita di Gesù? Qui possiamo richiamare due intuizioni, una di von Balthasar e una di Mühlen. Balthasar sviluppa l'idea di ciò che lui chiama l'inversione soteriologica di ruoli nella Trinità immanente ed economica [15]. Nella vita della Trinità

---

[14] Vedi WALTER KASPER, *Gesù il Cristo*, Queriniana, Brescia 1975, pp. 355 ss.
[15] Vedi HANS URS VON BALTHASAR, *Lo Spirito e L'Istituzione*, Morcelliana, Brescia 1979, p. 192.

immanente, il Padre e il Figlio spirano lo Spirito. Quindi lo Spirito è interamente ricettivo, passivo, formato dal loro reciproco autodonarsi. Ma nell'economia della salvezza, lo Spirito Santo diventa attivo e il Figlio passivo. L'Incarnazione avviene quando lo Spirito adombra la Vergine Maria. Il Figlio, in un certo senso, si lascia incarnare. Durante la vita terrena di Gesù, il Padre manifesta la sua volontà al Figlio attraverso l'ispirazione dello Spirito. Il Figlio risponde in obbedienza agli impulsi dello Spirito. Il culmine di quest'obbedienza è la croce. Con la risurrezione, tuttavia, il Figlio riprende il suo ruolo attivo. Egli effonde lo Spirito sulla chiesa. Lo Spirito nella comunità è sempre legato a Cristo. Lo Spirito ha sempre una forma cristologica.

L'altra intuizione circa la funzione dello Spirito durante la vita di Gesù viene da Mühlen che sottolinea il ruolo dello Spirito Santo come *vincolum amoris* e vincolo di unità. Come abbiamo visto, questa è la missione di unire propria dello Spirito. Lo Spirito è ontologicamente una persona in molte persone. Così durante la vita terrena di Gesù lo Spirito continua a collegare il Figlio col Padre. Il culmine di questa missione ha luogo sulla croce dove lo Spirito preserva l'unità del Cristo abbandonato da Dio col Padre che lo abbandona anche nel momento della loro più estrema separazione.

Infine, possiamo tornare alla questione dell'universalità del progetto d'amore della Trinità e della particolarità dell'evento Cristo. Philip Rosato suggerisce che possiamo vedere l'azione dello Spirito, come due spirali che si incontrano nella resurrezione [16]. L'amore di Dio che va in cerca dell'uomo si manifesta nella storia attraverso lo Spirito. Lo Spirito è l'offerta di se stesso di Dio nel tempo. Questa offerta, che va di pari passo all'intera storia, raggiunge il suo culmine nell'evento Cristo dove Gesù risponde perfettamente all'offerta del Padre. Come dice S. Paolo, Gesù fu sempre un Sì al Padre. In lui il Sì di Dio al mondo trova la sua perfetta risposta (cfr. 2 Cor 1, 19). Questo Sì, accettato dal Padre nella resurrezione, trabocca nell'effusione escatologica dello Spirito Santo a Pentecoste. La grazia che Cristo possedeva in pienezza è messa a disposizione dei suoi membri. Così per mezzo dello Spirito Santo l'amore di Dio diventa ora un amore che riunisce e riconduce l'intera creazione al Padre. Il fine della storia sarà raggiunto quando Cristo consegnerà il regno al Padre e Dio sarà tutto in tutti. Se, per usare una frase di Moltmann, guardiamo alla storia trinitaria di Dio ed alle relazioni trinitarie di Dio col mondo, notiamo che ci sono diversi modelli per capire il rapporto fra le persone rispettivamente per il periodo della preparazione, per quello della pienezza del tempo nell'evento-Cristo e per quello della chiesa [17]. Nell'Antico

---

[16] Vedi ROSATO, *art. cit.*, p. 445.
[17] JÜRGEN MOLTMANN, *Trinità e regno di Dio*, Queriniana, Brescia 1983, pp. 105-106.

Testamento il Padre dona lo Spirito ad Israele, lo Spirito che parla attraverso i profeti e prepara alla venuta del Figlio. In questo periodo di preparazione si può vedere la relazione della Trinità al mondo in questo modo: Padre → Spirito → Figlio. Con l'incarnazione il modo di rapportarsi cambia. Qui il Padre manda il suo Figlio unigenito, che nel compimento della sua missione manda lo Spirito a Pentecoste. Un'immagine del rapporto di Dio col mondo nella pienezza del tempo potrebbe essere Padre → Figlio → Spirito. Con l'inizio del tempo della chiesa si instaura un nuovo modello. Qui lo Spirito ha la priorità, continuando l'opera di Cristo e spingendo il mondo a glorificare il Figlio, così che attraverso il Figlio la creazione possa essere ricondotta al Padre. Nell'*escaton*, la relazione trinitaria di Dio col mondo sarà completa. Alla fine dei tempi il Padre sarà passivo, ricevendo tutte le cose attraverso il Figlio nello Spirito. La fine dei tempi sarà la glorificazione della Trinità, Dio sarà tutto in tutti, Dio nel mondo e il mondo in Dio. Il modello per questa relazione sarà: Spirito → Figlio → Padre. Per cui il piano dell'amore di Dio può essere visto come un grande circolo di *exitus* e *redditus*. Ogni cosa viene dal Padre e ritorna a lui.

Lo Spirito Santo nella chiesa

Abbiamo già visto il ruolo dello Spirito Santo nella vita della Trinità e nella vita di Gesù. Proseguiamo la nostra riflessione esaminando il ruolo dello Spirito Santo nella vita della chiesa e del singolo cristiano.

Per cercare di rendere giustizia al mistero della chiesa, è necessario riferirsi agli aspetti cristologico e pneumatologico che le sono propri. S. Paolo ha messo in luce la dimensione cristologica riferendosi alla chiesa come corpo di Cristo. Il Concilio Vaticano II, riprendendo questa idea, ha affermato che la realtà della chiesa è analoga a quella del Verbo incarnato. « Infatti, come la natura assunta è a servizio del Verbo divino come vivo strumento di salvezza, a lui indissolubilmente unito, in modo non dissimile l'organismo sociale della chiesa è a servizio dello Spirito di Cristo che lo vivifica, per la crescita del corpo (cfr. Ef 4, 16) » [18].

Molti commentatori hanno visto in questa spiegazione del Concilio una comprensione della chiesa come sacramento. Dietro questa idea c'è l'affermazione che Gesù Cristo è il sacramento primordiale di Dio. Dio, nella sua realtà intima, è nascosto, ma è la missione del Figlio a rivelarlo. L'intera missione di Gesù, le sue parole e opere, e, in definitiva, tutta la sua realtà umana, è rivelatrice del Padre. Come dice Gesù nel quarto vangelo, « Chi vede me vede il Padre » (Gv 14, 9). Gesù è un sacramen-

[18] *Lumen Gentium*, 8.

to, perché è una realtà finita visibile che rende presente e tangibile nella storia la realtà invisibile di Dio. Allo stesso modo, la chiesa rende Cristo presente nel mondo. Sebbene Cristo sia stato sottratto al nostro sguardo dal momento della Ascensione, la sua presenza si fa ancora sentire nel mondo attraverso la sua comunità. Quando la comunità cristiana vive la vita nuova di fede, speranza e amore che Cristo rende possibile, la sua presenza diventa visibile nel mondo. La missione di Cristo è estesa nello spazio e nel tempo anche grazie alle strutture permanenti della chiesa, come le Scritture e i sacramenti. Quando la chiesa vive veramente la sua missione a partire da Cristo, quando la chiesa vive realmente ciò che essa è nell'unione più profonda con il suo Signore, risplende nel mondo la luce della mediazione della presenza di Dio in Cristo, e così la realtà della chiesa come sacramento è una mediazione che rende possibile la fede. Uomini e donne vedono in essa la realtà che li conduce a Dio.

Il Concilio Vaticano II, a questo riguardo, ha parlato di analogia fra chiesa e Verbo incarnato. Nel paragrafo precedente abbiamo cercato di mettere in luce le somiglianze. Ma in ogni analogia è sempre importante essere coscienti delle dissomiglianze. Secondo il modello del Corpo Mistico, la chiesa è un prolungamento dell'Incarnazione. Ma questa analogia, a causa della peccaminosità della chiesa, risulta zoppicante. La chiesa non è unita a Cristo in una nuova unione ipostatica. Così, in questo modello c'è un pericolo di deificazione della chiesa, e i protestanti lo guardano con sospetto proprio a causa di questa tendenza. Dal momento che la chiesa è fatta di membri che possono sbagliare e peccare, la chiesa è sempre chiamata, come è stato ammesso anche dal Vaticano II, ad una continua purificazione. Un altro limite dell'enfasi sulla cristologia è che la chiesa tende ad identificarsi con i suoi elementi istituzionali, come i sacramenti, i ministeri ordinati e il compito magisteriale, in maniera tale che la libertà dello Spirito viene limitata se non eliminata del tutto.

Perciò sembra essenziale, se si vuole avere una visione equilibrata della chiesa, completare la concezione cristologica con una visione pneumatologica. Una sollecitazione importante in questo senso si può trovare nell'insegnamento sulla chiesa del Vaticano II, nel n. 7 del già citato documento: « E perché ci rinnovassimo continuamente in lui ci ha dato del suo Spirito, il quale, unico e identico nel capo e nelle membra, dà a tutto il corpo la vita, l'unità e il movimento, cosicché i santi padri poterono paragonare la sua funzione con quella che esercita il principio vitale, cioè l'anima nel corpo umano ».

Nel suo lavoro magistrale, *Una Mystica Persona* [19], Mühlen si è appropriato di questa prospettiva per sviluppare una profonda comprensione pneumatologica della chiesa. Cosciente dei limiti della analogia fra chiesa

---

[19] HERIBERT MÜHLEN, *Una Mistica Persona*, Morcelliana, Brescia 1968.

e Verbo incarnato, Mühlen ha suggerito che non dobbiamo pensare la chiesa come prolungamento della Incarnazione, ma piuttosto come un prolungamente della consacrazione di Cristo con lo Spirito. La tesi centrale di Mühlen, secondo cui lo Spirito Santo è una persona in molte persone, può essere fruttuosamente applicata a questo tema e può legare insieme gli articoli di fede su Trinità, cristologia ed ecclesiologia. Abbiamo già visto che la persona dello Spirito Santo è il vincolo di unità che unisce il Cristo incarnato al Padre. Abbiamo anche visto che l'unzione di Gesù nello Spirito è un'unzione che si presenta come *co-terminus* dell'Incarnazione. Ma, come Mühlen sottolinea costantemente, la grazia del Capo esiste per la salvezza delle membra. Dunque la pienezza di grazia che Gesù possedeva fu riversata sulla chiesa nel mistero pasquale. La chiesa è un evento pneumatologico nato nell'evento della croce e resurrezione. Oggi molti autori riconoscono che sarebbe troppo semplicistico situare la fondazione della chiesa esplicitamente nel ministero di Gesù, sebbene sia in esso preparata, ad esempio nella scelta dei dodici come guide del nuovo Israele. Così molti teologi preferiscono riappropriarsi della tradizione patristica che situava la fondazione della chiesa nell'evento della croce. Ci viene narrato che il Venerdì Santo sangue ed acqua sgorgarono dal fianco di Cristo. I Padri della chiesa videro in questo evento una espressione simbolica del battesimo e della eucaristia. La sera di Pasqua, Gesù apparve ai discepoli, soffiò lo Spirito su di loro e disse: « Ricevete lo Spirito Santo ». Lossky fa notare che nella tradizione Ortodossa Orientale il soffio dello Spirito la sera di Pasqua è considerato la prima comunicazione dello Spirito, il momento in cui lo Spirito è trasmesso all'intera chiesa, ossia alla chiesa come corpo di Cristo. Questo evento è completato dal secondo conferimento dello Spirito, nella domenica di Pentecoste, quando lo Spirito viene donato ai singoli. Secondo Lossky, questi due momenti in cui viene conferito lo Spirito sono complementari. Con il primo la chiesa diventa il corpo di Cristo. Questa donazione dello Spirito la rende un edificio stabile, costruito su solide fondamenta (vedi Ef 2, 20-22). Il conferimento dello Spirito ai singoli è, per contrasto, dinamico. Esso guida i credenti nel loro pellegrinaggio verso la piena divinizzazione nel Regno di Dio [20].

Per tornare alla teologia di Mühlen sulla chiesa, la sua definizione di Spirito come una persona in molte persone offre le basi per una visione pneumatologica della chiesa. Anche qui, come sempre, la missione dello Spirito è di creare unità. Mühlen può dire che la chiesa è una persona mistica perché il vincolo di unità tra Cristo e ogni credente come pure la base dell'unità fra i credenti stessi è costituita dallo stesso Spirito Santo. Come abbiamo visto, lo Spirito Santo è sempre la relazione da persona a

[20]. Lossky, *op. cit.*, pp. 159-160.

persona. Sia nella Trinità che nell'Incarnazione e nella chiesa, lo Spirito Santo non unisce la persona alla natura, ma la persona alla persona. Dunque nella chiesa lo Spirito non entra in una nuova unione ipostatica. C'è solo un'unione ipostatica, quella fra la persona divina di Gesù Cristo e la natura umana. Nella chiesa lo Spirito unisce la persona di Cristo alla persona di ogni credente. Allo stesso tempo la base dell'unità fra i membri del corpo mistico è lo stesso Spirito. Così nel linguaggio della *Lumen Gentium* (n. 7), lo Spirito Santo è l'anima che vivifica il corpo mistico. La visione di Mühlen ci dà una vera comprensione teologica, e non sociologica, dell'unità della chiesa. L'unità della chiesa non è basata ultimamente sulla libera decisione dei membri della chiesa di appartenervi. La chiesa non è un club in cui le persone decidono liberamente di entrare. In ultima analisi, essere membri della chiesa non è una opzione della persona, una decisione che viene dal basso. L'esistenza della chiesa viene dall'alto, dalla scelta e dalla elezione che Cristo compie nei nostri confronti. E la sorgente della nostra unità non è la libera scelta dei membri, ma la persona dello Spirito Santo che abita in Cristo e in noi. Come sottolinea il Concilio, c'è un solo ed identico Spirito nel Capo e nelle membra. Per questo al fine di comprendere la chiesa come Persona Mistica è necessario vedere che il vincolo di unità nella chiesa è così profondo che, nonostante la molteplice diversità dei suoi membri l'unità è più grande della diversità, poiché l'unità è niente altro che il vincolo di unità della Trinità stessa, la persona dello Spirito Santo.

Lo Spirito Santo nella vita del credente

Per completare la nostra riflessione sull'economia dello Spirito Santo, torniamo a considerare l'inabitazione dello Spirito in ogni credente. La divinizzazione della creatura è uno dei temi principali nella storia della teologia cristiana, un motivo amato in modo particolare nella tradizione Ortodossa Orientale. La meta delle relazioni trinitarie con il mondo è il renderci partecipi della natura divina. Si tratta del tema ricorrente dell'*admirabile commercium*: Dio è diventato ciò che noi siamo, affinché noi potessimo diventare ciò che egli è. Ciò che Cristo è per natura, noi lo siamo per grazia.

Certamente questa convinzione è un elemento centrale del Nuovo Testamento. Nell'ultima cena, Gesù promette che lui stesso e il Padre verranno per prendere dimora nel credente. « Se uno mi ama, egli osserverà la mia parola e il Padre mio lo amerà, e noi verremo a prendere dimora presso di lui » (Gv 14, 23). La stessa idea è sottolineata da S. Paolo. L'Apostolo insegna che il credente è tempio dello Spirito Santo. Rimproverando i Corinzi, S. Paolo chiede retoricamente: « Non sapete che il vostro corpo è tempio dello Spirito Santo che è in voi e che voi avete da Dio? » (1 Cor 6, 19; vedi anche 1 Cor 3, 16).

Come dobbiamo comprendere questa inabitazione dello Spirito Santo? Credo che ci siano due estremi che dovremmo evitare. Il primo è quello del teologo ortodosso orientale Gregorio Palamas. Gregorio segue la tradizione apofatica dell'Oriente che distingue l'essenza di Dio dalla sua auto-comunicazione. Egli si appropria della tradizione di Massimo il Confessore che sostiene che « Dio può essere partecipato in ciò che Egli ci comunica, ma rimane non partecipato nella sua essenza incomunicabile » [21]. Gregorio sviluppa la teoria della distinzione tra l'essenza di Dio e le sue energie. Le energie non sono creature; esse sono manifestazioni increate dell'essere di Dio ma sono distinte dall'essenza divina. Secondo Gregorio, siamo divinizzati perché le energie divine abitano nella creatura. Lo Spirito Santo come tale non abita nel credente ma solo la forza, l'energia divina. Così si potrebbe chiedere, riguardo a questa posizione, se siamo realmente salvati. Come fa notare Kasper, la questione che emerge dalla teologia radicale del Palamita è se la sua dottrina non renda la Trinità immanente irrilevante per la storia della salvezza e la privi di qualsiasi ruolo nell'ambito di tale storia [22].

L'altro estremo è rappresentato dalla tradizione della teologia neoscolastica, che sosteneva una inabitazione appropriata dello Spirito Santo nell'anima. Per questa teologia, dal momento che l'opera di Dio *ad extra* è indivisibile, si deve parlare di una inabitazione generale della Trinità nell'anima, ma non di una inabitazione personale dello Spirito Santo. Sebbene io sia d'accordo sul fatto che tutte le persone della Trinità siano coinvolte nell'economia di salvezza, vorrei affermare che esse sono anche coinvolte secondo un ordine ben definito.

Così, io sosterrei una coabitazione personale dello Spirito in ogni credente. La grazia della divinizzazione che è data ad ogni credente nel battesimo è in prima istanza grazia increata, ossia lo Spirito Santo stesso. Dal momento che lo Spirito Santo è nel credente, il credente è immediatamente unito a Cristo. Unito con Cristo, il credente è reso capace di andare al Padre attraverso la mediazione di Gesù. Dunque noi andiamo al Padre, attraverso il Figlio, nello Spirito Santo.

La tradizione della teologia neoscolastica è spesso accusata di « reificare » la grazia. C'è indubbiamente una parte di verità in questa accusa. La neoscolastica tendeva ad assumere la grazia creata come l'analogato primo della grazia. Noi invece abbiamo scelto come analogato primo la grazia increata. Nondimeno, la grazia creata è importante come preparazione per la grazia increata e come sua immediata conseguenza. La presenza dello

---

[21] Vedi *ibid.*, p. 66.
[22] KASPER, *Il Dio di Gesù Cristo*, p. 295.

Spirito Santo si fa necessariamente sentire negli effetti che opera nella vita del credente e nella vita della comunità. Forse il termine carisma è il vocabolo più attuale per indicare questa grazia creata.

S. Paolo sembra presupporre che una comunità cristiana in cui abita lo Spirito Santo sia una comunità carismatica. Nelle sue comunità non mancano doni, espressioni della grazia creata, che manifestano la presenza dello Spirito. Egli menziona il dono delle lingue, l'insegnamento, le guarigioni, le profezie. I primi secoli della cristianità sembrano essere caratterizzati dall'attesa di tali doni, ma man mano che la chiesa diventava più istituzionalizzata, i carismi erano spesso usurpati dagli uffici prescritti nella comunità. Sebbene momenti improvvisi di attività carismatica siano stati un fenomeno ricorrente nella storia della chiesa, la comunità cattolica, almeno nei secoli recenti, ha preso la tendenza ad assumere atteggiamenti sospettosi nei confronti dei carismi e dei carismatici, in quanto sembravano minacciare la stabilità istituzionale della chiesa. Nel Concilio Vaticano II, quando si giunse a discutere la questione dei carismi, molti vescovi pensavano che il vero carisma fosse un fenomeno straordinario che veniva dato raramente alla chiesa. Questa visione, comunque, venne decisamente rifiutata dal Concilio, e in un passaggio rivoluzionario della *Lumen Gentium* i Padri conciliari dichiararono che è nella natura della chiesa il fatto di essere carismatica. Secondo il Vaticano II, ci sarà sempre una dialettica salutare all'interno della chiesa tra carisma ed istituzione. I Padri affermano: « Inoltre, lo stesso Spirito Santo non solo per mezzo dei sacramenti e dei ministeri santifica il popolo di Dio e lo guida e adorna di virtù, ma "distribuendo a ciascuno i propri doni come piace a lui" (1 Cor 12, 11), dispensa pure tra i fedeli di ogni ordine grazie speciali, con le quali li rende adatti e pronti ad assumere varie opere e uffici, utili al rinnovamento della chiesa e allo sviluppo della sua costruzione, secondo quelle parole: "A ciascuno la manifestazione dello Spirito è data perché torni a comune vantaggio" (1 Cor 12, 7). E questi carismi, straordinari o anche più semplici e più largamente diffusi, siccome sono soprattutto appropriati e utili alle necessità della chiesa, si devono accogliere con gratitudine e consolazione » (n. 12).

Forse l'idea che colpisce di più nella definizione precedente è che Dio distribuisce i suoi doni tra i fedeli di ogni ordine. Dunque ci si può aspettare che ogni fedele abbia qualche grazia creata, qualche dono o carisma come risultato dell'azione dello Spirito Santo. L'altra idea importante nella comprensione del Concilio riguardo al carisma, è il legame tra il dono ricevuto e la sua utilità per la costruzione della comunità. Riassumendo la visione del carisma proposta dal Vaticano II, Francis Sullivan scrive: « Un carisma dunque può essere descritto come una capacità e una prontezza date dalla grazia per qualche tipo di servizio che contribuisce al rinnovamento e alla crescita della chiesa » [23]. Allora, visto che ognuno ha qualche carisma e i carismi sono dati per il servizio, sarà opportuno chiederci in che modo questi elementi carismatici devono essere posti in relazione alle strutture istituzionali della chiesa. La dimensione istituzionale è una degenerazione dell'elemento carismatico, una realtà di cui bisogna vedere il senso sul piano sociologico più che su quello teologico, oppure la chiesa come istituzione è anch'essa opera dello Spirito Santo?

Carisma e istituzione

Abbiamo affermato prima che gli elementi carismatico ed istituzionale nella chiesa vanno compresi dialetticamente. Si può verificare concretamente questa verità nella vita della comunità. Sebbene doni speciali e guide carismatiche emergano in modo imprevedibile nella storia della chiesa, l'aspetto carismatico è alimentato da elementi stabili ed istituzionali come le Sacre Scritture e i sacramenti. Allo stesso tempo i ministeri istituzionali della comunità sono intrinsecamente connessi all'elemento carismatico. Una persona che deve essere ordinata, ad esempio, deve dare testimonianza che il Signore la sta chiamando a questo servizio nella comunità e che lo Spirito gli ha conferito i doni necessari per compiere il suo ministero. Per di più, come molti teologi hanno dimostrato, uno dei compiti di chi tiene un ufficio nella comunità è proprio quello di promuovere i carismi dei vari membri della chiesa, per coordinarli ed armonizzarli per il bene comune. Inoltre, come Balthasar ha sottolineato, la vita di un ministro come rappresentante di Cristo ha senso solo nella misura in cui si conforma al Signore, assumendo letteralmente una forma cristologica. Secondo Balthasar, questa forma è caratterizzata dall'obbedienza che è culminata nell'auto-offerta della croce [24]. Il pastore della comunità, la cui identità è chiaramente espressa nell'eucaristia, deve vivere il mistero che celebra. Come dice il vescovo ai candidati nel rituale d'ordinazione: *imitamini quod tractatis*. Vista in questa luce, la missione del ministro della comunità deve essere, come afferma Balthasar, una cristalizzzazione dell'amore [25].

Riflettendo su questa dialettica fra carisma e istituzione dal punto di vista teologico, possiamo osservare che la base della tensione non è solo sociologica, ma è radicata nello stesso mistero divino. In primo luogo, abbiamo visto che Dio tratta sempre con il suo popolo attraverso le due missioni del Figlio e dello Spirito. La tensione fra carismatico ed istituzio-

---

[23] Francis Sullivan, *Carismi e Rinnovamento Carismatico*, Ancora, Milano 1983, p. 11.
[24] Vedi *Lo Spirito e L'Istituzione*, p. 120.
[25] Vedi, per esempio, *Spiritus Creator*, p. 426; la stessa idea viene sottolineata in *Lo Spirito e L'Istituzione*, p. 132.

nale riflette la dialettica fra i poli cristologico e pneumatologico dell'esperienza cristiana. Questa polarità è costantemente riflessa negli scritti del Nuovo Testamento, per esempio nelle lettere di S. Paolo. Paolo riconosce il riversarsi dei doni dello Spirito nella chiesa cristiana appena nata. Ma questi doni devono essere ordinati cristologicamente. I Corinzi, per esempio, hanno una sovrabbondanza di doni ma hanno dimenticato il mistero di croce e resurrezione. Così Paolo avverte che l'esaltazione dei doni senza riferimento a Cristo e al suo mistero pasquale è un'autodistruzione. L'Apostolo scrive: « Nessuno che parli sotto l'azione dello Spirito di Dio può dire, "Gesù è anatema" ». Inoltre egli continua aggiungendo che l'opera dello Spirito consiste precisamente nel condurre il credente a confessare la Signoria di Gesù (1 Cor 12, 3). Dunque l'aspetto cristologico e quello pneumatologico formano una unità intrinseca. Perciò Joseph Ratzinger crede che uno sviluppo decisivo all'interno della prima comunità cristiana era proprio la trasformazione cristologica della pneumatologia [26].

Una valida interpretazione della natura della comunità cristiana afferma che l'elemento cristologico fonda l'aspetto istituzionale e l'elemento pneumatologico offre la base all'aspetto carismatico. Lo Spirito riversa doni su tutti. Ognuno ha un dono per l'edificazione del tutto. Allo stesso tempo Cristo promette che non abbandonerà la sua chiesa. All'interno della chiesa c'è una garanzia della vittoria escatologica di Cristo. Questa garanzia è espressa in una certa obiettività data a priori che è posta come termine di confronto per il credente. Come espressione di questa obiettività si potrebbero menzionare i sacramenti con la loro efficacia *ex opere operato*, la Sacra Scrittura, con la sua promessa della rivelazione di Dio, l'ufficio di insegnamento con la sua garanzia di infallibilità, il ministero ordinato con la sua funzione rappresentativa.

Comunque, è possibile approfondire questa riflessione e comprendere la tensione tra istituzione e carisma come qualcosa di radicato nella persona e nella missione dello Spirito Santo stesso. Balthasar è certamente il teologo che ha sviluppato questa linea di pensiero più fruttuosamente. Se guardiamo alla vita interna della Trinità, vediamo che lo Spirito Santo è totalmente ricettivo nei confronti del Padre e del Figlio. Lo Spirito Santo è spirato da essi come frutto del loro amore. In questo senso lo Spirito Santo è « normato » e « obiettivizzato » da loro. Lo Spirito non ha niente da sé ma è totalmente riferito al Padre e al Figlio. Secondo Balthasar, questo « essere normato » è la fondazione teologica ultima di ogni aspetto istituzionale della chiesa [27]. In realtà proprio qui, nella vita interna della

[26] Vedi J. RATZINGER, « Bemerkungen zur Frage der Charismen in der Kirche », in *Die Zeit Jesu, Festschrift für Heinrich Schlier*, Herder, Freiburg, Basel, Wien 1970.
[27] *Lo Spirito e L'Istituzione*, p. 194.

Trinità, possiamo scorgere il motivo per cui il criterio per il discernimento degli spiriti sarà sempre cristologico. La ragione è che lo Spirito è sempre lo Spirito del Padre e del Figlio; e dunque è sempre legato ad essi. Nondimeno, questo è solo un aspetto della verità. Infatti abbiamo anche visto che lo Spirito è l'estasi di Dio. Lo Spirito è la sovrabbondante pienezza dell'amore del Padre e del Figlio. Dunque lo Spirito Santo rappresenta la libertà di Dio, l'incalcolabile creatività dell'attività divina. Secondo le parole di Balthasar, lo Spirito Santo è la « forma determinante della verità » [28]. Lo Spirito è libertà (cfr. 2 Cor 3, 17), la libertà personificata del Padre e del Figlio. Dunque l'istituzione non potrà mai esprimere adeguatamente l'intenzione trinitaria di Dio riguardo al mondo. Lo Spirito trascende sempre le barriere dell'istituzione. La missione dello Spirito è sempre creativa, interpretando il significato dell'evento Cristo al mondo in modo sempre nuovo ed imprevedibile. Perciò la comunità cristiana non vive in una servile imitazione di Cristo o in una ripetizione pietrificata del passato. Lo Spirito è orientato al futuro. Secondo Balthasar i grandi segni della presenza dello Spirito nella chiesa sono i santi, i rappresentanti della santità che Dio dona alla chiesa in ogni tempo. Questi santi con la loro missione unica rappresentano ciò che lo Spirito compie nella chiesa e proclama al mondo in ogni momento particolare della sua storia. Essi hanno il loro *kairòs* che non può essere imbrigliato dalla chiesa istituzionale. Così, sebbene l'elemento istituzionale della chiesa possa diventare repressivo, il segno vivente della sua vitalità è la presenza dei santi che sono così pieni di Spirito che l'istituzione non può mai reprimere il carisma che hanno ricevuto in dono da Dio.

Secondo questa visione di Balthasar, la chiesa è inevitabilmente una tensione degli elementi carismatico ed istituzionale che, sebbene possano essere in tensione, non possono mai essere, in ultima analisi, in contraddizione. Una contraddizione totale infatti è impossibile, poiché la tensione è radicata nella vita divina della Trinità stessa, dove lo Spirito è sempre legato al Figlio (aspetto istituzionale), e, allo stesso tempo, sempre al di là di lui (aspetto carismatico). Lo Spirito Santo, come amore oggettivato tra Padre e Figlio, ha una missione che è piena di tensione, una tensione che comunque non è distruttiva ma creativa. Perché, come dice Balthasar, lo Spirito come libertà formata è nello stesso tempo, « determinante-istituzionalizzante » e « liberante-universalizzante ». Solo in una comprensione trinitaria dello Spirito si può risolvere la apparente contraddizione che è nel cuore della fede cristiana, il paradosso fra universalità e particolarità.

---

[28] Vedi Medard Kehl, *Kirche als Institution*, J. Knecht, Frankfurt 1976, p. 278.

Una fede e diverse teologie

La teologia dello Spirito Santo ci fornisce uno splendido esempio di distinzione tra unità della fede e pluriformità di teologie. Lo sviluppo della pneumatologia in Oriente e in Occidente è analogo all'emergere di diversi modelli concettuali nelle scienze fisiche, come ad esempio il modello ondulatorio e quello delle particelle impiegati per spiegare il fenomeno della luce. Come fa notare Congar, ogni tradizione teologica ha la sua logica interna. È impossibile sviluppare ciascuna di queste tradizioni nelle categorie e nel vocabolario dell'altra [29]. Scrivendo secondo queste prospettive, Kasper afferma che c'è una base comune della fede attestata nella scrittura e nella tradizione, ma differenze a livello di immagini e concetti [30].

Il principale protagonista in Occidente fu senza dubbio Agostino. Egli utilizza una immagine circolare per la comprensione del ruolo dello Spirito Santo nella Trinità. Lo Spirito, procedendo dal Padre e dal Figlio, è il frutto del loro amore e il completamento della vita trinitaria interna. Agostino dà una priorità alla natura divina rispetto alle tre persone e dunque mette in evidenza la monarchia del Padre meno di quanto facciano i Greci. Agostino sottolinea anche le analogie psicologiche basate sull'anima umana, secondo cui il *Logos* è il *verbum mentis* del Padre. Questa tradizione giungerà alla massima fioritura con l'Aquinate, che comprende la processione del Figlio e dello Spirito come atto dell'intelletto e della volontà.

L'Oriente sviluppa la sua teologia dello Spirito Santo sotto la spinta di diverse sollecitazioni. Le origini si trovano in Atanasio e nei Cappadoci. Secondo Congar, i punti più rilevanti della tradizione greca sono i seguenti: la differenza fra la sostanza divina e l'ipostasi divina, la monarchia del Padre, la distinzione fra la generazione del Figlio e la processione dello Spirito Santo, il riferimento dello Spirito al Figlio, perché lo Spirito procede dal Padre attraverso il Figlio e riposa nel Figlio, ed è espressione ed immagine del Figlio [31].

Un punto di importanza fondamentale per l'Oriente è la monarchia del Padre. Egli è l'origine di qualunque cosa nella Trinità. Lossky accentua il carattere della tradizione mistica orientale [32].

È impossibile penetrare la natura delle tre ipostasi. Noi sappiamo che sono tre solo sulla base della rivelazione, ma non sappiamo come possano esserlo. Infine, è da notare che l'Oriente non si è appropriato della tradizione agostiniana del verbo interiore. L'Oriente accentua la parola esterio-

[29] Yves Congar, *Credo nello Spirito Santo*, volume 3, Queriniana, Brescia 1983, p. 209.
[30] Kasper, *Il Dio di Gesù Cristo*, p. 293.
[31] Congar, *op. cit.*, p. 56.
[32] Vedi Lossky, *op. cit.*, cap. 2 « Le tenebre divine », pp. 19-38.

re. Secondo S. Giovanni Damasceno, lo Spirito Santo può essere paragonato al soffio « che accompagna la Parola e ne manifesta l'efficacia » [33]. Lo Spirito « procede dal Padre e riposa nel Verbo e lo rivela ». Così, mentre in Occidente i teologi usavano un modello circolare, in Oriente ne usavano uno lineare. Lo Spirito procede dal Padre attraverso il Figlio.

Se confrontiamo queste due tradizioni teologiche, possiamo notare che in esse si trovano punti di forza e debolezze corrispondenti. La forza della tradizione occidentale sta nel fatto che essa fa emergere chiaramente la relazione tra il Figlio e lo Spirito. Dal momento che nell'economia della salvezza lo Spirito è sempre lo Spirito di Cristo, si deve sostenere la stessa cosa nella vita divina. Altrimenti si dissolve la corrispondenza tra Trinità economica e Trinità immanente. Allo stesso tempo c'è un pericolo nel modello Occidentale dovuto alla priorità che esso dà alla natura divina sulla monarchia del Padre. Questo può condurre ad una concezione astratta di Dio e alla separazione della dottrina filosofica di Dio dal Dio reale che la fede confessa, ossia il Padre, il Figlio e lo Spirito Santo. I teologi come Lossky vedono in questa tradizione la tendenza al Cristomonismo, le cui conseguenze si fanno sentire anche nella ecclesiologia. Una teologia fortemente cristocentrica conduce ad una ecclesiologia fortemente autoritaria (il Papa come Vicario di Cristo, ad esempio) che può soffocare la libertà dello Spirito. Ma mentre si ammettono questi pericoli, è importante riconoscere che la teologia occidentale non è mai stata del tutto inconsapevole di essi. Così, ad esempio, anche Agostino accentuava il fatto che lo Spirito procede « principalmente » dal Padre [34], e, per superare la paura degli Orientali di compromettere l'unità divina, la tradizione latina insegnava che lo Spirito procede dal Padre e dal Figlio come da un unico principio [35].

Com'è prevedibile, i punti forti della tradizione orientale, corrispondono alle debolezze di quella occidentale. I vantaggi principali dei teologi orientali risiedono nella loro accentuazione della monarchia del Padre, nel loro riconoscimento del fatto che *ho theos*, nella Bibbia, significa in prima istanza Dio Padre. Così l'Oriente sottolinea la libertà dello Spirito e sviluppa di conseguenza una visione più carismatica della chiesa e una prospettiva più universalistica per quanto riguarda l'economia di salvezza. Al contempo, la principale debolezza dell'Oriente è la sua mancanza di chiarezza nel definire la relazione tra Figlio e Spirito. Il Figlio non deve essere assente nella processione dello Spirito Santo se è vero che lo Spirito, nell'economia salvifica, è sempre Spirito del Figlio.

Da un punto di vista pratico, la tragedia della nostra storia cristiana è che la diversità di due tradizioni così ricche condusse alla divisione della

---

[33] *De fede orth.* I, 7 citato da Kasper, *Il Dio di Gesù Cristo*, p. 291.
[34] *De Trin.*, liber XV, cap. 17, numero 29.
[35] DS, 850.

chiesa. Naturalmente, la ricerca sociologica fa notare che i fattori politici giocarono un ruolo significativo, se non decisivo, nella scissione. Oggi l'impegno ecumenico della chiesa ci pone a confronto con almeno due questioni: primo, il problema pratico se il *filioque* debba essere lasciato nel credo come richiesto dalla fede; secondo, l'impegno teologico di approfondire la nostra comprensione della relazione tra Figlio e Spirito. Quanto al problema pratico, sembra non esserci alcun impedimento a lasciar cadere il *filioque* dal credo. Oggi si può chiaramente riconoscere che il *filioque* non era una parte del credo Niceno-costantinopolitano, e in realtà fu aggiunto nei secoli successivi da una azione unilaterale del Papa. Di conseguenza dovrebbe essere possibile lasciarlo cadere. D'altra parte la via percorribile potrebbe essere quella di accettare una legittima diversità, così che i cristiani occidentali continuino ad usarlo pur riconoscendo la legittimità del rifiuto di fare lo stesso da parte degli orientali.

Quanto al compito teologico, una ulteriore riflessione sulla relazione tra il Figlio e lo Spirito è indispensabile. Come osserva Kasper: « Non si tratta di una disputa sterile su certi termini, bensì di una conoscenza più approfondita della nostra salvezza, del problema del modo in cui la salvezza di Gesù Cristo ci viene comunicata anche per mezzo dello Spirito Santo »[36].

Come ho già detto, il punto critico è la natura della presenza del Figlio nella processione dello Spirito. Un contributo di valore a questa discussione è stato dato da Moltmann[37]. Moltmann si rifà ad Epifanio, il quale insegnava che lo Spirito procede dal Padre e riceve dal Figlio. Che cosa riceve lo Spirito dal Figlio? Moltmann risponde: la figura o *gestalt*. Questo concorda con l'idea orientale che lo Spirito riposa nel Figlio ed è l'immagine del Figlio. Per questo motivo lo Spirito Santo fa conoscere il Figlio nella economia salvifica. Secondo questo approccio, possiamo dire che per quanto riguarda le ipostasi lo Spirito procede dal padre (*ek tou patròs*), ma per quanto riguarda la sua figura, egli la riceve dal Figlio. Se si volesse esprimere l'unità di fede in una formula dogmatica, un suggerimento possibile sarebbe quello di far rivivere l'antica tradizione secondo cui lo Spirito Santo procede dal Padre per il Figlio. Un'altra possibilità sarebbe quella suggerita da Moltmann: io credo nello Spirito Santo che procede dal Padre del Figlio e riceve la sua figura dal Padre e dal Figlio[38].

La femminilità dello Spirito

Di fronte alla critica della teologia femminista e all'accusa di « patriarcalizzazione » del vangelo, la questione della femminilità di Dio è stata risollevata con nuova urgenza. In uno studio compiuto in collaborazione

[36] KASPER, *Il Dio di Gesù Cristo*, p. 298.
[37] Vedi *Trinità e regno di Dio*, pp. 191-201.
[38] *Ibid.*, p. 201.

con sua moglie Elisabetta, Jürgen Moltmann ha suggerito [39] che la paternità di Dio deve essere completata dalla affermazione della divina maternità. L'origine ultima della divinità non è semplicemente un principio paterno, poiché la prima persona della Trinità non solo genera il Figlio, ma porta anche il Figlio nel suo grembo. Dunque l'origine della divinità è sia maschile che femminile. Dio non è solo il nostro Padre celeste ma anche la nostra madre divina.

Altri teologi hanno preferito esplorare la dimensione femminile di Dio in riferimento allo Spirito Santo. In un libro recente intitolato *La madre divina*, Donald Gelpi sviluppa una teologia dello Spirito Santo nei termini della femminilità di Dio. Elaborando una complessa teoria della Trinità, per lo più nel quadro delle categorie della filosofia del processo (Whitehead), Gelpi sviluppa l'idea dello Spirito come mente divina, la sorgente di ogni attrazione e valutazione divina [40].

Naturalmente, c'è una base biblica significativa per sostenere questa concezione, ossia quella della tradizione veterotestamentaria della *sophia* o saggezza divina, un termine femminile e un concetto che è stato spesso legato allo Spirito. Oltre alla saggezza, c'è l'altra categoria veterotestamentaria della *ruah* (soffio di Dio), che è femminile e che è stata tradizionalmente associata allo Spirito. Dall'altro lato, come osserva Congar, è difficile giustificare la femminilità dello Spirito solo su basi linguistiche, dal momento che, se facciamo appello alle lingue antiche, dobbiamo ammettere che se *ruah* in ebraico è femminile, *Spiritus* in latino è maschile e *pneuma* in greco è neutro [41].

Nondimeno, mi sembra che ci siano diverse importanti ragioni teologiche per associare lo Spirito alla dimensione femminile in Dio. Prima di tutto, abbiamo visto che lo Spirito Santo è pura ricettività di fronte al Padre e al Figlio. Lo Spirito nel suo essere è puro dono. Per di più, lo Spirito è la pienezza del loro amore, una pienezza che sovrabbonda nella creazione e nell'economia salvifica.

Un teologo cattolico del diciannovesimo secolo, Scheeben [42], ha sviluppato ulteriormente questo aspetto dello Spirito facendo emergere l'analogia fra Adamo ed Eva da una parte e Cristo e la chiesa dall'altra. Eva fu creata direttamente dal fianco di Adamo. La chiesa è la nuova Eva creata dal fianco di Cristo. Molti Padri videro la nascita della chiesa come evento che ebbe luogo nell'evento della croce. Sulla croce Gesù emise lo Spirito (Gv 19, 30), lo Spirito che fa nascere la chiesa. Questa è simbolizzata drammaticamente nel flusso di acqua e sangue dal fianco di Cristo.

[39] Vedi JÜRGEN MOLTMANN and ELIZABETH WENDEL-MOLTMANN, *Humanity in God*, SCM, London 1983, p. 89.
[40] Vedi DONALD GELPI, *The Divine Mother, A Trinitarian Theology of the Holy Spirit*, University of America Press, Lanham, Maryland 1984.
[41] CONGAR, *op. cit.*, p. 164.
[42] Vedi *ibid.*, pp. 167-168.

La madre chiesa sotto il potere dello Spirito dona eterna vita ai suoi figli nell'acqua del battesimo.

Per di più, specialmente dalla prospettiva dell'evento della croce, c'è un parallelo tra Maria e la chiesa. Il ruolo di Maria nella storia della salvezza è il suo sì radicale al piano di Dio di offrirsi come dono al mondo. Il *fiat* di Maria rovescia il rifiuto di Eva di obbedire al disegno di Dio. Nel sottomettersi obbediente a Dio Maria diviene la nuova Eva. Sotto la croce, quando Maria dice il suo sì alla morte del Figlio, Gesù le dona di essere la madre della nuova comunità che nasce dal suo fianco squarciato. Di qui il legame tra Maria e la chiesa. La chiesa formata dallo Spirito è nel suo intimo mariana e femminile. La chiesa esiste come chiesa quando assume la sottomissione di Maria alla Parola. Per mezzo di questa obbedienza la chiesa dà anche origine al corpo mistico di Cristo.

In questo capitolo abbiamo visto come il rapporto di Dio con il mondo implica sempre le due missioni del Figlio e dello Spirito. Nei termini della cristologia, Gesù è la persona ricolma di Spirito. Anche nei termini della chiesa c'è sempre una dimensione cristologica e una pneumatologica. Queste potrebbero essere viste come le dimensioni maschile e femminile della chiesa [43]. Cristo, che è uomo, è il Signore della chiesa. Ma egli emerge come tale in relazione alla chiesa mariano-femminile che è la sua sposa. Questa chiesa, perfettamente realizzata in Maria, è plasmata dallo Spirito riversato dalla croce per essere sposa immacolata senza macchia e senza rughe (Ef 5, 27). Tutte le persone nella chiesa, sia uomini che donne, sono guidate dallo Spirito femminile di Dio, per compiere la loro vocazione mariano-femminile di ricettività verso il dono di Dio, di sottomissione all'offerta di Dio per mezzo della quale la Parola nasce nelle profondità del loro essere e trabocca sul mondo in fecondità piena di grazia.

[43] Come abbiamo visto, Hans Urs von Balthasar mette in evidenza questo punto nella sua teologia. Vedi il mio articolo, « Man and Woman as Imago Dei in the Theology of Hans Urs von Balthasar », in *Clergy Review* LXVIII (1983), pp. 117-128.

Capitolo Sesto

IL CONCETTO DI PERSONA
NELLA TEOLOGIA TRINITARIA

L'origine del termine persona
nella teologia cristiana

La formula tradizionale con cui il credente comune ha imparato ad esprimere la sua fede nella Trinità è « un solo Dio in tre persone ». Avendo cercato di ancorare la nostra fede cristiana nel Dio uno e trino alla nostra esperienza dell'economia di salvezza, è tempo ora di analizzare più dettagliatamente questa formula classica, di domandarci che cosa significa e se è ancora una formula accettabile per i cristiani di oggi.

Uno sguardo alla storia della teologia cristiana rivela che la formula non è così chiara come può apparire e che il termine persona non ebbe un ingresso pacifico nella teologia. I primi secoli della fede cristiana furono un tempo in cui le grandi dottrine della chiesa subirono una chiarificazione concettuale, sotto la pressione di tendenze devianti ispirate da varie circostanze. Due dei maggiori problemi di questi primi secoli furono il subordinazionalismo ed il modalismo. Per prima cosa la chiesa dovette chiarire la relazione tra Gesù e il Padre, cioè il Dio dell'Antico Testamento, ed in seguito la relazione tra lo Spirito, il *Logos* e la fonte della Divinità. La grande conclusione dei concili di Nicea e di Costantinopoli fu l'affermazione dell'uguaglianza dei tre, di fronte alla filosofia ellenistica che voleva subordinare il Figlio e lo Spirito al Padre, ponendoli di fatto un po' al di sotto della divinità. Uno dei maggiori ostacoli alla definizione di uguaglianza dei tre fu la paura del modalismo, cioè di quella dottrina secondo la quale Dio appare come trino, ma in se stesso è una semplice unità. I padri di Nicea, per esempio, temettero che l'introduzione del termine *homoousios* (consustanziale) per esprimere l'uguaglianza tra il Logos e il Padre avrebbe dato sostegno ai modalisti. Nonostante ciò essi non desistettero, perché non riuscirono a trovare altre strade per spingere il subordinazionalismo di Ario.

Il problema che sorse in seguito, fu come mantenere la diversità dei tre. I Cappadoci furono i primi a proporre una via d'uscita dal vicolo cieco, coniando la formula: una *ousia*, tre *hypostases*. Il termine *hypostasis* evidenziò la concreta oggettività dei tre. Dio esiste in tre maniere oggettive di presentarsi. Essi furono anche i primi a suggerire la nozione di relazione come strada per distinguere i tre, sebbene siano stati vaghi nel tentare di puntualizzare con maggior precisione la natura delle relazioni, proponendo formule quali non-generato, generato e procedente (*agennesia, genesia, ekporeusis*). Per noi in Occidente, un passo decisivo fu l'introduzione del termine persona per descrivere i tre. Agostino dovette affrontare il problema di come tradurre in latino la formula greca una *ousia*, tre *hypostases*. La traduzione letterale di *hypostasis* sarebbe dovuta essere *substantia*. Agostino però ebbe paura ad usare questo termine poiché suonava troppo triteistico. Così, a malincuore, fece suo il termine persona. Gli sembrò di dover esser cauto nei confronti di questo termine, perché gli suggeriva l'idea di individui separati. Ciò nonostante in una frase famosa, egli fa notare che usa la formula « tre persone » non per dire ciò che sono i tre in Dio, ma piuttosto per non rimanere senza dire niente [1].

Guardando la storia della tradizione medioevale, vediamo che sotto l'impulso dei dibattiti cristologici e trinitari, il concetto di persona ebbe per la prima volta una attenzione filosofica. Un passo decisivo fu fatto da Boezio quando definì la persona come sostanza individuale di una natura razionale. La definizione divenne fondamentale per la tradizione medioevale; tuttavia, più ci si riflette sopra, più problematica essa sembra, perché Boezio identifica la persona con l'individualità. Come Josef Ratzinger osserva, le categorie di Boethius sono ancora quelle di sostanza [2].

La chiave per trascendere questa impostazione è il concetto di relazione. Una figura importante per procedere oltre Boezio fu Riccardo di S. Vittore. Riccardo fondò il suo discorso sulla natura dei tre in Dio, sull'affermazione biblica che Dio è amore. Riccardo in questo modo impiega una dottrina comunitaria di Dio. Egli offre come definizione di persona « un'esistenza incomunicabile di una natura intellettuale » [3] (*naturae rationalis incommunicabilis existentia*). Se guardiamo la parola « esistenza » vediamo che deriva dalla parola latina *ex-sistere*, cioè stare-fuori-da. La parola « esistenza » è ricca di implicazioni. « Sistere » indica che la persona ha il suo essere in se stessa e non in un altro. La persona esiste in e per se stessa. Ma la particella « ex » indica la relazione di origine da cui la persona è costituita. Quindi Riccardo mantiene l'accento di Boethius sulla sostanzialità, ma completa quest'idea con quella della relazionalità.

[1] S. AGOSTINO, *De Trinitate*, Liber V, 9.
[2] JOSEF RATZINGER, *Dogma e Predicazione*, Queriniana, Brescia 1974, p. 183.
[3] RICCARDO DI S. VITTORE, *De Trinitate*, IV, 22, 24.

Come dice Heribert Mühlen [4], la persona è costituita non solo dalla sua sostanzialità, ma anche dall'origine dalla quale ha il suo essere.

Tommaso d'Aquino con tutta la perspicacia di un pensatore geniale, inizia la sua meditazione sul significato di persona ricorrendo alla definizione di Boezio, ma l'uso che ne fa rivela una significativa modifica al suo pensiero [5]. Infatti, mentre in Boezio l'accento è su sostanza, in Tommaso è su relazione. Alla fine delle sue riflessioni Tommaso definisce le tre persone della Trinità come relazioni sussistenti. Le relazioni sono sussistenti perché ciascuna persona è identica all'essenza divina. L'insistenza sulla sussistenza mantiene anche la nozione greca originale di *hypostasis*, che è una presentazione oggettiva della Divinità. L'accento sulla relazione d'altra parte, indica che ciascuna persona è quello che è precisamente perché è relazionata alle altre. Così nella teologia di Tommaso, la persona ha una duplice connotazione: *esse in* ed *esse ad*. Ciascuna persona è sussistente nella Divinità e identica alla sostanza divina; allo stesso tempo la persona si può definire soltanto riferendosi alla relazione personale con l'altra. In questo senso Moltmann ha ragione quando dice che persona in teologia trinitaria non è un termine generale ma singolare [6]. Come dice Riccardo di S. Vittore ciò che ciascuna delle tre persone ha, è incomunicabile, ed ognuna è definita in base alla sua relazione d'origine.

I problemi posti dalla filosofia moderna

Se guardiamo a questo periodo classico della teologia cristiana, notiamo che la comprensione di persona è in qualche modo più vicina a quello che noi potremmo descrivere come oggettività piuttosto che come soggettività. Decisamente opposti al modalismo, i padri greci vollero sottolineare le tre presentazioni oggettive della Divinità. Lo stesso accento sulla diversità dei tre si trova nel concetto ontologico di relazioni sussistenti.

Però, per i credenti di oggi, il problema è radicalmente cambiato a causa dello sviluppo filosofico che si è avuto a partire dall'illuminismo. Cartesio fu forse il primo significativo pensatore che spostò l'accento da un punto di vista cosmologico ad uno antropologico, dall'oggettività alla soggettività. Il concentrarsi della sua filosofia sul « Io penso » preparò la strada alle moderne teorie della soggettività. Secondo questa filosofia la persona si identifica con l'autocoscienza. La persona è un centro autonomo d'azione che può disporre di se stessa nella libertà. Nel linguaggio corrente la persona viene spontaneamente identificata come centro di

[4] H. Mühlen si è appropriato della teologia di Riccardo di S. Vittore per la sua teologia dello Spirito Santo. Vedi *Der Heilige Geist als Person*, Münster 1966.
[5] *Summa Theologica*, I, q. 29, art. 1.
[6] JÜRGEN MOLTMANN, *Trinità e Regno di Dio*, Queriniana, Brescia 1983, p. 203.

coscienza e di libertà. Tuttavia se portiamo queste categorie pre-riflessive nella teologia, ci troviamo subito di fronte ad un problema. Infatti, se noi diciamo che Dio è un essere in tre persone, e comprendiamo la persona come centro di coscienza e di libertà, allora Dio diventa tre centri di coscienza e ci sono tre « Io penso » in Dio. Ma una tale comprensione equivale chiaramente al triteismo.

Due moderni giganti della teologia, trattarono questo problema nelle loro dogmatiche e fecero una proposta importante per trovare una strada per uscire da questo vicolo cieco. Il primo è Karl Barth. A causa delle difficoltà poste dalle moderne precomprensioni filosofiche, Barth suggerì la formula alternativa dei tre modi di essere in Dio, una frase che egli disse essere più o meno un esatto equivalente dell'antico termine greco *tropos hyparxeos* (relazione di origine). Così scrive Barth [7]: « L'asserto che "Dio è uno in tre modi d'essere, Padre, Figlio e Spirito Santo", significa che l'unico Dio, cioè l'unico Signore e l'unico Dio personale esiste non in un modo solo – qui ci basiamo sulla nostra analisi del concetto biblico di rivelazione – ma nel modo del Padre, nel modo del Figlio e nel modo dello Spirito Santo ». Barth ammette liberamente di non aver fornito una soluzione speculativa, che in verità non ritiene affatto possibile, dal momento che il regno interiore della vita divina rimane sempre numinoso e noi non possiamo mai penetrare il « come » delle processioni divine. Dobbiamo accontentarci di conoscere, sulla base della rivelazione, che ci sono tre in Dio senza conoscere come. Tuttavia egli è convinto che la sua proposta chiarisca il problema e rimuova la confusione filosofica e linguistica.

Karl Rahner, da parte cattolica, si muove sulla stessa direzione. Lui è influenzato molto più chiaramente di Barth dalla filosofia, ed infatti il suo pensiero si muove nel quadro dell'idealismo tedesco. Per Rahner c'è un'identità primordiale tra l'essere e la conoscenza, e i livelli dell'essere possono essere misurati dalla profondità dell'essere presenti a se stessi. L'essere umano è definito dalla sua autocoscienza, che tuttavia è un'autocoscienza finita e perciò un'autocoscienza che interroga se stessa e può realizzarsi soltanto dentro il mondo e attraverso di esso. L'autocoscienza finita è così costituita mediante la polarità io/mondo. Essenziale all'antropologia filosofica di Rahner è la convinzione che la soggettività umana, consapevole della propria finitudine in ogni atto, è una spinta dinamica oltre il finito, verso l'infinito. La soggettività finita per Rahner è implicitamente consapevole di Dio in ogni atto di conoscenza e di volontà. Dio è il termine della soggettività finita. Mentre la soggettività finita è un'autocoscienza condizionata dal mondo, Dio è un'autocoscienza infinita, totalmente presente a se stesso, senza alcuna necessaria mediazione dell'essere

---

[7] KARL BARTH, *Church Dogmatics* I, T. and T. Clark, Edinburgh 1975, p. 359.

104

altro. Dio è l'Io ultimo e definitivo, l'autocoscienza perfetta, soggettività pura.

Sulla stessa linea di Barth, Rahner afferma che questa soggettività assoluta esiste in tre modi distinti. Rahner tuttavia, modifica la terminologia di Barth al fine di evitare ogni impressione di modalismo in senso classico. Così Rahner propone la terminologia dei tre distinti modi di sussistenza. Per Rahner c'è una sola coscienza divina che esiste in un triplice modo [8]. Forse si può dire che per Rahner Dio è una persona in tre modi di essere.

Come possiamo valutare queste proposte di Barth e di Rahner? Sembra esserci un chiaro consenso sul fatto che, pur essendo teologicamente legittimo, un tale approccio ponga diversi problemi sul piano kerigmatico e pastorale. La fede trinitaria della chiesa è notoriamente difficile da comprendere per i credenti. Se ci sono difficoltà col linguaggio delle tre persone, è probabile che ce ne siano di più col linguaggio dei tre modi di essere. È difficile immaginare qualcuno che preghi un modo di essere.

In secondo luogo c'è la questione del modalismo. Non posso accettare l'idea che Rahner e Barth siano modalisti nel senso classico di Sabellio. Sabellio pensava che Dio fosse apparso in una triplice forma nell'economia della salvezza, ma fosse una pura monade nella vita divina. Sia Barth che Rahner insistono esplicitamente sulla corrispondenza tra Dio nell'economia della salvezza e Dio nella sua vita immanente. Perciò la terminologia può avere un'alone di ambiguità, ma il concetto non è modalista nel senso di Sabellio.

Tuttavia, un dubbio più profondo rimane in quanto Barth e Rahner mancano di dare un'attenzione adeguata ad un'aspetto significativo della tradizione, vale a dire l'aspetto della reciprocità e della relazionalità. Josef Ratzinger fa notare, per esempio, che non possiamo pensare Dio semplicemente come un Io assoluto. La realtà assoluta non è un mero Io interamente opposto al Tu umano. Questo trascura l'intera dimensione del Noi. Anche se la fede cristiana conserva il monoteismo dell'Antico Testamento, l'ultima parola non è (contro Agostino) sull'Uno assoluto. Per i cristiani non è sufficiente dire con Plotino, che l'assoluto è l'Uno al di là di tutto l'essere. Per i cristiani l'assoluto è comunione. L'Uno include anche il Noi. La dottrina cristiana di Dio ci costringe a pensare la molteplicità dentro l'unità. Ratzinger scrive: « Il concetto cristiano di Dio ha dato, per principio, identica dignità sia alla molteplicità che all'unicità. Mentre per gli antichi la molteplicità appare soltanto come la dissoluzione dell'unità, per la fede cristiana, che ragiona in termini trinitari, la molteplicità possiede a priori la stessa dignità dell'unicità » [9].

---

[8] KARL RAHNER, « Il Dio trino come fondamento originario e trascendente della storia della salvezza », *Mysterium Salutis*, 3, a cura di J. Feiner e M. Löhrer, Queriniana, Brescia 1969, p. 492.
[9] RATZINGER, *op. cit.*, p. 188.

Una sfida sulla stessa linea, è stata lanciata da Moltmann. Egli vede in Rahner e Barth il trionfo dell'idealismo tedesco. Egli crede che il loro pensiero abbia abbandonato le proprie origini cristiane ed abbia sostituito al Dio cristiano la soggettività assoluta della filosofia hegeliana. Ma secondo Moltmann, un tale concetto non offre una genuina comprensione di persona, ma piuttosto una forma raffinata di individualismo egoistico. Moltmann vede nel concetto di Dio di Barth e di Rahner il moderno concetto borghese di individuo che è stato tanto decisivo nella formazione della nostra esperienza contemporanea di società.

Moltmann scrive [10]: « Ciò che per Rahner è "il linguaggio profano di cui ci serviamo per parlare della persona" non ha nulla a che vedere con il pensiero personalistico dell'età moderna. La sua descrizione denota invece un individualismo estremo: ciascuno è un centro d'attività che si possiede, che dispone di se stesso e si differenzia dagli altri ». Con tutto ciò Moltmann vuole dimostrare che se vogliamo ripensare il concetto di persona per la teologia trinitaria, non dobbiamo guardare a Kant ed Hegel, ma ai moderni filosofi personalisti come Buber, Ebner e Rosenzweig.

L'altra obbiezione critica che Moltmann porta contro Barth e Rahner è che il loro concetto di soggetto assoluto conduce ad una forma repressiva di monarchianismo [11].

La relazione Io-Tu a cui Barth fa riferimento è la relazione Dio-uomo. Dio è l'Io, l'essere umano è il Tu. Ma come anche Barth sottolinea, la sua intera concezione della Trinità è fondata sulla Signoria di Dio. Dio si rivela come Signore nella triplice modalità di Padre, Figlio e Spirito Santo. Ma ciò degenera facilmente in una relazione Io-Tu secondo il modello padrone-servo. Il soggetto divino è il Signore assoluto, il soggetto umano il servo. In breve, Moltmann accusa Barth e Rahner di una forma nascosta di teismo nel quale, la Signoria di Dio di fronte alla sua creatura diventa facilmente una relazione padrone-servo. In questa situazione si sviluppa l'intera problematica della moderna filosofia della religione.

Il soggetto umano per conservare il suo proprio centro di libertà, deve liberarsi dal giogo della soggettività divina, al fine di realizzare la sua autocoscienza. Moltmann è convinto che questo vicolo cieco può essere evitato soltanto col ritorno alle nostre autentiche origini cristiane e al concetto comunitario di Dio come persone in relazione. Questo modello intende offrire la speranza di fondare la comunione umana nella comunione divina.

[10] MOLTMANN, *op. cit.*, p. 160.
[11] *Ibid.*, pp. 158-163; 204-217.

L'immagine comunitaria della Trinità

S. Agostino è il grande teologo che si occupò del problema dell'immagine trinitaria di Dio nell'anima umana. Nella seconda parte del *De Trinitate* partendo dall'affermazione biblica di Gn 1, 26 secondo la quale la persona umana è fatta ad immagine di Dio, Agostino cerca nell'essere umano le impronte della Trinità. Per quanto nel Libro VIII egli accenni all'analogia dell'amante, dell'amato e dell'amore stesso, le sue analogie preferite sono quelle che derivano dall'anima umana, cioè la memoria, conoscenza e amore di se stessa, e più particolarmente, la memoria, conoscenza e amore di Dio. La difficoltà con questo approccio, è che le tre persone in Dio, sono comprese secondo l'analogia dell'anima umana chiusa in se stessa nei propri atti di conoscenza e di volontà.

Alla luce delle conseguenze di questo approccio che ho accennato sopra, un certo numero di teologi ci spingono oggi a ricercare una nuova strada per scoprire le *vestigia trinitatis* nella sfera della creazione di Dio, e cioè l'immagine comunitaria di Dio nella comunità umana. Un importante autore che porta avanti quest'idea è il teologo gesuita americano Joseph Bracken. In una serie di articoli sul *Heythrop Journal* nel 1974 [12] e più recentemente in uno studio più ampio intitolato *Il simbolo Uno e Trino: persone, processo e comunità*, Bracken ha seguito un modello rigorosamente comunitario per comprendere la Trinità. All'inizio del suo libro *Il simbolo Uno e Trino*, Bracken enuncia la sua tesi centrale: « La natura o essenza di Dio consiste nell'essere un processo interpersonale, cioè una comunità di tre persone divine che crescono costantemente nella conoscenza e nell'amore reciproco e che sono in questo modo esse stesse in sviluppo, proprio mentre costituiscono la comunità divina come uno specifico processo sociale » [13].

Naturalmente, Bracken riconosce che questa formula è accettabile solo se si pensa con nuove categorie ontologiche. Ci sono almeno due presupposti essenziali a questo proposito: primo, che l'essere sia in se stesso un processo dinamico; secondo, che l'essere sia essere-in-relazione.

Ovviamente il problema di fondo che soggiace alla teoria di Bracken è la relazione tra l'individuo e la comunità. Se pensiamo in categorie di sostanza, allora ciascuna persona è sostanza in se stessa e la comunità è solo un insieme di persone. Se si usa questa ontologia e si parla di Trinità come comunità divina, si finirà per cadere in una concezione triteistica. Bracken invece, non accetta questi presupposti ontologici. Secondo la sua

---

[12] JOSEPH BRACKEN, « The Holy Trinity as a Community of Divine Persons », *Heythrop Journal* 15 (1974), pp. 166-182; 257-270.
[13] BRACKEN, *The Triune Symbol: Persons, Process and Community*, University of America Press, Lanham 1985, p. 7. Per una ulteriore riflessione critica della posizione di Bracken, vedi JOHN O' DONNELL, « The Trinity as Divine Community », *Gregorianum* 69/1 (1988), pp. 22-29.

ontologia, la realtà metafisica della persona in comunione è superiore rispetto a quella della sostanza individuale. Per Bracken una comunità rappresenta una unità ontologica che è superiore alla somma delle sue parti. Rifiutando il primato della categoria Aristotelica di sostanza, Bracken asserisce che l'unità di Dio non è l'unità della sostanza, ma l'unità della comunità. Nella Trinità, comunità e persona sono strettamente correlativi. Egli scrive: « Un unico e medesimo atto dell'essere costituisce dunque ciascuna delle tre persone divine come un'esistenza individuale, e tutte e tre insieme come comunità divina » [14].

Come si può comprendere la coscienza divina secondo questo modello? Abbiamo già visto che il modello classico e quello seguito da Barth e Rahner affermano un unico atto di coscienza divina. Bracken dall'altra parte, afferma che ci sono tre coscienze nella Trinità e perciò tre libertà, ma che c'è una armonia ed una corrispondenza perfetta tra loro. Egli osserva: « Anche se ciascuna persona divina ha la propria mente e la propria volontà, esse sono un'unica mente ed un'unica volontà in qualsiasi cosa dicano e facciano, sia rispetto l'un l'altra che rispetto le loro relazioni con gli uomini e con l'intera creazione » [15]. Così, mentre la tradizione classica affermava un'unica coscienza che procede da un semplice ed indivisibile atto dell'essere, Bracken preferisce l'idea di una coscienza condivisa di tre soggetti divini.

Un altro pensatore contemporaneo che segue la stessa strada di Bracken è Jürgen Moltmann. In numerosi libri ed articoli egli propone con forza il suo modello comunitario della Trinità [16]. Mentre Agostino prese come suo punto di partenza l'assoluta indivisibilità dell'unità divina e passò dall'unità alla Trinità, Moltmann afferma che dobbiamo fare esattamente il contrario e passare dalla pluralità all'unità. In base alla nostra esperienza di tre soggetti divini nella storia della salvezza, si deve passare a considerare la loro unificazione nella vita divina, una unificazione che Moltmann lega strettamente all'unificazione della storia nel Regno escatologico di Dio.

Rifiutando come Bracken una filosofia della sostanza, Moltmann afferma che l'essere persona significa essere in relazione. Moltmann dunque, considera la Trinità come la comunità divina di persone in relazione. A questo punto egli riprende il concetto classico di *perichoresis*. L'essere delle persone è la loro relazionalità. Le persone della Trinità sono così intimamente vincolate l'una con l'altra che inabitano l'una nell'altra. Sulla base di questa comprensione di *perichoresis*, si può capire la Trinità come *koinonia* divina piuttosto che come sostanza divina.

[14] BRACKEN, *op. cit.*, p. 180.
[15] BRACKEN, *op. cit.*, p. 26.
[16] Vedi *Trinità e Regno di Dio* e *Humanity in God*, SCM, London 1983.

Parecchi teologi si sono sentiti a disagio di fronte a questa dottrina comunitaria di Dio, trovando in essa una sottile forma di triteismo. Ma egli rifiuta con forza l'accusa, affermando che essa si basa su un concetto errato della sua visione metafisica. Secondo Moltmann, una visione comunitaria della Trinità sarebbe triteistica soltanto se le persone fossero considerate esistenti in se stesse e solo in seconda istanza in relazione tra loro. Ma Moltmann esclude questa comprensione di persona come puramente individualistica. Le persone sono le loro relazioni e senza relazioni non ci sono persone.

Infine, deve essere sottolineato che uno dei punti forza dell'approccio di Moltmann è l'impulso che esso ha dato alla costruzione della comunità umana. C'è sempre stato uno stretto legame tra l'*imago Dei* ed il cammino spirituale. Agostino disse che un uomo deve rientrare in se stesso, così che nella sua anima possa iniziare l'ascesa verso Dio. Poiché la Trinità è già impressa nell'anima, il cammino spirituale è possibile, un cammino che, secondo Agostino, sarà completo solo nella visione di Dio faccia a faccia. L'*imago trinitatis* di Moltmann conduce verso un altro cammino spirituale. Come egli dice in un suo scritto, « La Santa Trinità è il nostro progetto sociale » [17]. Poiché la comunità umana è l'*imago trinitatis*, uomini e donne sono chiamati a corrispondere alla somiglianza divina. La vita cristiana, allora, è una chiamata alla comunità. E proprio come per Agostino, anche per Moltmann questa chiamata è escatologica. Il compimento dell'*imago trinitatis* avrà luogo solo nell'escaton, quando il Figlio consegnerà il Regno al Padre. Allora Dio sarà tutto in tutti e ci sarà una sola *koinonia*, quella di tutti gli uomini e le donne uniti nell'amicizia del Padre, del Figlio e dello Spirito Santo.

Un tentativo di sintesi

Se guardiamo la storia del problema del concetto di persona nella teologia cristiana, vediamo che ci sono almeno due stadi di sviluppo. Per primo c'è lo stadio classico, che ha sviluppato l'idea metafisica di persona. Qui fu evidenziata la distinzione dei tre in Dio e l'oggettività di ciascuna persona. Questo stadio culminò con la definizione di Tommaso d'Aquino delle persone della Trinità come relazioni sussistenti distinte. Il secondo stadio di sviluppo è quello che potremmo chiamare dell'unità psicologica. Qui è messa in evidenza la persona come centro di coscienza e di libertà. William Hill osserva che ci sono tre punti importanti nella moderna nozione di persona: la coscienza di sé e degli altri, l'accento sulla relazionalità e l'interesse per l'intersoggettività [18].

---

[17] MOLTMANN, *Humanity in God*, p. 104.
[18] WILLIAM HILL, *The Three-Personed God, the Trinity as a Mystery of Salvation*, D.C., The Catholic University of America Press, Washington 1982, p. 255.

C'è un modo per sintetizzare l'approccio metafisico classico e quello psicologico contemporaneo? A questo punto vorrei riappropriarmi di una distinzione che si lascia sicuramente intravedere in Agostino, che è pienamente esplicita in Tommaso e che è usata da un certo numero di pensatori contemporanei come Hill, Bourassa, Lonergan e Kasper, cioè la distinzione tra atti essenziali ed atti personali nella Trinità.

Kasper afferma che la dottrina della Trinità è la forma cristiana del monoteismo. La chiesa primitiva non ha mai pensato di abbandonare il monoteismo giudaico. Dio è uno e la sua essenza è radicalmente semplice ed indivisibile. L'uno della Trinità non è l'uno dei numeri ma l'uno dell'essere. Kasper fa rilevare che tale radicale semplicità esclude la possibilità di tre coscienze in Dio.

Ciò nonostante, come abbiamo visto sopra, la fede cristiana vuole pure affermare che questa radicale unità non è incompatibile con la pluralità. Per cui ci sono tre persone in Dio, ma ciascuna di esse è identica a Dio stesso. Ciascuna persona è Dio. In Dio essenza e persona sono identiche.

Ma come possiamo integrare adesso la moderna comprensione psicologica di persona nella teologia trinitaria? Hill suggerisce che possiamo farlo, ma solo in senso analogico. Secondo Hill si può dire che nella Trinità ci sono soggetti distinti di atti personali. Per esempio, solo il Padre genera il Figlio. Solo il Figlio è la Parola del Padre. E solo lo Spirito Santo è il vincolo di comunione tra il Padre ed il Figlio. Quindi possiamo parlare di tre soggetti e della loro reciprocità. Per meglio dire dovremmo parlare di una *koinonia*, ma un tale linguaggio è analogico. Questo perché nella nostra esperienza umana anche se il soggetto è sempre socialmente condizionato, la sua relazione con la comunità resta allo stesso tempo un atto di libera scelta. Il suo essere nella comunità è in questo modo un compito da realizzare. Così, mentre nell'esperienza umana persona e comunità non sono identiche, in Dio lo sono. Nondimeno, rispettando il carattere analogico del nostro linguaggio, credo che Hill abbia ragione quando scrive: « Le persone in Dio costituiscono così una intersoggettività divina: Padre, Figlio e Spirito Santo sono tre centri di coscienza in comunità, in mutua comunicazione. I membri della Trinità sono visti ora, come costitutivi di una comunità di persone in pura reciprocità, come soggetti e centri di un'unica vita cosciente divina. Ciascuna persona è costituita da quello che potrebbe essere chiamato analogicamente un "Io" cosciente in se stesso della sua identità unica, ma solo per mezzo del rapporto con le altre due persone come "altro-da-se"; infatti è in virtù di questa libera azione reciproca, in cui ciascuna persona dispone di se stessa verso le altre nella conoscenza e nell'amore, che ognuna di loro acquista la sua identità unica [19] ».

[19] *Ibid.*, p. 272.

Torniamo per un momento alla questione della coscienza divina. Abbiamo detto sopra che Kasper esclude tre coscienze in Dio. Ma quanto ho spiegato nel paragrafo precedente esclude anche una coscienza monadica. Forse il meglio che si può fare è dire che l'unica coscienza divina è una coscienza condivisa, condivisa dalle tre persone. Questa è la posizione di Lonergan, accettata anche da Hill, Bourassa e Kasper. Kasper, seguendo Lonergan scrive [20]: « Non rimane altro da dire se non che nella Trinità abbiamo a che fare con tre soggetti, i quali sono reciprocamente coscienti in forza dell'unica e medesima coscienza "posseduta" in modi differenti dai tre differenti soggetti ».

Riassumendo quanto detto, sembra esser posti qui, di fronte ad una istanza della teologia, in cui soltanto una distinzione sottile ma importante, ci permetterà di chiarire il problema e di raggiungere una certa comprensione. La distinzione adatta sarebbe appunto quella tra atti essenziali e personali, tra coscienza essenziale e personale. Per quanto riguarda la coscienza delle tre persone, Bourassa conclude con i seguenti tre punti:

1. ciascuna persona è cosciente di se stessa nella pienezza della divinità (coscienza essenziale);

2. ciascuna persona è cosciente di se stesse come distinta dalle altre persone (coscienza personale);

3. allo stesso tempo la coscienza di se di ciascuna persona è una comunicazione totale e reciproca. Per mettere questo in forma di tesi, chiudo queste riflessioni con una formula succinta e riassuntiva di Bourassa: « La coscienza in Dio è dunque, sia un atto essenziale di conoscenza e di amore comune alle tre persone, che una coscienza personale, esercitata da ciascuna persona come coscienza di se, secondo la propria azione personale infinitamente cosciente e libera, come lo zampillare d'amore in perfettissima reciprocità » [21].

[20] WALTER KASPER, *Il Dio di Gesù Cristo*, Queriniana, Brescia 1984, p. 385.
[21] FRANÇOIS BOURASSA, « Personne et Conscience en theologie trinitaire », *Gregorianum*, 55 (1974), p. 719.

Capitolo Settimo

ANALOGIA DELL'ESSERE E ANALOGIA DELLA FEDE

Il problema del vestigium trinitatis

Il linguaggio umano può esprimere la realtà di Dio? In che modo? Si tratta di uno dei problemi di fondo della teologia. Se Dio è veramente trascendente e se il linguaggio umano è radicalmente limitato all'esperienza intramondana, sembrerebbe che il nostro linguaggio sia incapace di esprimere Dio nel parlato. Allo stesso tempo, l'esperienza cristiana di Dio è decisamente plasmata dalla rivelazione che Dio fa di se stesso nell'umanità di Gesù di Nazareth. Perciò la comprensione cristiana di Dio sembra richiedere di poter essere espressa nel linguaggio umano. Il problema si fa più acuto quando ci si confronta con la teologia della Trinità. Kant, per esempio, era così convinto della limitatezza di tutti i concetti umani relativi a Dio da ritenere una tale dottrina incomprensibile, in quanto trascende ogni nostro concetto.

Uno dei primi grandi pensatori a sollevare il problema fu Agostino con la sua teoria del *vestigium trinitatis*. Per Agostino, c'erano due verità incontestabili: Dio è Trinità e l'essere umano è fatto ad immagine di Dio (Gn 1, 26). Sulla base di queste due verità egli pensava che fosse ragionevole guardare alla mente umana per cercare immagini o analogie della vita divina. Nel suo *De Trinitate* egli presenta numerose e differenti analogie, ma la preferita è quella della memoria - intelletto - volontà, ossia l'autopresenza del soggetto che giunge ad espressione tematica nella conoscenza e nell'amore di sé. L'Aquinate si appropriò di questa visione ed elaborò un complesso sistema metafisico per esplorare la vita intratrinitaria sulla base dell'analogia dell'intelligenza e volontà umana.

Sotto l'influsso dell'agnosticismo kantiano questi tentativi sono stati decisamente rifiutati. Oltre ai motivi filosofici, sono state avanzate anche forti obiezioni teologiche per negare la validità di questa tradizione. Nel nostro secolo, il principale portavoce dell'opposizione è stato Karl Barth. Esaminiamo alcune sue riflessioni sul problema dell'analogia.

Barth affrontò questo problema al principio della sua *Dogmatica ecclesiale*. In un'importante sezione del primo volume, che è volto a costruire l'impalcatura trinitaria per tutta la teologia cristiana, Barth analizza il problema del *vestigium trinitatis* agostiniano. Come al solito, Barth prende sul serio il problema. La questione dei *vestigia* non è periferica nell'ambito della teologia. Essa infatti è niente meno che il problema centrale del linguaggio su Dio. Egli scrive: « Si può dire che il problema implicato era quello del linguaggio teologico, che non può essere nient'altro che il linguaggio del mondo e che, a qualunque costo, deve sempre parlare e credere di poter parlare, contrariamente alla capacità naturale di questo linguaggio, in questo linguaggio, in quanto linguaggio teologico, della rivelazione di Dio. Considerata in questa prospettiva fondamentale, per quanto è suscettibile di essere considerata in tal modo, la dottrina dei *vestigia* era tutt'altro che un gioco di parole! » [1].

Nondimeno, Barth rifiuta vigorosamente la dottrina dei *vestigia*: egli vede in questa dottrina una pericolosa tendenza all'antropocentrismo. Sono qui in gioco niente meno che l'unicità della rivelazione e i fondamenti del metodo teologico. Per Barth, il linguaggio umano di per sé non ha la capacità di parlare di Dio. Noi possiamo e dobbiamo parlare di Dio solo perché Dio si è rivelato nella Parola. Dio giunge ad esprimersi nel discorso con la sua Parola di Rivelazione. È compito della teologia mostrare che non esiste altra fonte di rivelazione all'infuori della Parola di Dio ed interpretare quest'unica ed irripetibile Parola che Dio indirizza all'umanità. Barth vede nella dottrina dei *vestigia* una pericolosa tendenza ad ammettere un'altra fonte di rivelazione, una fonte antropologica, accanto alla Parola di Dio. Sulla base di una esperienza umana, l'essere umano pensa di poter dire qualcosa su Dio. Barth rifiuta questa idea con veemenza. L'errore nella dottrina di Agostino sta nel provare ad illustrare la rivelazione piuttosto che interpretarla.

Successivamente, nella *Dogmatica ecclesiale*, Barth sviluppava queste idee in modo più completo, ripudiando ogni tentativo di muovere dall'umano, dal basso, a Dio, all'alto. Così egli sviluppò la sua ben nota polemica contro la dottrina cattolica della teologia naturale, il cui approccio al linguaggio teologico è caratterizzato dall'analogia dell'essere. Egli definì la dottrina dell'analogia dell'essere come l'Anticristo e disse che in ultima analisi era questo l'elemento decisivo che divideva protestanti e cattolici, la ragione ultima per cui un protestante non poteva diventare cattolico.

---

[1] KARL BARTH, *Church Dogmatics*, vol. 1, T. and T. Clark, Edimburgh 1975, p. 392.

Barth presenta numerose ragioni per motivare il suo rifiuto della dottrina cattolica dell'analogia. Primo, Dio e il mondo non hanno niente in comune. Dio è così trascendente che non possiamo in alcun modo pensare Dio e il mondo insieme. Non possiamo procedere dal mondo a Dio; possiamo solo capire il mondo procedendo dall'alto verso il basso. L'analogia, al contrario, prova ad illuminare Dio e il mondo insieme sotto il concetto dell'essere. In secondo luogo, Barth dice che la dottrina dell'analogia è un prodotto del pensiero umano, e perciò finito e relativo. In terzo luogo, egli ritiene che tale dottrina può facilmente divenire uno strumento per la nostra disobbedienza. Forse, la più decisiva di tutte, comunque, è la convinzione di Barth che l'analogia dell'essere non può mai raggiungere il vero Dio. Il vero Dio è il Padre, il Figlio e lo Spirito Santo, il Dio che ci diviene accessibile in Gesù Cristo. L'analogia dell'essere non ci guida a questo Dio ma solo ad una astrazione. Ci può guidare forse, come affermò il Concilio Vaticano I, al principio e alla fine di tutte le cose. Ma non ci guida al Dio che è Signore, Creatore, Redentore, Riconciliatore.

Cosa dobbiamo dire di fronte a questo attacco contro la dottrina classica dell'analogia? In primo luogo, io penso che possiamo ammettere che ci sia almeno un elemento di verità in questa critica, specialmente se guardiamo alla questione dal punto di vista storico, considerando la teologia cattolica dal Vaticano I in poi. Il punto critico della teologia cattolica nel periodo tra i due concili vaticani era il suo carattere dualistico. Essa aveva costruito la sua teoria della conoscenza di Dio in conformità a una concezione elaborata su due livelli, quello naturale e quello soprannaturale. Si poteva avere facilmente l'impressione che il teologo prima cominciava a costruire una visione filosofica di Dio, nella sua esistenza e dei suoi attributi, e poi, al culmine di tutto questo, elaborava un'appropriata visione teologica della Trinità sulla base della rivelazione soprannaturale. Il rifiuto di questo schema da parte di Barth è giustificato. Una tale visione filosofica di Dio è in realtà un'astrazione. Comunque, la teologia cattolica di oggi ha respinto fermamente questo dualismo. Per questo motivo, in questo libro noi cominciamo la nostra riflessione su Dio con il fatto della rivelazione che Dio fa di se stesso. La migliore teologia cattolica odierna sostiene che il momento filosofico si trova all'interno del momento teologico stesso, e non è una base ad esso propedeutica.

Per essere chiari, comunque, guardando indietro alle ricchezze del periodo patristico e in particolare alla teologia di Agostino, si nota che Agostino non è un dualista. La sua riflessione sul *vestigium trinitatis* è sviluppata solo nella seconda metà della sua grande opera. Solo dopo aver radicato fermamente la fede trinitaria nelle Scritture e nell'insegnamento della chiesa, Agostino inizia il secondo *démarche*, lo sforzo speculativo di comprensione. Così, all'interno della fede e sulla base della convinzione di fede che la persona è creata ad immagine di Dio, Agostino guarda alla mente umana come ad una chiave per aprire il mistero della vita divina.

Se la critica di Barth ha la sua parte di verità, dobbiamo anche dire che essa contiene un seria distorsione, poiché Barth pone una tale dicotomia nella relazione Dio-mondo, che Dio non può più essere trovato nel mondo, né il mondo può corrispondergli. Dunque, ironia della sorte, Barth stesso cade in un certo tipo di dualismo, Hans Urs von Balthasar critica Barth secondo questa prospettiva quando rileva che la concezione barthiana non considera seriamente l'essere umano come partner dell'alleanza con Dio [2]. Sebbene Barth faccia proprio il tema dell'alleanza come motivo centrale nella sua visione teologica, egli esagera talmente il carattere a senso unico della rivelazione di Dio al mondo, che la persona umana è privata della sua libertà e il mondo è derubato delle sue strutture autonome, cosicché Dio si risolve in un dialogo con se stesso. Se ci deve essere una vera situazione di dialogo, Balthasar sostiene che le strutture del creato devono essere preservate entro l'ordine della redenzione e della grazia.

Pur non ritrattando il suo rifiuto dell'analogia dell'essere, il punto di partenza cristologico condusse Barth sempre più in direzione dell'analogia. Si potrebbe considerare lo sviluppo dell'opera teologica di Barth come un movimento graduale dalla dialettica verso l'analogia. Questo era inevitabile dal momento che Barth giunse a considerare Gesù Cristo come Signore della creazione. Infatti, a partire dalla Signoria sovrana di Cristo, Barth si rese conto sempre più chiaramente che la creazione è buona e le sue strutture non possono essere distrutte. Il modo in cui Barth concepisce i due ordini di creazione e redenzione è da vedersi in termini di alleanza. Per Barth, il fondamento estrinseco dell'alleanza è la creazione. Il fondamento intrinseco è Gesù Cristo. La creazione esiste a motivo di Cristo e Cristo la preserva integralmente nella sua bontà. Balthasar sostiene dunque che non ci dovrebbe essere contraddizione fra analogia dell'essere e analogia della fede. L'analogia dell'essere, radicata nella creazione, esiste nell'ambito dell'analogia della fede. Un cristocentrismo come quello di Barth non necessariamente è in opposizione ai risultati migliori della tradizione cattolica classica, e si può dire che Balthasar sostiene un'analogia dell'essere fondata cristologicamente. Sviluppiamo con più ampiezza questa idea. Come è possibile comprendere analogia dell'essere e analogia della fede in modo che non siano contraddittorie ma complementari? Forse potremmo prendere come principio euristico due asserti che a prima vista sembrano in contraddizione ma che secondo me devono essere mantenuti in costante tensione. Il primo è quello del Concilio Lateranense IV: nonostante la somiglianza tra Dio e il mondo, tale somiglianza è compresa nell'ambito di una dissomiglianza più grande. Questo principio

---

[2] Per l'interpretazione di Barth da parte di Balthasar, vedi HANS URS VON BALTHASAR, *Karl Barth, Darstellung und Deutung seiner Theologie*, Johannes Verlag, Einsiedeln 1976.

è orientato a Dio in quanto egli è sempre più grande, sempre trascendente. L'altro principio è basato sulla straordinaria condiscendenza di Dio verso di noi nella kenosi dell'incarnazione e della croce: nonostante la dissomiglianza tra Dio e l'umanità, tale dissomiglianza è compresa nell'ambito di una somiglianza più grande. Consideriamo ciascuno di questi principi cominciando dal primo, che riassume l'analogia classica dell'essere e che mira a preservare la trascendenza di Dio volgendosi al divino come al mistero che sempre rimane tale.

Analogia dell'essere: l'Aquinate

Non c'è rappresentante più autorevole della posizione cattolica classica sull'analogia che Tommaso d'Aquino. Uno degli aspetti più riusciti dell'opera dell'Aquinate fu quello di appropriarsi e di approfondire la tradizione agostiniana con le sue strutture neoplatoniche e di integrare in questa visione la prospettiva aristotelica, che doveva essere riscoperta nel XIII sec.

Secondo uno dei più conosciuti commentatori di S. Tommaso, Fr. Norris Clarke [3], è importante tenere in mente la metafisica neoplatonica della partecipazione propria dell'Aquinate. Il principio della sintesi tomistica è la partecipazione di tutta la realtà creata in Dio creatore. L'Aquinate prese la struttura formale della teoria neoplatonica della partecipazione, la svuotò del suo eccessivo realismo platonico delle idee e la riempì del vino nuovo rappresentato dalla sua originale visione dell'atto di esistenza quale vero nucleo ultimo di ogni perfezione reale. Platone aveva cercato l'unità della realtà nel regno delle idee. L'Aquinate traspone la ricerca dell'unità a livello dell'esistenza. Combinando questa visione con la cornice aristotelica, l'Aquinate può pensare ogni realtà finita come composta da due principi metafisici: atto e potenza. Egli poi riconduce i molteplici e finiti atti di esistenza (limitati dalla potenza) alla loro causa ultima in Dio, che è *ipsum esse subsistens*. Il nucleo dell'argomentazione metafisica dell'Aquinate per l'esistenza di Dio è che la diversità come tale non può essere mai la spiegazione ultima dell'unità. Ma dove c'è una vera perfezione condivisa da molti (in questo caso l'atto di esistenza), deve essere possibile cercare l'origine della somiglianza in un solo principio comune. Come dice Clarke, « dal momento che l'esistenza è la più universalmente condivisa tra tutte le perfezioni, includendo in qualche modo tutto ciò che è reale, ci deve essere una sola origine ultima di ogni esistenza da cui tutti gli altri

---

[3] Per quanto segue vedi W. NORRIS CLARKE, « The Metaphysical Assent to God through Participation and the Analogical Structure of our Language about God », in *A Philosophical Approach to God*, Wake Forest University, Winston-Salem, North Carolina 1979, pp. 33-65.

derivano per partecipazione, ognuno nel suo grado » [4]. In questa argomentazione si trovano implicitamente due altri principi che l'Aquinate ritiene più o meno scontati: in primo luogo il principio di causalità quale principio euristico che governa la ricerca dell'intelligibilità delle cose e in secondo luogo la convinzione che ciò che è causato deve essere simile a ciò che lo causa.

Questi due principi ci conducono alla dottrina dell'analogia e alla possibilità di usare il linguaggio umano, basato sull'esperienza del mondo finito, per parlare dell'origine trascendente della realtà. Fermiamoci un momento a riflettere su come funziona veramente l'analogia nel processo umano di scoperta del reale. Clarke sostiene che la mente umana è sempre alla ricerca di intelligibilità e di unità sforzandosi di cogliere somiglianze ed affinità percorrendo l'universo. Considerata in questi termini, l'analogia può essere definita, con concetto ampio, come ciò che permette alla mente di cercare di procedere dal conosciuto al non-conosciuto. L'intelligenza umana, nella sua tensione alla conoscenza, tende a stabilire sulla base di ciò che è già conosciuto una testa di ponte in un nuovo e perciò inesplorato livello della realtà dell'essere. Come esempio di questo processo euristico, Clarke ricorda come Freud trovò necessario postulare l'esistenza di una dimensione subconscia ed inconscia dell'attività conoscitiva nella persona ed estese così il termine « conoscenza » fino ad abbracciare un nuovo livello della realtà, l'inconscio. Sulla base degli effetti che si manifestano nella esperienza cosciente, egli individuò una fonte di tali effetti nell'inconscio. Il significato della conoscenza fu esteso fino a comprendere un nuovo livello di realtà. Come si comporta questo tipo di approccio euristico in relazione al linguaggio religioso? Prima di rispondere a questa domanda potrebbe essere d'aiuto riferirsi ad un'altra distinzione nella teoria classica dell'analogia, ossia la distinzione tra l'analogia di proporzionalità e l'analogia di attribuzione. L'analogia di proporzionalità è basata su quattro termini: a : b = c : d. Ma questo tipo di analogia presuppone che tutti e quattro i termini siano noti. Un esempio potrebbe essere: la sera sta al giorno come la vecchiaia sta alla vita. In questa semplice analogia si procede da una ben nota esperienza di ogni giorno per illustrare una caratteristica della vita umana. Una analogia di questo tipo fa problema nella prospettiva del linguaggio religioso, perché Dio è trascendente e dunque al di là di questo mondo e della nostra esperienza limitata. Di conseguenza noi conosciamo solo una parte della proporzione. Per superare questa difficoltà, prendiamo in considerazione un secondo tipo di analogia, quella di attribuzione. Qui abbiamo diverse realtà che sono simili a un terzo elemento. Il terzo elemento è l'analogato primo nel senso che gli altri termini sono visti come ad esso somiglianti. Un tipo di

[4] *Ibid.*, p. 40.

cibo o di esercizio fisico si può definire salutare perché sappiamo che la salute è propria della persona.

Si dice comunemente che l'Aquinate sintetizza questi due tipi di analogia. Egli può stabilire proporzioni tra la realtà divina e la realtà creata, perché la base di queste analogie di proporzionalità è l'analogia di attribuzione. L'analogia di attribuzione, a sua volta, ha senso nell'ambito della dottrina metafisica della partecipazione. Poiché tutto l'essere finito partecipa in Dio come origine ultima dell'esistenza e poiché c'è una similitudine, deve essere possibile predicare le perfezioni finite riferendole a Dio una volta che esse siano state purificate delle loro limitazioni finite. Questa è l'origine del classico itinerario tripartito che l'uomo percorre per giungere a Dio, la *via negativa*, la *via positiva*, la *via eminentiae*. Comunque, quando si osserva che secondo l'Aquinate l'origine ultima dell'unità è l'esistenza stessa, si deduce che l'unico linguaggio adeguato per parlare di Dio è il linguaggio delle proprietà trascendentali dell'essere, ossia quelle qualità che appartengono a qualsiasi essere in quanto tale. Secondo il pensiero classico, tali attributi sono unità, verità, bellezza e bontà. Dio, come origine di ogni essere, è uno, vero, bello e buono, ed è la fonte di tutte queste perfezioni nelle creature che le posseggono in misura limitata. Dal che si deduce che il linguaggio su Dio è necessariamente analogico. Possiamo dire ad esempio, che Dio è bello. Ma questa affermazione è analoga poiché noi conosciamo la bellezza solo dalla nostra esperienza limitata di uomini. Sulla base della causalità, comunque, noi sappiamo che Dio deve essere l'origine ultima della bellezza. Ora, questa affermazione è immersa nell'oscurità, dal momento che non possiamo dire positivamente che cosa è la bellezza in se stessa, nel Dio infinito e trascendente. Il linguaggio analogico su Dio è elusivo poiché proprio nel momento in cui dobbiamo parlare di Dio, Dio sfugge alla nostra presa. Nel momento in cui l'afferriamo, dobbiamo lasciare che egli sfugga. Clarke parla dell'analogia come linguaggio del *chiaroscuro*, un misto di luce e tenebre. Egli spiega anche che il linguaggio analogico è come un vettore: è linguaggio direzionale. Esso indica Dio, ma senza essere mai in grado di racchiuderlo in concetti. Il linguaggio analogico è il linguaggio della rivelazione e del nascondimento, che orienta al mistero, al Dio che è sempre più grande. In questo senso, Barth era in errore quando rifiutava l'analogia dell'essere come una minaccia alla trascendenza di Dio e come occasione di peccato per l'orgoglio e la disobbedienza dell'uomo. La logica dell'analogia conduce la persona ad arrendersi di fronte al Mistero insondabile che non può mai essere controllato. In verità, l'analogia lascia che Dio sia Dio. Nel linguaggio del Concilio Lateranense IV, nonostante tutta la somiglianza fra la creatura e il Creatore, la somiglianza è compresa all'interno di una dissomiglianza sempre più grande. Nondimeno, ci dobbiamo chiedere se l'analogia dell'essere è la verità finale riguardo alla capacità umana di parlare di Dio. Poiché se questo Dio trascendente si è fatto vicino a noi in Cristo, se si è rivelato in un essere umano, se è giunto a parlare in una vita umana, non ci è forse data la possibilità di dire qualcosa di più? Questo ci conduce ancora una volta all'analogia della fede.

Analogia della fede: il crocifisso

Karl Rahner, sviluppando la sua antropologia teologica sostiene che l'uomo è un uditore della Parola. In quanto creatura l'essere umano è orientato al Mistero in modo tale che egli ascolta o il silenzio di Dio o la parola che il Mistero gli rivolge. Provenendo dalla tradizione evangelica, Eberhard Jüngel afferma che la struttura più essenziale dell'essere umano è rivelata nel dialogo. L'uomo giunge a se stesso perché è rivolto agli altri. Il suo essere interlocutore lo conduce ad interrogarsi. Per entrambi questi teologi assume un significato decisivo per la vita di fede il fatto che Dio rompa il proprio silenzio e si rivolga agli esseri umani chiamandoli ad essere partners nel suo patto di alleanza.

Seguendo Jüngel, diciamo che il momento decisivo in cui avviene questa rivelazione è la morte e la resurrezione di Gesù [5]. Nel mistero pasquale, noi vediamo l'evento della rivelazione *par excellence*. Dio che è al di là del mondo, si identifica con l'uomo Gesù morto sulla croce. Le implicazioni di questa identificazione sono profonde: in primo luogo siamo sfidati a pensare Dio in unione con il mondo; in secondo luogo siamo condotti a pensare il Dio eterno in unione con un evento storico, in unione con ciò che è temporale e mortale; in terzo luogo vediamo che qui vita e morte sono unite in tal modo che Dio si dichiara in favore della vita piuttosto che della morte. Il mistero pasquale è il trionfo della vita sulla distruzione della morte.

Dovremmo anche parlare di due altre implicazioni di questa identificazione di Dio con Gesù sulla croce. Primo, se Dio è radicalmente trascendente oltre il mondo e la temporaneità, e se Dio identifica se stesso con la storia, allora questo implica movimento in Dio. Dio viene al mondo in Gesù Cristo. E non solo Dio viene a noi, ma viene in tal modo da esprimersi nel linguaggio. In questo modo Jüngel elabora la teologia della rivelazione della scuola di Ebeling e Fuchs, che parla della rivelazione di Dio come un evento di linguaggio. Se Dio si è identificato con Gesù, allora l'intera vita di Gesù, inclusa la sua proclamazione del Regno, è rivelata come Parola di Dio al mondo. Ma ancor più importante, dal momento che Dio si identifica con Gesù morto, facendolo risorgere e raggiungendo così la vittoria sulla morte, è che la parola predicata da

---

[5] Vedi EBERHARD JÜNGEL, *Dio, mistero del mondo*, Queriniana, Brescia 1982, pp. 471-472.

120

Gesù viene trasformata nella parola del *Kerigma*. La resurrezione dà origine alla predicazione della comunità. Ne segue inevitabilmente il passaggio dalla parola di Gesù sul Regno a Gesù stesso come Parola di Dio in cui Dio continua ad esprimersi.

Possiamo essere più precisi riguardo al modo in cui si deve comprendere questo evento linguistico? Jüngel sostiene che la chiave di comprensione è l'analogia. Comunque, a questo punto noi vediamo la differenza (non la contraddizione) tra l'analogia dell'essere e l'analogia della fede. Il punto nevralgico di tutto il linguaggio religioso è l'antropomorfismo [6]. Come abbiamo visto, l'analogia dell'essere ha la funzione di orientarci al Dio che è al di là del mondo: in questo modo essa mostra come il linguaggio religioso può essere purificato del suo antropomorfismo per indirizzarci nella direzione di quello che non può essere detto. L'analogia della fede, dall'altra parte, è orientata a lasciare che Dio entri nel linguaggio. L'analogia della fede accetta spudoratamente la necessità di un certo antropomorfismo. A parere di Jüngel, questa analogia non parla di Dio come se fosse identico all'uomo, ma parla di Dio in quanto si è fatto uomo. In questa analogia di fede, radicata nel mistero pasquale, c'è una identificazione tra Dio e l'umano.

Se riguardiamo ai tipi di analogia che abbiamo mostrato, ricordiamo che nell'analogia di proporzionalità, la proporzione era a : b = c : d. Abbiamo osservato che questo schema, così com'è, è inadeguato al linguaggio religioso, perché Dio rimane un'incognita sconosciuta. Nello schema che suggerisce Jüngel, Dio viene al mondo nella sua rivelazione in tal modo che l'incognita non è più sconosciuta. Jüngel traccia la relazione in questo modo: $\times$ (incognita) : a = b : c. Dio viene al mondo in modo che la realtà mondana gli corrisponda. Una esplicitazione di tutto questo nella vita di Gesù potrebbe essere il suo uso di parabole. Gesù inizia le sue parabole con le parole: « il Regno di Dio è come... ». Le straordinarie situazioni che descrive Gesù nelle sue parabole, come l'uomo che vende tutto quello che ha per comprare un campo nel quale è nascosto un tesoro, non contengono in se stesse la possibilità di parlare di Dio. Ma esse sono assunte da Gesù e integrate nella sua condizione di profeta del Regno, cosicché il Regno di Dio diviene un evento che giunge nel linguaggio parlato per mezzo di esse. Dio usa un linguaggio umano che gli corrisponde.

In uno dei suoi saggi intitolato « Verità metaforica », Jüngel sviluppa la comprensione heideggeriana della verità per arricchire questa interpretazione del linguaggio religioso. La formazione culturale cattolica conduce Heidegger a legare le idee di rivelazione e verità: egli aveva imparato che la rivelazione è uno svelamento. Il suo studio della filosofia greca lo

---

[6] Vedi *ibid.*, pp. 332-341, 387.

aveva disposto ad esplorare l'idea di verità come *aletheia*. Dal punto di vista filosofico questo portò Heidegger a dire che la verità è un evento in cui l'essere si svela. L'essere dunque indirizza l'uomo in modo da farsi scoprire. Jüngel si appropriò di queste idee per la teologia della rivelazione. Egli sottolineò il carattere di evento della rivelazione e della verità. Dio è svelato nell'evento della croce. Allo stesso tempo Jüngel accentua la relazione tra evento e linguaggio. L'evento della rivelazione è uno svelamento che entra nel linguaggio grazie al *Kerigma*. Il discorso su Dio non è un momento successivo di quella rivelazione. L'evento rivelazione e l'evento discorso sono due aspetti di una stessa realtà. Secondo Jüngel, « nel linguaggio Dio si lascia scoprire come colui che viene » [7].

La concezione di Jüngel dell'analogia della fede aggiunge una importante nuova dimensione, che l'analogia dell'essere era incapace di esprimere. Secondo l'analogia dell'essere, noi esseri umani sappiamo di essere riferiti a Dio, ma non sappiamo se Dio è riferito a noi. Secondo l'analogia dell'essere l'uomo è fatto per il Mistero, ma il Mistero sfugge alla sua presa nel silenzio. L'analogia della fede, invece, è radicata nel fatto che Dio ci parla e ci orienta. Dio vuole essere per noi e mettersi in relazione con noi. L'identificazione che Dio fa di se stesso con la croce di Gesù, che giunge ad esprimersi nel *Kerigma*, ci rende capaci di formulare l'essere di Dio in termini di amore. La dottrina filosofica dell'analogia ci rende capaci solo di dire cosa Dio non è. La dottrina teologica dell'analogia ci mette in grado di dire cosa Dio è. L'analogia della fede ci dà la possibilità di rendere giustizia all'affermazione biblica che Dio è amore (1 Gv 4, 16). In questo senso, l'analogia della fede ci richiede di esprimere la condiscendenza di Dio nella sua incredibile vicinanza: nonostante tutta la dissomiglianza tra Dio e il mondo, tale dissomiglianza è compresa all'interno di una somiglianza sempre più grande.

La storia di Gesù come parabola di Dio

Se facciamo attenzione all'inizio di questo capitolo e alla critica di Karl Barth alla dottrina agostiniana del *vestigium trinitatis*, possiamo ricordare come Barth avesse paura di una seconda fonte di rivelazione che avrebbe condotto ad una teologia antropocentrica. Nondimeno, Barth vide chiaramente che la fede cristiana non può trascurare l'umano. Dio giunge a noi come essere umano. Riflettendo in questa prospettiva egli intitolò uno dei suoi ultimi lavori *l'umanità di Dio*. Ma fin dal primo volume della sua *dogmatica ecclesiale* egli non esitò a dire che Gesù è il vero *vestigium*

[7] Vedi EBERHARD JÜNGEL, « Metaphorische Warheit. Erwängungen zur theologischen Relevanz der Metapher als Beitrag zur Hermeneutik einer narrativen Theologie », in *Entsprechungen: God-Wahrheit-Mensch*, Kaiser, München 1980, p. 149.

trinitatis. Cerchiamo di approfondire questa idea facendo nostra una espressione più recente: la storia di Gesù come parabola di Dio.

Uno dei campi più significativi della ricerca biblica degli ultimi anni è stato quello delle parabole di Gesù. In concomitanza con questo studio c'è stata una rinnovata ricerca sulle parabole come genere letterario. Dal tempo dell'illuminismo, la riflessione filosofica ci ha reso consapevoli che è troppo semplicistico pensare alla realtà come qualcosa di puramente oggettivo. Ogni realtà è infatti realtà per un soggetto. È troppo facile pensare al mondo attuale come *facta bruta* per una rappresentazione obbiettiva. Piuttosto la realtà è costantemente interpretata dal soggetto. Un esempio di questo fatto si può trovare nelle arti visive. Quando Picasso dipinge un volto umano, egli non sta semplicemente rappresentando una realtà esterna. Egli dipinge ciò che vede. Ma la prova del suo genio è che attraverso la sua arte egli riesce a ricostruire la percezione dell'osservatore in modo tale che egli veda ciò che Picasso vede. Attraverso l'opera d'arte l'osservatore è reso capace di scorgere ciò che prima era incapace di vedere [8]. In questo contesto il biblista John Dominic Crossan afferma che il modo più appropriato per giungere a definire la realtà è raccontare delle storie [9]. Non abbiamo altro accesso alla realtà che le storie che raccontiamo. Viviamo in mezzo alla storia.

Crossan mostra che mito e parabola sono due tipi fondamentali di storia. Il mito è una storia che ha la funzione di riconciliare le contraddizioni. La parabola, dall'altro lato, ha la funzione di creare contrasti. La parabola è nella sua natura più intima un elemento sovversivo. Essa produce un effetto shock che sfida le nostre convenzioni. Crossan scrive, « la funzione della parabola è quella di creare contraddizione entro una data situazione di sicurezza compiacente, e, più profondamente, di sfidare il principio fondamentale di riconciliazione rendendoci consapevoli del fatto che siamo stati noi a creare questa riconciliazione » [10].

Un altro aspetto della parabola che Crossan sottolinea è il suo carattere di evento. Come il gioco, anche la parabola è un evento. Deve accadere. La parabola è intenzionata a provocare una reazione nell'ascoltatore, altrimenti fallisce il suo scopo. Quando Natan il profeta racconta al re Davide la parabola dell'agnellina, Davide è mosso ad una giusta indignazione (2 Sam 12). Ma tutte le sue posizioni precedenti vengono messe in crisi quando il profeta dichiara: tu sei quell'uomo. In quel momento Davide vede la realtà in modo diverso. La parabola raggiunge il suo scopo e Davide si pente.

---

[8] Per questo esempio sono debitore a LEANDER KECK, *A Future for the Historical Jesus*, Abingdon Press, Nashville 1971, p. 248.
[9] Vedi JOHN DOMINIC CROSSAN, *The Dark Interval, Towards a Theology of Story*, Argus Communications, 1975.
[10] *Ibid.*, p. 57.

Questa idea ci aiuta a capire meglio come Dio entra nel linguaggio. Abbiamo già notato come il regno di Dio entra nel parlato attraverso le parabole di Gesù. Abbiamo anche notato che il momento supremo di rivelazione è l'evento nel quale Dio si identifica con la croce e la resurrezione di Gesù. Ciò è importante per evidenziare che questo atto di rivelazione è un evento, qualcosa che avviene nella storia. Ma, come altri eventi, esso è afferrabile solo attraverso il linguaggio. L'evento deve essere narrato, è una storia che deve essere detta e, ancor più, è adatto al genere letterario della parabola. Come è stato suggerito da un certo numero di commentatori, è attraverso il mistero pasquale che Gesù, il narratore delle parabole, diventa la parabola di Dio [11]. Perché?

La risposta è che qui abbiamo un evento che sovverte tutte le nostre idee su Dio. Noi non incontriamo Gesù senza alcuna nozione previa su Dio, e anche gli ebrei contemporanei a Gesù avevano le loro precomprensioni. I farisei aspettavano un Dio vicino ai giusti, difensore dei buoni, che avrebbe dato ai pii il meritato premio. Con la sua vita Gesù sfidò questa concezione. Nella sua identificazione coi pubblicani e i peccatori, Gesù pregò un Dio che stava al fianco degli irreligiosi, degli abbandonati da Dio, un Dio di grazia piuttosto che di vendetta. Gesù affidò tutta la sua vita a questo Dio che avrebbe fatto valere se stesso portando a compimento il suo regno. Nella nostra attesa di Dio, spesso elaboriamo un concetto di Dio derivato da quel che a noi piacerebbe essere: onnipotenti, invulnerabili, non colpiti dalle sofferenze né dai dolori. Sulla croce tutte queste attese vengono frantumate. Dio non viene in aiuto di Gesù. Gesù, che è stato solidale con gli abbandonati da Dio, diviene egli stesso il Dio abbandonato. Come dice Moltmann, la croce è la fine di ogni teologia o l'inizio di una specifica teologia cristiana. Poiché la fede (attraverso l'evento della resurrezione) percepisce la croce di Cristo come l'identificazione di Dio con lo stato dell'umanità abbandonata da Dio, siamo sradicati dal nostro compiacimento al modo delle parabole e sfidati a ripensare Dio in modo nuovo. Dio è onnipotente perché può farsi debole. Dio è l'altissimo perché può inchinarsi e farsi piccolo. La grandezza di Dio consiste nella sua sensibilità di fronte alla sofferenza e alla miseria dell'uomo. In breve, Dio è amore. Questa non è un'affermazione filosofica. Questa è un'affermazione basata su un evento in cui Dio si offre in modo tale che l'uomo può parlare di lui.

Crossan dice che le parabole fanno posto a Dio. Esse offrono uno spazio in cui Dio può essere Dio. Esse permettono a Dio di essere un Dio di sorprese. Certamente si può dire che la croce di Cristo è una parabola. Crossan si sofferma anche sul fatto che una parabola permette di rendere

[11] Vedi *ibid.*, pp. 123-128; JÜNGEL, *Dio, mistero del mondo*, Queriniana, Brescia 1982, p. 377; L. KECK, *A Future for the Historical Jesus*, pp. 243-249.

in modo visibile ciò che si vuole significare. Questo si verifica anche nella morte di Gesù. Capito come parabola di Dio, questo evento permette all'amore di Dio di diventare visibile per il mondo. Infine Crossan sostiene che una parabola rimane sempre necessaria. Non è mai come il primo stadio di un razzo che viene abbandonato una volta che la navicella spaziale è stata lanciata. Una parabola rimane indispensabile come mezzo della rivelazione della verità. Non è un'illustrazione di un principio generale ma piuttosto un mezzo attraverso cui la verità diviene evento. Se questo è vero, allora le paure di Barth riguardo al *vestigium trinitatis* vengono superate. Per Barth, il linguaggio umano su Dio non deve mai provare ad illustrare la rivelazione, ma deve interpretarla. Il linguaggio umano, secondo Barth, non può illustrare la rivelazione poiché ad esso manca questa capacità e perciò il linguaggio umano non può dire, di per sé, chi è Dio. Il nostro linguaggio, comunque, può interpretare la rivelazione, perché la rivelazione è un evento che si esprime nel parlato. Quando la rivelazione di Dio avviene in Cristo, diventa un evento, che si esprime nella parabola della vita di Gesù, facendo spazio a Dio nella storia umana.

Analogia come corrispondenza

Finora la nostra discussione è stata orientata alla dimensione cristologica della analogia e alla relazione tra gli ordini di creazione e redenzione. Comunque, non dovremmo dimenticare che è implicata anche un'altra dimensione, che è di estrema importanza spirituale per l'essere umano, la dimensione della grazia. A questo punto abbiamo messo a fuoco l'analogia dell'essere e la venuta di Dio nell'analogia della fede, e possiamo perciò recuperare il significato della analogia di proporzionalità. Questo tipo di analogia è importante specialmente per Hans Urs von Balthasar, che a partire da essa tira conclusioni importanti per la vita spirituale [12].

Gli interlocutori di Balthasar nel dialogo teologico sono Karl Barth e Erich Przywara. Balthasar è convinto della necessità di una teologia del patto, come quella proposta da Barth. La sua critica è, come abbiamo visto, che Barth non sviluppa adeguatamente una antropologia teologica che renda giustizia alla libertà dell'uomo. Collegandosi alla filosofia di Przywara, Balthasar fa proprio il suo rifarsi al principio del Concilio Lateranense IV, relativo alla sempre maggiore dissomiglianza tra Dio e la creazione. Egli giudica positivamente il fatto che Przywara si identifichi con la tradizione teologica di Dionigi. La critica di Balthasar è che Przywa-

---

[12] George de Schrijver sviluppa questo aspetto della teologia di Balthasar nel suo *Le Merveilleux Accord de l'Homme et de Dieu, Étude de l'Analogie de l'Être chez Hans Urs von Balthasar*, University Press, Leuven 1983.

ra accentua l'aspetto di alterità in modo tale da trascurare la dimensione della corrispondenza. L'anima non è soltanto una incessante tensione a Dio. Piuttosto ogni persona è invitata a condividere la vita divina secondo la propria singolare vocazione. Dunque nel viaggio spirituale c'è anche l'elemento del riposo.

Illustriamo questa visione più dettagliatamente riflettendo brevemente su tre termini chiave della spiritualità balthasariana: scambio, abbandono e corrispondenza. In primo luogo, la visione di Balthasar è fermamente radicata nell'idea patristica dell'*admirabile commercium*. Dio è diventato ciò che noi siamo in modo che noi potessimo diventare quello che egli è. Lo scopo dell'autocomunicazione di Dio è la nostra divinizzazione, ossia la nostra partecipazione all'evento-rivelazione e la condivisione della vita divina.

In secondo luogo la chiave per comprendere questa divinizzazione è l'obbedienza. Questo si verifica anzitutto nella vita di Gesù stesso. In Gesù vediamo una perfetta identità fra la sua figliolanza e la sua missione. Egli è figlio in quanto perfetta accoglienza di fronte all'offerta d'amore del Padre e alla sua volontà salvifica. La sua vita umana è espressione e sviluppo della sua obbedienza intratrinitaria. Allo stesso modo ogni essere umano è chiamato da Dio a condividere la visione di Cristo in un modo unico, conosciuto solo da Dio. Ogni uomo o donna ha una missione unica in questo mondo, e il solo modo per realizzare la propria identità è abbandonarsi a questa chiamata.

Infine, con un tale abbandono nell'obbedienza, una persona corrisponde a Dio. Se Cristo è la parabola perfetta del Padre, o, come direbbe Balthasar, l'analogia dell'essere in persona, allora ogni persona umana è chiamata a partecipare a quell'analogia e così creare nella propria vita una analogia di proporzionalità. Quando accade questo, la *imago trinitatis* prende forma nella vita della persona umana. Il *vestigium trinitatis* non è scoperto solo in Gesù Cristo, ma è realizzato di nuovo in ogni essere umano. In questa prospettiva, noi possiamo vedere che il problema dell'analogia non è solo teoretico, limitato ad un ambito ontologico ed epistemologico, ma tocca anche i fondamenti della vita di grazia e la nostra partecipazione al Mistero divino.

Analogia ed escatologia

Nella sua discussione sulla metafora, Jüngel mette in evidenza che la metafora ha la funzione di estendere l'orizzonte dell'essere per scoprire qualcosa di nuovo. Il linguaggio analogico, come abbiamo visto, non è solo la descrizione di ciò che in esso viene trattato, ma è un modo per fare spazio al Dio che viene. In questa prospettiva è utile richiamare che non dobbiamo pensare all'analogia in un modo statico, ma dobbiamo integrarla in una prospettiva dinamica. Nel suo libro *Il Dio di Gesù Cristo*, Walter Kasper fa una riflessione in questo senso quando dice che la attuale consapevolezza della storicità, dovrebbe indurci a ripensare la dottrina dell'analogia sulla base della libertà [13]. In ogni azione umana, il soggetto umano è guidato oltre se stesso verso l'infinito. Senza questo orizzonte infinito, nell'ambito del quale egli agisce, non potrebbe mai essere libero rispetto agli oggetti finiti. La distanza tra il finito e l'infinito è la condizione che rende possibile la libertà finita. Allo stesso tempo, questa consapevolezza implicita dell'infinito può diventare concreta solo nel mondo e nella storia. Come dice Kasper l'analogia « ci aiuta a vedere il mondo in modo diverso, nell'orizzonte della libertà, ad intenderlo come spazio della libertà... Una dottrina dell'analogia così trasformata ci potrà quindi dischiudere le possibilità presenti nella realtà, e ciò significa aprirci la dimensione di futuro propria del reale. L'anticipazione della libertà è l'anticipazione di un futuro che è ben più di un'estrapolazione del passato e del presente » [14].

In questo libro abbiamo sottolineato spesso che la nostra conoscenza di Dio è radicata nel mistero pasquale. Per la tradizione luterana tale conoscenza implica che il vero essere di Dio è rivelato nella forma del suo contrario.

Perciò un commentatore moderno, Moltmann si è fatto sostenitore di un metodo dialettico per giungere alla conoscenza di Dio. Nondimeno, anch'egli riconosce la necessità dell'analogia proprio per preservare la visione escatologica cristiana. Come Moltmann osserva, la dialettica non può prendere il posto dell'analogia ma piuttosto renderla veramente possibile per la prima volta; questo significa che l'azione di Dio in Cristo, specialmente sulla croce, rende possibile il corrispondere dell'uomo a Dio di cui abbiamo parlato in precedenza. Egli scrive: « In quanto Dio viene svelato nel suo contrario, egli può essere conosciuto dai senza Dio e dagli abbandonati da Dio. Ed è proprio questo conoscere che conduce tali individui alla conformazione con Dio e, come attesta la prima lettera di Giovanni (3, 2) li introduce nella speranza della somiglianza con Dio » [15]. Così l'essere di Dio rivelato come amore nel mistero pasquale, ci schiude il futuro del mondo che ha come sua meta la nuova creazione in Cristo. Come dice S. Giovanni nel testo citato da Moltmann, « Noi siamo ora figli di Dio; infatti non è ancora apparso ciò che saremo, ma noi sappiamo che quando apparirà saremo simili a lui, perché lo vedremo come egli è ».

[13] WALTER KASPER, *Il Dio di Gesù Cristo*, Queriniana, Brescia 1984, pp. 133-141.
[14] *Ibid.*, p. 140.
[15] JÜRGEN MOLTMANN, *Il Dio crocifisso*, Queriniana, Brescia 1984, p. 40.

Capitolo Ottavo

FEDE TRINITARIA E PRASSI

Introduzione

Come *leitmotiv* per questo capitolo, potremmo prendere la famosa obiezione di Immanuel Kant che scrisse, « Dalla dottrina trinitaria presa alla lettera non si può *ricavare assolutamente nulla di pratico* se si crede di capirla ed ancor meno se ci si accorge che essa trascende ogni nostro concetto » [1]. Kant presuppone che la fede trinitaria è una pura teoria che non ha alcuna rilevanza pratica per la vita.

Il tipo di divorzio fra teoria e prassi di cui Kant accusa la teologia cristiana non è solo una cosa seria in se stessa, ma si presenta ancor più grave alla luce della sfida radicale lanciata da Karl Marx, che mostrò che non esiste una teoria veramente neutrale. Secondo Marx le teorie vengono sempre dalla prassi e tornano ad essa. Marx respinse l'approccio idealistico alla teoria e all'azione, secondo cui il filosofo crea un sistema di pensiero e successivamente lo applica ad una soluzione concreta. Marx mostrò che la relazione fra teoria e azione è dialettica. Come spiega Matthew Lamb, la prassi fonda la teoria [2]. Ma la prassi non è azione irriflessa.

Per Marx, la prassi è azione informata dalla teoria e da questa resa cosciente di se stessa. La prassi è attività umana che ha il potere di trasformare la realtà e di renderla più umana. Se la prassi è il fondamento della teoria, ne è anche la meta. Così prassi e teoria sono poste in relazione dialettica: la prassi agisce come correttivo della teoria e quest'ul-

---

[1] Kant, *Der Streit der Fakultäten*, Philosophische Bibliothek, Leipzig, 252, p. 34, come viene citato da Moltmann in *Trinità e Regno di Dio*, Queriniana, Brescia 1983, p. 16.

[2] Vedi Matthew Lamb, « The Theory-Praxis Relationship in Contemporary Christian Theologies », in *Proceedings of the Catholic Theological Society of America*, 31 (1976), pp. 149-178. Vedi anche Charles Davis, « Theology and Praxis », in *Cross Currents*, Summer 1973, pp. 154-168.

tima modificata dalla prassi trasforma la situazione data. Questa relazione dialettica fra teoria e prassi è in continuo sviluppo.

Se applichiamo questa visione alla dottrina cristiana di Dio possiamo dire che questa dottrina o teoria proviene da una prassi concreta. La concezione cristiana di Dio non è caduta dal cielo. Come abbiamo visto, deriva dalla nostra concreta esperienza di Dio in Gesù Cristo, specialmente dal suo mistero pasquale. Questa conoscenza diviene concreta per noi nella prassi del discepolato. Quando noi riviviamo quello che Gesù fece e quello che accadde dopo di lui, specie nel suo mistero pasquale, noi sappiamo che il Dio che fu rivelato in questi eventi è Padre, Figlio e Spirito Santo. In questa prospettiva, tenendo conto della priorità della prassi sulla teoria, J.B. Metz scrive, « La salvezza "per tutti" fondata in Cristo si fa universale non attraverso un'idea, bensì attraverso la forza intelligibile di una prassi, la prassi della sequela » [3].

Ponendosi da questo punto di vista, Metz mette in evidenza che due delle categorie fondamentali della teologia cristiana sono la memoria e la narrazione. Secondo l'interpretazione idealistica della realtà, il reale è il razionale e viceversa. La realtà può essere afferrata solo dalla ragione. Ma la cristianità, in quanto fede storica, non ha mai creduto questo. La cristianità è legata a una libera, gratuita, imprevedibile rivelazione di Dio in Gesù Cristo e nella sua croce. La dottrina cristiana di Dio è perciò sempre legata alla storia di Gesù. Questo fatto indica che la memoria può essere considerata una categoria centrale del pensiero cristiano. La visione cristiana di Dio è radicata nella memoria di Gesù, di quello che egli proclamò e disse, e specialmente nella sua morte e resurrezione. Ma ancora, come Metz mette in evidenza, questa memoria non è staccata dalla realtà. Egli osa definirla una memoria pericolosa, perché ricorda come Dio intervenne nelle vicende umane dalla parte del povero, del reietto e dell'abbandonato da Dio. Dal momento che Dio ha dato la vittoria al Cristo crocifisso, il ricordo di lui minaccia ogni attuale struttura di oppressione, chiamando il povero, il reietto, l'abbandonato da Dio, a sperare in un nuovo futuro che le scritture chiamano Regno di Dio. In questo senso la speranza fondamentale della bibbia può essere chiamata giustamente liberazione e la sua visione può essere anche definita rivoluzionaria. Dio non è dalla parte dello *status quo*. Come dice San Paolo, « le cose vecchie sono passate, ecco ne sono nate di nuove » (2 Cor 5, 17). Cerchiamo di sviluppare in modo più dettagliato la relazione fra la prassi cristiana e la comprensione cristiana di Dio, cominciando, come Metz suggerisce, con la storia di Gesù.

---

[3] J.B. METZ, *La fede nella storia e nella società. Studi per una teologia fondamentale pratica*, Queriniana, Brescia 1978, p. 167.

Gesù come giustizia di Dio

In un articolo in cui pone in relazione Gesù alla giustizia, John Haughey nota che molti cristiani oggi hanno bisogno di re-immaginare Gesù in termini di giustizia [4]. Per far questo è importante anzitutto situare la nostra comprensione della storia di Gesù all'interno della comprensione veterotestamentaria di Dio come Dio della giustizia. Per comprendere l'idea veterotestamentaria di Dio è anche importante non introdurre nella teologia una comprensione limitata di questo concetto in base al quale la giustizia sarebbe il *minimum* dovuto a ogni persona; inoltre non si deve legare l'idea di giustizia alla vendetta e alla punizione. Ci sono almeno due idee centrali che rappresentano il punto critico della comprensione veterotestamentaria del Dio della giustizia. In primo luogo, Dio è il Dio che agisce in favore del suo popolo. Dio libera e riscatta il suo popolo dalla schiavitù nell'esodo dall'Egitto. In secondo luogo Dio entra in una relazione di alleanza legando se stesso a Israele. John Donahue fa osservare che, nell'Antico Testamento, la giustizia può essere descritta come fedeltà alle esigenze di una relazione [5]. Dio manifesta la sua giustizia nell'essere fedele alla sua alleanza. Un certo numero di autori spiega che, per l'Antico Testamento, giustizia è un termine così ampio che equivale alla salvezza offerta e resa efficace da Dio per il suo popolo. Così il popolo dell'Antico Testamento può pregare senza paura affinché Dio faccia giustizia (Sal 82, 3-4), perché questo significa che Dio vendicherà il suo popolo. La giustizia di Dio, allora, è la giustizia salvifica, che ha un rapporto speciale con l'afflitto. Dio manifesta la fedeltà alla sua alleanza curandosi di quelle persone e gruppi che corrono più pericoli di essere sfruttati nell'Israele del tempo: il povero, la vedova, l'orfano, lo straniero. Così non c'è contraddizione tra la giustizia e la grazia di Dio, né tra il Dio della giustizia e il Dio della salvezza. Infatti essi coincidono. Come disse Jose Miguez Bonino, « Dio agisce in modo giusto quando stabilisce e ristabilisce le giuste relazioni, ridando dignità a coloro che hanno visto calpestati i loro legittimi diritti di membri dell'alleanza. Questa azione è l'equivalente di "salvezza". Quando Dio libera Israele, quando protegge i non protetti, quando libera i prigionieri o rivendica il diritto del povero, sta dando prova della sua giustizia » [6]. Quando Gesù iniziò la sua missione, egli associò il suo ministero con la proclamazione del Regno rendendolo presente con segni ed azioni. Questo Regno che Dio annuncia è un Regno di giustizia, ossia un nuovo ordine in cui la condizione umana

---

[4] Vedi JOHN C. HAUGHEY, « Jesus as the justice of God », in *The Faith that does Justice*, edito da John C. Haughey, Paulist Press, New York 1977, pp. 264-290.
[5] JOHN R. DONAHUE, « Biblical Perspectives on Justice », in *The Faith that does Justice*, p. 69.
[6] JOSE MIGUEZ BONINO, *Toward a Christian Political Ethics*, Fortress Press, Philadelphia 1983, p. 85.

segnata dal peccato viene restaurata. La relazione dell'umanità a Dio e le relazioni tra le persone su questa terra diventano rapporti vissuti il volere di Dio. Dio crea una nuova giustizia iniziando di fatto questa sua opera.

Gli evangelisti associano spesso il ministero di Gesù con la giustizia di Dio. Abbiamo già visto nel capitolo terzo come S. Luca leghi la figura di Gesù con Is 61. Nel suo discorso inaugurale Gesù proclama: « Lo spirito del Signore è su di me... Per liberare gli oppressi, per proclamare l'anno di grazia del Signore » (Lc 4, 18-19). S. Matteo associa Gesù con il servo di Is 42: « Ecco il mio servo che io ho scelto... manderò il mio spirito su di lui e proclamerà la giustizia alle nazioni... egli non spezzerà una canna incrinata né spegnerà una lampada debole finché non porterà la giustizia alla vittoria » (Mt 12, 17-21).

Gesù impersonò questo ruolo nel suo ministero identificandosi con i poveri. Secondo le beatitudini, essi sono gli unici in grado di capire il suo Vangelo. Egli castiga i farisei per la loro ipocrisia, poiché usano la religione per sfruttare gli oppressi. A meno che la giustizia dei suoi discepoli non superi quella dei Farisei, essi non entreranno nel regno di Dio. Egli sta insieme ai pubblicani, ai peccatori e ad altri gruppi estremisti come gli zeloti, poiché sono loro quelli che hanno bisogno della grazia di Dio. Come fa notare John Donahue, in questa scelta di ministero da parte del Signore vediamo che la giustizia e la grazia non sono in opposizione ma in accordo paradossale. E Bonino mostra che potremmo riassumere la missione terrena di Gesù in termini di giustizia. Egli scrive: « La missione di Gesù è proclamare ed essere il "vero re" dell'attesa profetica, la cui autorità è esercitata secondo il volere di Dio, che ha cura del povero, che si offre per il suo popolo, che annuncia ed inaugura "l'anno della liberazione di Dio" » [7]. Ma dal momento che Gesù non solo proclama il regno di giustizia di Dio ma lo vive anche nei segni e nelle opere, come ad esempio la sua vicinanza ai peccatori, possiamo dire che egli è l'incarnazione della giustizia e del diritto di Dio. Nella sua vita giunge ad espressione visibile il nuovo ordine delle cose che Dio vuole. Gesù incarnò in modo paradigmatico il governo giusto e liberante di Dio.

Ma dobbiamo approfondire questa riflessione per evidenziare che il paradigma supremo della giustizia salvifica di Dio è il mistero pasquale stesso. In primo luogo, come Moltmann ha ricordato, non possiamo pensare alla morte di Gesù separatamente dalla sua situazione storica. La morte di Gesù non fu un incidente. Il suo identificarsi con i pubblicani lo condusse ad essere rifiutato come bestemmiatore dalle autorità ebraiche. Il suo associarsi con gli zeloti lo condusse ad esser giustiziato come criminale politico. La sua non fu la morte di un martire ma la morte ignominiosa di uno ucciso fuori dalle sacra mura (Eb 13, 13). Infine la

---

[7] *Ibid.*, p. 98.

sua identificazione con i peccatori fu così completa che egli fece propria la condizione dell'abbandono di Dio, morendo con il forte grido, « Mio Dio, mio Dio perché mi hai abbandonato? » (Mc 15, 3).

Nella morte di Gesù ci troviamo di fronte ad una domanda inevitabile e decisiva sia per la dottrina di Dio, sia per la speranza umana. Se quella di Gesù fu una semplice morte sulla croce, se la sua storia è semplicemente una ennesima tragedia di uno che è vissuto per un ideale irraggiungibile, un ideale distrutto dalle forze negative della storia, allora viene meno la speranza di un regno di giustizia, della realtà totalmente nuova predicata da Gesù. In tal senso la morte di Gesù comporta una crisi della speranza umana. O Dio è morto, oppure ha identificato se stesso con il Cristo crocifisso. Per noi credenti, la cui fede è fondata sulla resurrezione, solo questa seconda possibilità è reale. La resurrezione del Cristo crocifisso ci suggerisce la trasformazione della nostra comprensione di Dio. Perché se Gesù è risorto, allora Dio non lo ha abbandonato, piuttosto Dio era al suo fianco e prese le sue difese. Ma questo implica una comprensione più radicale del Dio dell'alleanza. Sulla croce noi vediamo in profondità il significato dell'identificazione di Dio con il povero, l'esiliato, il rifiutato, l'abbandonato da Dio. Ma se Dio si è identificato con il Cristo povero e rifiutato, questa identificazione ha implicazioni radicali per la nostra prassi di discepoli. È a queste implicazioni che ora dobbiamo fare attenzione.

Vivere tra i tempi

La resurrezione di Gesù è il superamento dell'apparente sconfitta della croce. Ma la resurrezione è qualcosa di più. È anche la conferma della sua missione e della sua identità. Gesù è confermato come la giustizia di Dio incarnata. Ma se Gesù durante la sua vita terrena anticipò il regno di Dio, allora la sua resurrezione è la speranza sicura che Dio ci ha destinato alla nuova creazione. È per questa ragione che i primi cristiani attendevano la parusia con un desiderio così vivo. Essi acclamavano: « Vieni, Signore Gesù poiché la resurrezione li aveva resi perfettamente consapevoli del loro stato attuale di alienazione, sofferenza e morte. La resurrezione di Gesù, in primo luogo, ci libera dalla nostra situazione attuale e ci orienta al Regno escatologico di Dio. Ma questa attesa della nuova creazione non è forse una conferma della critica della religione avanzato da Marx, ossia che essa è l'oppio dei popoli che allevia il loro dolore? Non ci distoglie da questo mondo rendendoci passivi di fronte alle grandi sofferenze che segnano la storia?

Si deve accettare l'accusa marxista del cristianesimo nella misura in cui è vero che i cristiani credono che nessuno sforzo umano possa realizzare il

Regno. E neppure possiamo associare il Regno di Dio con una utopia intramondana. In questo senso Rahner non esita a chiamare il Cristianesimo un pessimismo realistico. D'altra parte, teologi come Metz hanno fatto notare che il Cristianesimo offre un salutare antidoto alle prospettive evoluzionistiche basate su un'ambigua idea di progresso. Il Cristianesimo con la sua speranza di una creazione radicalmente nuova prende in considerazione non solo le speranze delle vittime di oggi ma anche quelle delle vittime del passato e lo scarto dell'evoluzione. Nella visione cristiana, con la sua speranza nella resurrezione dei morti, c'è la speranza che tutta la sofferenza delle generazioni passate possa essere redenta. Metz parla di una solidarietà retrospettiva del Cristianesimo con i morti [8].

Ma che dire dell'accusa che il Cristianesimo conduce ad un atteggiamento passivo? Qui si pone in questione il modo di concepire la relazione tra regno di Dio e l'esperienza presente. In altri termini, qual è la relazione tra storia ed escatologia?

Generalmente parlando, penso che si debba dire che ci sono sia continuità che discontinuità tra il Regno di Dio (la nuova creazione) e la storia presente. C'è discontinuità perché il Regno di Dio trascende la storia e nessuno sforzo umano può portarlo a compimento. Ma ci sono anche degli elementi di continuità. La *Gaudium et Spes* ha fatto cenno a questa verità affermando che « benché si debba accuratamente distinguere il progresso terreno dallo sviluppo del Regno di Cristo, tuttavia, nella misura in cui può contribuire a meglio ordinare l'umana società, tale progresso è di grande importanza per il Regno di Dio » (39, 1). Sviluppando questa prospettiva, l'*Istruzione su libertà cristiana e liberazione* nella sua riflessione sulle relazioni tra speranza escatologica e l'impegno per la liberazione temporale, affermava che « Questa distinzione non è una separazione: infatti la vocazione dell'uomo alla vita eterna non elimina, anzi conferma il suo compito di mettere in atto le energie e i mezzi, che ha ricevuti dal creatore per sviluppare la sua vita temporale » [9].

Potremmo chiederci a questo punto se è possibile delineare meglio questa linea di pensiero. A questo scopo trovo utile lo schema proposto da Jürgen Moltmann. Moltmann, rifacendosi ad alcuni tentativi, specialmente nell'ambito della tradizione protestante, di capire la relazione tra la città terrena e quella celeste, suggerisce come modello quella che egli definisce cristologia escatologica [10]. In primo luogo, dal momento che Cristo è risorto, lo Spirito è stato donato al mondo. Con il potere dello Spirito uomini e donne portano avanti l'opera di Gesù annunciando e

---

[8] Vedi DERMOT LANE, *Foundations for a Social Theology, Praxis, Process and Salvation*, Gill and Macmillan, Dublin 1984, p. 81.

[9] *Libertà cristiana e liberazione*. Istruzione della Sacra Congregazione per la dottrina della fede, 22 Marzo 1986, n. 60.

[10] Vedi J. MOLTMANN, *On Human Dignity, Political Theology and Ethics*, SCM, London 1984, pp. 100 ss.

rendendo presente il Regno di Dio nei segni e nelle opere. Lo Spirito conduce gli esseri umani ad anticipare il Regno che viene. Come afferma Moltmann, « queste anticipazioni non sono ancora il Regno di Dio stesso. Ma sono reali mediazioni del Regno di Dio entro le limitate possibilità della storia » [11]. L'altra sezione dello Spirito è creare forze di resistenza contro tutte quelle manifestazioni della morte che distruggono gli esseri umani. Egli scrive: « Ma se Gesù è l'anticipatore di Dio, allora egli deve diventare allo stesso tempo, inevitabilmente, il segno della resistenza ai poteri di un mondo che contraddice Dio e alle leggi di un mondo che è chiuso al futuro » [12]. Nel ministero di Gesù, il Regno di Dio è entrato nella storia in una situazione di conflitto. Sarà così anche per quelli che cercheranno di seguirlo e di far propria la prassi del discepolato. Un esempio concreto di questa situazione di conflitto è rappresentato dalla lotta per eliminare la povertà. Come ha mostrato Gutierrez, ci sono due tipi di povertà: la povertà evangelica di chi svuota se stesso e si apre a Dio e la povertà anti-evangelica che uccide. Il seguace di Cristo è chiamato a schierarsi dalla parte dei poveri contro questo tipo letale di povertà.

Per concludere queste riflessioni sulla comprensione di Moltmann riguardo alla relazione dell'umanità alle due città, noi possiamo notare il suo carattere trinitario. Secondo Moltmann l'azione del cristiano nel mondo è fondata cristologicamente, compiuta pneumatologicamente e orientata escatologicamente. I suoi fondamenti si trovano nell'identificazione di Cristo con i reietti e nell'identificazione del Padre con Gesù nella sua esperienza d'abbandono. Essa è compiuta nello Spirito che crea segni di anticipazione e resistenza. È orientata all'*Escaton*, quando l'opera dello spirito sarà completata e il Figlio restituirà il Regno al Padre, cosicché Dio sarà tutto in tutti.

Si può anche notare che su questo punto c'è un accordo di fondo tra la visione di Moltmann e quella dei teologi della liberazione. Per la teologia della liberazione, il problema chiave della nostra epoca è la crisi della storia e dell'esistenza storica [13]. L'enorme disparità tra ricchi e poveri, il grande numero di vittime della guerra e della fame, il pericolo dell'olocausto nucleare e l'estinzione della razza umana, sollevano il quesito relativo al significato della storia in un modo radicale. Come può la storia avere significato se c'è una sofferenza così grande e tante morti prive di senso? I teologi della liberazione non hanno dubbi sul fatto che la salvezza ultima è trans-storica. Ma qualsiasi tentativo di predicare questa salvezza che trascura l'impegno nella storia diviene facilmente oggetto dell'accusa marxista di ideologia. Così essi affermano che la salvezza diventa concreta

[11] *Ibid.*, p. 109.
[12] *Ibid.*, p. 102.
[13] Per lo sviluppo di questo tema, vedi ROGER HAIGHT, *An Alternative Vision, an Interpretation of Liberation Theology*, Paulist Press, New York 1985, pp. 25 ss.

e reale attraverso una continua partecipazione alle lotte della storia. Come afferma Roger Haight, « la salvezza è operativa come un processo di umanizzazione o liberazione nell'ambito della storia » [14]. O, come sottolinea Sobrino, fede, speranza e carità devono diventare storiche come Dio è diventato storico in Cristo [15]. Così, per ritornare al tema con il quale abbiamo aperto questo capitolo, è solo nella prassi storica della sequela di Cristo che possiamo conoscere Dio.

Trinità, monoteismo e monarchia

Discutendo sulla relazione tra fede cristiana e prassi, abbiamo trattato solo indirettamente del concetto specificamente trinitario di Dio. Questa dimensione, comunque, è divenuta particolarmente importante con la monografia di Erik Peterson, *Monoteismo come problema politico* [16]. Questo piccolo studio ha acquistato un ulteriore rilievo da quando le idee di Peterson sono state incorporate nella teologia politica di Moltmann [17].

Lo studio di Peterson mostrava che c'è stato un forte legame storico tra monoteismo e monarchia. La convinzione religiosa che esiste un solo Dio serviva a sostenere l'idea di un solo governatore politico. Come Dio garantiva l'unità del cosmo, così il monarca garantiva l'unità dello stato. Peterson mostrò come fosse logico che gli ariani, in particolare Eusebio, fossero stati i teologi della corte bizantina. Come Ariani, essi volevano escludere il *Logos* dalla divinità e conservare così una semplice ed indivisibile monarchia. Queste idee, naturalmente, si richiamavano alla figura dell'imperatore. Come afferma Peterson, c'era in questa concezione una perfetta corrispondenza tra l'uno ed unico re nei cieli e l'uno ed unico re sulla terra.

Secondo Peterson, fu il supremo trionfo della chiesa primitiva a rompere con questo tipo di monoteismo. Lo sviluppo della dottrina della Trinità significò la fine di tutta la teologia politica. Non ci si deve collegare alla ideologia religiosa per sostenere il governo dello stato. La cristianità non deve mai entrare in una facile alleanza con i governanti di questo mondo.

Come devono essere valutate le idee di Peterson? Penso che ci sia bisogno di un giudizio sfumato. È certamente da criticare l'idea che il carattere trinitario di Dio sia, come tale, una difesa contro i sistemi politici dispotici. In linea generale, la storia non dà alcuna testimonianza del fatto che la cristianità sia stata una forza critica di fronte ai sistemi

---

[14] *Ibid.*, p. 42.

[15] JON SOBRINO, *Christology at the Crossroads*, SCM, London 1978, p. 392.

[16] E. PETERSON, *Monotheismus als Politisches Problem*, Hegner, Leipzig 1935; trad. it.: *Il monoteismo come problema politico*, Queriniana, Brescia 1983.

[17] Vedi J. MOLTMANN, *Il Dio crocifisso*, Queriniana, Brescia 1984, pp. 371 ss. Vedi anche J. MOLTMANN, *Trinità e Regno di Dio*, Queriniana, Brescia 1983, pp. 141 ss., 211 ss.

politici. Ci si potrebbe anche chiedere se il monoteismo della religione profetica non sia una garanzia sufficiente contro il dispotismo politico e contro lo sfruttamento della religione da parte del potere politico [18]. Spesso nell'Antico Testamento i profeti mostravano una riserva critica nei confronti del valore ambiguo della monarchia.

Comunque, Peterson ha dato un importante contributo dimostrando che è la dimensione escatologica del cristianesimo che rende impossibile qualsiasi identificazione assoluta fra Dio e i regni terreni. La speranza escatologica cristiana rende provvisori tutti i poteri politici.

L'altro punto significativo da considerare è che, sebbene i cristiani confessino Gesù come re e messia, questa confessione si basa sul mistero pasquale. Gesù è re in virtù della sua resurrezione, e il Sal 110 (un salmo regale) venne applicato frequentemente alla resurrezione di Gesù. Ma non si può dimenticare che questo regno è legato alla sua croce. Gesù giunge alla sua Signoria attraverso il mistero della croce e anche nella sua condizione di risorto egli porta per sempre i segni della passione nel suo corpo. Perciò, per un cristiano, è impossibile separare il regno di Cristo dalla sua passione. Questo fu il tragico errore commesso dai cristiani nel passato, quando Cristo *pantocrator* era ritratto secondo il modello dell'imperatore. Come osserva Moltmann, « La gloria del Dio Uno e Trino non si riflette sulle corone dei re e trionfi dei vincitori, ma sul volto del Crocifisso e sul volto degli oppressi, dei quali egli è diventato fratello » [19]. La croce ci sfida a ripensare il significato della Signoria di Dio. È vero che Dio è Signore ed onnipotente, ma non possiamo fare riferimento a nessuna comprensione *a priori* della Signoria per chiarificare la natura della sua onnipotenza. Piuttosto dobbiamo pensare gli attributi di Dio nei termini del suo automanifestarsi. Questo Dio diventa il padre che identifica se stesso con il suo Figlio crocifisso e rifiutato, e riversa il suo Spirito dalla croce come fonte di speranza per quelli che, sulla terra, sono riconosciuti come gli abbandonati da Dio.

Identificazione cristologica

La chiave per la comprensione della prassi cristiana è l'identificazione cristologica. Dio si è identificato con Gesù che stava dalla parte del povero, dell'emarginato e dell'abbandonato da Dio. Ma dov'è che il cristiano trova la presenza di Cristo nel mondo? La risposta chiara della Scrittura, come viene attestato nella parabola del giudizio finale in Mt 25, è che il cristiano trova Cristo nel più piccolo dei suoi fratelli.

[18] Vedi la critica di G. Ruggieri nell'introduzione all'edizione italiana dello studio di PETERSON, *Il monoteismo come problema politico*, Queriniana, Brescia 1983, p. 21.
[19] J. MOLTMANN, *Trinità e Regno di Dio*, Queriniana, Brescia 1983, p. 212.

Una delle prime caratteristiche da notare su questa parabola è il suo carattere apocalittico. È una scena del giudizio finale: Gesù è ritratto come il Figlio dell'Uomo che viene per giudicare. John Donahue sottolinea [20] che le scene apocalittiche rivelano valori trascendenti che dovrebbero essere presenti prima del giudizio finale. Il messaggio della parabola è che le azioni concrete di amore verso i bisognosi rappresentano la risposta che Dio desidera e il criterio del suo giudizio.

Alcuni commentatori si sono riferiti al carattere cristologico di questa parabola [21]. Abbiamo già indicato che Gesù è chiamato Figlio dell'Uomo ma è anche ritratto come re o messia. Nell'Antico Testamento il re d'Israele impersonava gli attributi di Dio e abbiamo visto che per Israele Dio era un Dio di giustizia, soprattutto nei confronti del povero, l'oppresso e l'emarginato. Proprio perché Gesù era la giustizia di Dio incarnata, i suoi discepoli saranno giudicati sulla base della loro prontezza a seguirlo nel vivere la sua nuova giustizia.

Il carattere che più colpisce in questa parabola è l'identificazione di Cristo con il più piccolo dei suoi fratelli. Come dice Moltmann, l'elemento centrale della parabola è la presenza del giudice che viene e che è ora nascosto nel povero. Così il punto critico per i seguaci di Gesù non è il volerlo seguire, ma il possedere occhi capaci di vedere dove egli è presente. Donahue osserva che i condannati nella parabola « sapevano ciò che la giustizia richiedeva; solo che non sapevano riconoscere dove tali richieste potevano essere riscontrate. Nella scena è l'emarginazione e la sofferenza nel mondo che rivela il luogo dove il Figlio dell'Uomo, Signore e Giudice, è, per così dire, nascosto nel mondo. La parabola è un monito ai cristiani di tutti i tempi affinché essi scoprano non solo che cosa significhi agire con giustizia, ma anche il luogo dove tale giustizia deve essere realizzata » [22].

Quest'ultimo punto, il luogo della giustizia, ci conduce a chiederci chi siano i più piccoli tra i fratelli del Cristo. Sono i Cristiani sofferenti e perseguitati, oppure la parabola fa riferimento a tutti quelli che soffrono nell'anonimato la povertà e la sofferenza? Donahue sostiene [23] che nel contesto del vangelo di Matteo l'autore fa riferimento ai Cristiani sofferenti e perseguitati. Se leghiamo Mt 25 e Mt 28, dove il Signore dà ai discepoli l'incarico di predicare il vangelo a tutte le nazioni, diventa chiaro che il giudizio finale non avverrà finché il vangelo non sarà stato predicato al mondo intero. Matteo scrive per una chiesa missionaria e la

[20] JOHN DONAHUE, « The Parable of the Sheep and the Goats: a Challenge to the Christian Ethics », in *Theological Studies*, 47 (Marzo 1986), p. 24.

[21] In aggiunta a Donahue, Moltmann evidenzia il carattere cristologico della parabola. Vedi *La Chiesa nella forza dello Spirito. Contributo per un'ecclesiologia messianica*, Queriniana, Brescia 1976, pp. 171-176.

[22] J. DONAHUE, « Biblical Perspectives on Justice », in *The Faith that does Justice*, p. 105.

[23] Vedi « The Parable of the Sheep and the Goats: a Challenge to Christian Ethics », pp. 25 ss.

sua testimonianza al vangelo è in parte indirizzata a preparare i destinatari a soffrire rifiuto e persecuzioni. Donahue mostra anche che le sofferenze del più piccolo dei fratelli di Cristo sono decisamente simili alle sofferenze apostoliche che Paolo dovette sopportare per il vangelo e che egli descrive a lungo specialmente nella seconda lettera ai Corinzi.

Comunque, Donhaue ci mette in guardia dall'interpretare questa parabola in modo angusto e settario. L'etica proposta nella parabola è l'etica del discepolato. Proprio come Cristo si identificò con il povero e con il reietto, così ogni vero discepolo deve operare la stessa identificazione e deve essere pronto a fronteggiare la stessa ostilità. Le sofferenze che i cristiani devono sopportare come risultato della loro testimonianza degli atti di amore ai bisognosi, sono prova di autentico discepolato. I cristiani vivono nel tempo. Nel giudizio finale Dio vendicherà la sua chiesa delle sofferenze subite dai discepoli. Nel frattempo, i volti del povero e del sofferente rivelano al credente la presenza del giudice finale che sta per venire. Il servizio ai bisognosi costituisce sia il criterio del giudizio finale che la misura dell'autenticità della chiesa nel proclamare la volontà di Dio per tutti i popoli.

Principi di prassi cristiana

Per completare questo capitolo sarà utile fare cenno ad alcuni principi di prassi cristiana nella loro relazione a Dio che si rivela nella vita, morte e resurrezione di Gesù di Nazareth.

Il primo principio potremmo definirlo come il valore trascendente della persona. *Gaudium et Spes* enuncia questo principio in modo sintetico e riuscito quando afferma, « Con l'incarnazione il Figlio di Dio si è unito in un certo modo ad ogni uomo » (22, 1). Lo stesso documento continua affermando che « la chiesa è insieme il segno e la salvaguardia del carattere trascendente della persona umana » (76, 1). Credo sia importante sottolineare il valore della parola « trascendente ». Non c'è dubbio alla luce di ciò che abbiamo già visto, che la chiesa di Cristo debba interessarsi alla realizzazione globale degli esseri umani. La salvezza non può essere ristretta ad una cosiddetta sfera religiosa. Dio vuole salvare la persona nella sua totalità. Allo stesso tempo, l'interesse per la globalità della persona implica anche l'interesse per la sua trascendenza. L'essere umano non può essere mai soddisfatto con qualcosa che non sia Dio stesso. La liberazione nella sfera economica è incompleta se non apre la persona a quel Dio che trascende la pienezza puramente intramondana. Come disse Paolo VI nella *Evangelii nuntiandi*, la salvezza definitiva è trascendente ed escatologica e consiste nella comunione con Dio in eterno. Egli scrisse: « La liberazione non può limitarsi alla semplice e ristretta dimensione economica, politica, sociale o culturale, ma deve mirare all'uomo intero, in ogni sua dimensione, compresa la sua apertura verso l'assoluto, anche l'assoluto di Dio » (33, 1).

Quello che si richiede è dunque ciò che Donal Dorr definisce come umanesimo integrale [24]. Questo tipo di umanesimo rifiuta di dividere l'essere umano in due scompartimenti, quello spirituale e quello temporale, che sono opposti l'uno all'altro. Piuttosto un umanesimo integrale rispetta il valore del sociale, dell'economico, del politico e del culturale e li vede come contributo alla volontà del Regno di Dio. Allo stesso tempo il cristianesimo ricorda agli esseri umani che il loro destino è al di sopra di tutte queste cose, nel Dio trascendente.

Un secondo principio è il carattere sociale della persona. Una delle più rilevanti eredità negative dell'Illuminismo è l'idea del soggetto come un individuo privato. Secondo il pensiero illuminista, la persona è un auto-possesso, un auto-disporsi, è un centro d'azione che si isola dalle altre persone. Questo conduce a considerare il « commerciabile » come l'unico valore sociale. Tutti gli altri valori diventano puramente privati. Una tale visione della persona come elemento puramente funzionale e produttivo è però incompatibile con l'identificazione cristologica di Dio con il povero e il reietto.

Sia sul campo filosofico che in campo teologico, si può sostenere che non esiste un soggetto umano che non sia costituito come sociale. Molti filosofi hanno mostrato che l'Io si sviluppa solo in una situazione dialogica, lì dove è chiamato ad essere da un Tu [25]. Perciò non si dà la situazione in cui c'è prima un soggetto pienamente costituito che successivamente si pone in relazione con gli altri. Piuttosto il soggetto stesso è essenzialmente sociale. Da un punto di vista teologico la ragione più profonda che spiega la socialità dell'essere umano è che la persona è creata ad immagine della Trinità, la comunità perfetta, dove le tre persone divine esistono in una eterna autodonazione. La *Gaudium et Spes* fa riferimento a questa verità quando afferma che c'è una tale somiglianza tra la comunità divina e la comunità umana che la persona è precisamente quell'essere che si realizza solo donandosi. I Padri conciliari scrissero: « Anzi, il Signore Gesù, quando prega il Padre, perché "tutti siano una cosa sola come anche noi siamo una cosa sola" (Gv 17, 21-22), mettendoci davanti orizzonti impervi alla ragione umana, ci ha suggerito una certa similitudine

---

[24] Dorr usa questo termine per descrivere la visione di Papa Giovanni Paolo II. Vedi DONAL DORR, *Option for the Poor, a Hundred Years of Vatican Social Teaching*, Gill and Macmillan, Dublin 1983, p. 260.

[25] Si potrebbe fare riferimento a pensatori come Ebner, Rosenstock, Buber e George Hebert Mead. Il recente lavoro di PANNENBERG, *Antropologia in prospettiva teologica*, Queriniana, Brescia 1987, ha analizzato attentamente la costituzione sociale dell'io. Vedi anche BERNARD CASPER, *Das Dialogische Denken, Eine Untersuchung der religionphilosophischen Bedeutung Franz Rosenzweigs, Ferdinand Ebners und Martin Bubers*, Herder, Freiburg, Basel, Wien 1967.

tra l'unione delle persone divine e l'unione dei figli di Dio nella verità e nella carità. Questa similitudine manifesta che l'uomo, il quale in terra è la sola creatura che Iddio abbia voluta per se stessa, non possa ritrovarsi pienamente se non attraverso un dono sincero di sé (24, 2). In questi campi, filosofico e teologico, i teologi contemporanei sottolineano la costituzione sociale della persona e la dimensione sociale della libertà umana. Questa visione della persona ci conduce alla prassi della solidarietà che è il terzo principio che richiede qualche chiarimento.

Solidarietà è una parola che richiama la vocazione di fondo dell'umanità all'unità e alla comunione. Per un cristiano questa solidarietà è legata alla narrazione e alla memoria. Il cristiano ricorda la storia di Gesù e dell'identificazione di Dio con i piccoli e gli oppressi. Sulla base di questa memoria il cristiano vuole essere solidale con tutte quelle vittime con cui Dio si è identificato in Cristo. J.B. Metz afferma che, « La fede dei cristiani è una prassi della storia e della società, una prassi che s'intende come speranza solidaristica in Dio come nel Dio dei vivi e dei morti, che tutti chiama ad essere soggetti al suo cospetto » [26].

La parola solidarietà ha il vantaggio che le sue caratteristiche sono decisamente positive. Essa accentua la vocazione umana alla comunione. In questo contesto è bene ricordare che è nella solidarietà che si vede il vero significato della libertà. Moltmann ha fatto notare come troppo spesso nel pensiero occidentale la libertà sia stata compresa come predominio su altri. Io sono libero nella misura in cui posso controllare altre persone. Questa concezione della libertà conduce alle moderne teorie individualistiche relative all'io e alla comprensione della società basata sulla competizione. Ma c'è un'altra comprensione della libertà secondo cui l'ideale della libertà è l'amicizia. L'amicizia esiste quando il rapporto è segnato da affetto e rispetto. Hegel sosteneva che l'amicizia è il concetto concreto di libertà. In questo contesto, Moltmann scrive, « Fino a quando libertà significherà *potere*, per dominare si dovrà separare, isolare, dividere e distinguere ogni cosa. Quando invece libertà significa *comunione*, si sperimenta l'unificazione di tutte le cose separate » [27]. Noi abbiamo già visto che Dio ha ridefinito l'idea di signoria identificandosi con Cristo crocifisso. Dio ha voluto la sua Signoria divenendo servo di tutti. E in Cristo Dio ci ha chiamato alla libertà dell'amicizia: « Non vi chiamo più servi, perché il servo non sa quello che fa il suo padrone; ma vi ho chiamati amici perché tutto quello che ho ascoltato dal Padre ve l'ho fatto conoscere » (Gv 15, 15).

Qual è lo scopo di questa solidarietà? Metz ha detto che è sia universale che parziale. È uno scopo universale nel senso che Dio ha chiamato

---

[26] J.B. METZ, *op. cit.*, p. 81.
[27] J. MOLTMANN, *Trinità e Regno di Dio*, Queriniana, Brescia 1983, p. 231.

tutti gli uomini e le donne alla comunione e all'amicizia. Ma alla luce della memoria della storia di Gesù, la solidarietà cristiana abbraccia in modo speciale la sofferenza del mondo e le vittime dell'oppressione. Ma anche qui la solidarietà cristiana è universale. Essa abbraccia anche i morti, tutte le vittime della storia umana segnata dalla miseria, e fa sì che essi siano inclusi nella speranza della nuova creazione e nella venuta del regno di giustizia. Allo stesso tempo la solidarietà cristiana è particolare. Non rimane un amore astratto dell'umanità ma si identifica pienamente con i poveri e i sofferenti.

Si potrebbe anche notare che solidarietà è una parola attiva. In realtà, solidarietà indica in primo luogo identificazione con gli altri, ma indica anche la continua lotta per liberare il mondo dalla sofferenza, per combattere le forze della morte e liberare gli oppressi dalle ingiustizie. La solidarietà, perciò, implica un affidarsi al processo continuo di liberazione. La parola solidarietà gioca un ruolo importante nel magistero sociale di papa Giovanni Paolo II come è testimoniato nella *Laborem Exercens*, la sua lettera enciclica sul lavoro (vedi num. 8, 1; 8, 3 s.). Donal Dorr fa notare che nel pensiero del papa la solidarietà gioca un ruolo simile a quello della lotta di classe nel pensiero marxista[28]. Giovanni Paolo II rifiuta il concetto di lotta di classe perché è basato sulla filosofia della violenza. La sua antropologia filosofica è troppo negativa. Secondo Giovanni Paolo II la solidarietà non implica la lotta di un gruppo di persone o di una classe contro un'altra. Allo stesso tempo, come ho indicato sopra, solidarietà è una parola attiva. Essa implica una lotta per la giustizia. Il papa considera la possibilità di una reazione giustificata dei lavoratori contro un sistema di ingiusto sfruttamento. Solidarietà è dunque una parola che dà senso alla legittima opposizione e al confronto e allo stesso tempo fa presente che l'obiettivo ultimo di una tale lotta è l'unità e la comunione.

Come quarto principio vorrei enunciare la tesi che « l'impegno per la giustizia è un elemento o forma costitutivo ed intrinseco della fede cristiana »[29]. Questo principio ha ricevuto una approvazione ufficiale dalla chiesa cattolica nella dichiarazione del Sinodo dei Vescovi del 1971, *La giustizia nel mondo*, dove i vescovi dichiarano: « L'agire per la giustizia e il partecipare alla trasformazione del mondo ci appaiono chiaramente come dimensione costitutiva della predicazione del vangelo, cioè della missione della chiesa per la redenzione del genere umano e la liberazione da ogni stato di cose oppressivo » (n. 6). La prima osservazione da fare su questa dichiarazione riguarda la parola « costitutivo ». I vescovi legano in tal modo la lotta per la giustizia con la fede che non c'è una fede autentica senza un impegno corrispondente per creare condizioni di giustizia. Questa idea è in linea con la nostra riflessione iniziale su teoria e

---

[28] DORR, *op. cit.*, p. 245.
[29] HAIGHT, *op. cit.*, p. 79.

prassi. Il Cristianesimo è una forma di prassi di liberazione nel mondo. Senza questa prassi, la fede diventa ideologia. Attraverso una fede autentica, comunque, si arriva a conoscere Dio completamente quando si scopre la sua presenza nei volti sofferenti di quei fratelli e sorelle del Cristo che sono vittime delle varie forme di sfruttamento.

Il secondo punto da notare è la relazione all'amore e alla giustizia. Nello stesso documento del 1971, il Sinodo dei Vescovi dichiara: « l'amore cristiano del prossimo e la giustizia non possono essere separate tra loro. L'amore, infatti, implica una assoluta esigenza di giustizia, ossia il riconoscimento della dignità e dei diritti del prossimo » (n. 34). Roger Haight sviluppa questo punto quando spiega che la giustizia non è un'aggiunta dell'amore, ma piuttosto la sua mediazione, la struttura attraverso la quale l'amore diventa operativo nel mondo. Haight continua spiegando che la giustizia ha un valore ontologico poiché giustizia significa rispondere alle realtà per quello che sono. Dal momento che abbiamo già parlato dell'impegno del cristiano per il valore trascendente di ogni persona e per la libertà come meta della solidarietà umana, la giustizia può essere vista come la forma d'amore che corrisponde all'uguaglianza, alla dignità e alla libertà della persona. Ma anche qui questa giustizia non può essere compresa in senso privato o individualistico ma deve essere incarnata nelle strutture sociali della realtà. Nel mondo di oggi sono spesso le strutture sociali a causare le ingiustizie più gravi.

Come ultimo principio possiamo enunciare la tesi che « la misericordia completa il senso della giustizia impedendole di rinchiudersi nel cerchio della vendetta » [30]. Questo principio è stato sviluppato con molta attenzione da Papa Giovanni Paolo II nella sua lettera enciclica, *Dives in Misericordia*, dove il Papa medita sulla parabola del figlio prodigo (vedi i numeri 5 e 6). Se il padre della parabola si fosse limitato alla semplice giustizia, avrebbe ridotto il figlio allo stato di un servo assunto come gli altri. Ma il padre rimane fedele alla sua vocazione e restituisce al figlio la sua dignità di figlio. A motivo della misericordia del padre, l'umanità perduta del figlio viene ritrovata. Questo ci fa comprendere che la norma della giustizia, presa come assoluta, è troppo ristretta. Essa deve rimanere aperta al dono di grazia. Ciò che lega colui che usa misericordia a colui che ha violato la giustizia è la loro comune umanità. Chi ha ricevuto il perdono non si sente umiliato. Piuttosto, la sua umanità assume di nuovo il suo valore. Come il Papa fa notare, (n. 12, 2), l'affermazione che la carità trascende la giustizia non toglie nulla al valore della giustizia né minimizza il significato dell'ordine basato su di essa, ma piuttosto il carattere trascendente della carità indica che lo spirito umano da cui deriva la giustizia contiene risorse di umanità ancor più profonde.

[30] *Libertà cristiana e liberazione*. Istruzione della Sacra Congregazione per la dottrina della fede, 22 Marzo 1986, n. 57.

Conclusione

Dietro lo sviluppo di questo capitolo c'era l'acuta obiezione di Kant che la fede nella Trinità non ha conseguenze pratiche per la vita umana. Lo scopo dell'argomentazione è stato quello di mostrare che le cose stanno diversamente, dal momento che la visione cristiana di Dio è radicata nella storia di Gesù. Il cristianesimo vive della memoria di un uomo in cui è apparsa la nuova giustizia di Dio, un uomo che si è identificato con i poveri e gli emarginati fino al punto di morire sulla croce abbandonato da Dio. Ma la resurrezione ha rivelato che Dio ha fatto propria l'identificazione di Gesù. Conoscere Gesù e il Dio che egli chiamava Padre è dunque possibile solo attraverso lo Spirito di Gesù inviato dalla croce, Spirito che pone l'uomo nel cammino del discepolato. Solo servendo il più piccolo dei fratelli di Cristo si può riconoscere la presenza di Dio in questo mondo ed essere considerati degni di entrare nel Regno quando il Cristo umiliato verrà nella gloria come il Figlio dell'Uomo in trionfo.

Capitolo Nono

LA PREGHIERA TRINITARIA

Introduzione

Pietro Faber, uno dei primi compagni di Sant'Ignazio di Loyola, ha definito la preghiera cristiana in questo modo: chiedere al Padre per il Figlio nello Spirito. Alla luce delle nostre riflessioni tale definizione non è sorprendente, poiché abbiamo visto che la struttura essenziale della rivelazione e della fede cristiana è trinitaria. Nel secondo capitolo, abbiamo mostrato come la fede, in quanto risposta alla rivelazione, corrisponda alla struttura trinitaria della rivelazione stessa. La fede, abbiamo visto, non è solo un atto dell'intelletto, ma risposta dell'intera persona, un atto esistenziale di affidamento fiducioso attraverso il quale si risponde alla rivelazione di Dio in Cristo. La fede ci permette di partecipare a quest'evento di rivelazione e in questo modo noi possiamo condividere la vita divina. Solo Dio può rendere possibile la fede, dal momento che solo Dio ci divinizza. Pertanto la fede è resa possibile dall'azione dello Spirito Santo in noi.

Credo che la relazione tra fede e preghiera sia come la relazione tra l'implicito e l'esplicito. Attraverso il battesimo vengo reso partecipe della vita trinitaria, e di giorno in giorno, cercando di esplicitare il mio affidarmi a Dio da cristiano, sto implicitamente attualizzando la mia fede. La mia vita nel mondo è orientata ad essere un sacrificio di preghiera al Padre, attraverso il Figlio, nello Spirito Santo (Rm 12, 1). Comunque, questa adorazione vissuta viene ad esplicitarsi nella mia preghiera, sia essa la preghiera liturgica della chiesa o la mia preghiera personale. Un'analogia che sicuramente può aiutarci è quella della relazione tra l'amore umano e la sua espressione concreta, corporea. La riflessione sull'essere umano nel mondo mostra che la soggettività umana non esiste in modo disincarnato. Posso essere un soggetto che si esprime nel mondo solo attraverso azioni concrete, segni e gesti. Al di là di queste concretizzazioni di me stesso, io non posso esistere né posso farmi conoscere agli altri. Quando amo un'altra persona, quest'amore desidera esprimersi naturalmente in segni e gesti. Un marito può amare sua moglie, può offrirsi a lei ed essergli fedele, senza mai baciarla. Due sposi possono impegnarsi l'uno con l'altro senza relazioni fisiche. Ma i gesti umani e corporei rendono concreto il loro amore. Il linguaggio del corpo non solo esprime il loro amore, ma attraverso l'espressione corporea il loro amore è approfondito ed intensificato. Così è per la preghiera.

Non mi sembra giusto chiedere perché una persona deve pregare. Non ritengo opportuno domandare perché la preghiera è necessaria. La preghiera è una conseguenza spontanea della vita di fede. Il primato è sempre della rivelazione di Dio. La sua offerta di se stesso in Gesù Cristo e il nostro arrenderci ad essa è resa possibile dallo Spirito. Questo atto di fede, comunque, si esprime inevitabilmente nel linguaggio della preghiera. Io non posso che esplicitare ciò che accade al livello più profondo del mio essere. La dimensione di fede della mia vita si esprime nei segni e gesti di adorazione e nel linguaggio della preghiera.

La struttura trinitaria della preghiera cristiana

Può essere utile riflettere per un momento sul fatto che la preghiera cristiana è, nella sua natura più intima, radicalmente trinitaria. Hans Urs von Balthasar è stato uno degli scrittori spirituali di questo secolo che ha meglio sottolineato questo punto. Fin dal suo primo magistrale lavoro sulla contemplazione cristiana del 1957, egli ha dimostrato che la nostra capacità di contemplazione è fondata nel Padre, nel Figlio e nello Spirito Santo[1]. Secondo Balthasar ci devono essere almeno due condizioni perché sia possibile la preghiera: che il Dio eternamente nascosto si apra alla persona umana e che la persona si apra a Dio. La sua ultima opera sulla meditazione cristiana (1984), inizia con questa frase: « Il problema assolutamente decisivo è se Dio ha parlato – ossia se ha parlato di se stesso e del suo scopo nel creare il mondo e l'umanità – o se l'Assoluto rimane in silenzio al di là delle parole del mondo »[2]. L'elemento decisivo sta nel fatto che Dio ha parlato. Dio si è rivolto a noi e la persona umana è creata da Dio come essere dialogico. L'essere umano è creato da Dio come interlocutore. La fede è accogliere la parola di Dio. Questa accoglienza diviene esplicita nel linguaggio della preghiera. Se mi rendo conto di ciò che sono realmente (il partner nel dialogo con Dio) sarò portato a dispormi spontaneamente in preghiera di lode e ringraziamento.

[1] Vedi Hans Urs von Balthasar, *La preghiera contemplativa*, Jaca Book, Milano 1982, capitolo secondo.
[2] Hans Urs von Balthasar, *Christlich Meditieren*, Herder, Freiburg 1984, p. 7.

Balthasar riflette a lungo su come questo discorso di Dio e la risposta umana ad esso riflettano l'essere trinitario di Dio. Il Padre è l'origine e la fonte ultima di questo dialogo. Egli è principio ultimo di libertà e di elezione. Nell'ambito della Divinità, il Padre è il puro rivolgersi, cosicché egli si esprime perfettamente come Parola. L'Io del Padre trova risposta perfetta nel Tu del Figlio. In ogni modo, il dialogo che il Padre inizia all'interno della vita divina non è chiuso in se stesso. È essenzialmente aperto, aperto all'umanità, aperto al tempo e alla storia.

Nell'eterna libertà del Padre, Dio si determina come Dio degli uomini e delle donne, come nostro Dio. L'elezione eterna del Figlio include la nostra elezione. Come troviamo nella lettera agli Efesini: « In Cristo egli ci ha scelti prima della creazione del mondo, per essere santi e immacolati al suo cospetto nella carità, predestinandoci ad essere suoi figli adottivi per opera di Gesù Cristo secondo il beneplacito della sua volontà. E questo a lode e gloria della sua grazia, che ci ha dato nel suo Figlio diletto; nel quale abbiamo la redenzione mediante il suo sangue, la remissione dei peccati secondo la ricchezza della sua grazia » (Ef 1, 4-7). Il padre è eternamente aperto a noi. Egli non vuole rimanere un Dio nascosto ma desidera mostrarci il suo volto. Quello che ci deve dire è reso visibile nel Figlio. Il quarto vangelo riflette con particolare attenzione su questa verità. Alla fine del Prologo, l'evangelista scrive: « Nessuno ha mai visto Dio; ma solo il Figlio, che è nel cuore del Padre, ce lo ha fatto conoscere » (Gv 1, 18). Il verbo greco *esegésato*, che l'evangelista impiega in questo versetto, è molto interessante. Letteralmente vuol dire che il Figlio è l'esegesi del Padre, il Figlio interpreta il Padre per noi. Con Balthasar possiamo dire che il Figlio è la mediazione tra il Padre e noi. Senza questa mediazione non abbiamo accesso al Padre. D'altra parte, a causa dell'identità fra la Parola che Gesù ci indirizza e la sua persona, tutto il suo essere si presenta come rivelatorio. In ogni dimensione del suo essere egli è Parola, espressione del Padre. Così non c'è nulla nel Figlio, nessuna parola o gesto, che non riguarda il Padre. Come Gesù dice, nel quarto vangelo: « chi vede me vede il Padre » (Gv 14, 9).

Questo è un punto importante, sottolineato dai teologi contemporanei come Karl Rahner e Balthasar. Rahner afferma che l'umanità di Cristo ha un significato permanente per la fede[3]. Il nostro viaggio al Padre è sempre mediato dal Figlio, dal Figlio nella sua umanità. L'umanità che Gesù ha assunto nella incarnazione, non è stata abbandonata nella resurrezione e nella ascensione. Gesù è glorificato alla destra del Padre nella sua umanità. Rahner conclude che persino nella visione beatifica noi vedremo Dio attraverso l'umanità di Gesù. Balthasar afferma che qui si comprende

---

[3] Karl Rahner, « Il significato perenne dell'umanità di Gesù nel nostro rapporto con Dio », in *Saggi di cristologia e mariologia*, Paoline, Roma 1965, pp. 239-258.

qual è lo sfondo su cui sviluppa la contemplazione cristiana e il segno distintivo della preghiera cristiana. La preghiera cristiana è resa possibile dalla Parola e rimane legata ad essa.

A questo punto occorre distinguere quali sono i vari significati della parola di Dio. Naturalmente la Parola di Dio, nel suo significato originario, è Gesù Cristo stesso. Per un cristiano, la preghiera è diretta al Padre essenzialmente attraverso questa Parola. Un altro significato importante della Parola di Dio è la scrittura. Come dice Karl Barth [4], la scrittura è Parola di Dio in senso derivato. La scrittura non può essere identificata direttamente con la rivelazione, ma la scrittura è ispirata, e dunque Dio può parlarci attraverso questa Parola. In questo senso la scrittura può essere per noi rivelazione. Il Concilio Vaticano II cita la frase di S. Girolamo secondo cui l'ignoranza della scrittura è ignoranza di Cristo [5].

Il Concilio voleva superare una pietà sacramentale unilaterale enfatizzando il fatto che la Chiesa riceve il pane di vita sia dalla mensa della Parola che da quella eucaristica. Il Concilio sviluppa questo pensiero affermando che le scritture ispirate rivelano la Parola di Dio senza mutarla [6]. In questo senso un modo per comprendere la preghiera sarebbe quello di intenderla semplicemente, come ricettività alla Parola. La preghiera non è, primariamente, una attività o una prassi, ma fondamentalmente ricettività. La preghiera è un aprire il cuore ad accogliere la Parola di Dio. La storia del dialogo di Dio con il suo popolo è un grido continuo sentito nel profondo del cuore, « Se oggi sentite la sua voce, non indurite i vostri cuori » (Sal 95, 7-8). Il culmine della *historia salutis* è l'offerta della Parola di Dio nell'incarnazione. Dio incontra la preghiera perfetta nel *fiat* di Maria. Il suo sì a Dio, la sua ricettività, è stato un aprire il proprio grembo a ricevere il seme della Parola di Dio. Alcuni teologi, come Balthasar, sottolineano che ogni preghiera è strutturata essenzialmente secondo questo modello di accoglienza che vediamo realizzato in Maria. Un altro simbolo di questa profonda verità lo troviamo nella storia di Marta e Maria in Lc 10. Origene fu il primo a vedere in questa narrazione una parabola della vita attiva e contemplativa. Comunque, è probabilmente più giusto dire che Luca non vuole elogiare la vita contemplativa ponendola un gradino più in alto rispetto a quella attiva. L'unica cosa necessaria è ascoltare la Parola di Dio. La Maria di questo racconto, è elogiata perché sta ascoltando la Parola di Dio e secondo Luca tale ascolto è indispensabile sia per le persone attive che per le cosiddette contemplative. Come Gesù sottolinea nel capitolo 8 del vangelo di Luca: « Mia madre e i miei fratelli sono quelli che ascoltano la Parola di Dio » (Lc 8, 21).

---

[4] Vedi KARL BARTH, *Church Dogmatics* I, 1, T. and T. Clark, Edimburgh 1957, n. 4.
[5] *Dei Verbum*, n. 25.
[6] *Ibid.*, n. 21.

Prima di abbandonare questo argomento, credo sia importante notare l'insistenza di Balthasar nell'affermare che la vita del cristiano sotto la parola di Dio, è ciò che distingue la preghiera cristiana da tutti gli altri tipi di preghiera.

Questa affermazione è una conseguenza naturale del fatto che c'è un solo fondamento dell'esperienza cristiana, e questo fondamento è che Dio ha parlato. Pertanto Dio si trova sempre nella sua Parola e questa Parola non può mai essere trascurata.

Trascurare la Parola di Dio è il pericolo comune a tutti i tipi di misticismo. Ci sono molti tipi di misticismo naturale; per esempio, alcune tradizioni mistiche delle religioni orientali che cercano un unione con l'essere, la realtà o il nulla (o qualsiasi altra parola si usi per descrivere questa aspirazione umana), che fa passare in secondo piano tutte le realtà mondane e nel quale l'Io si dissolve. Anche nella tradizione cristiana, sotto l'influsso di alcune tradizioni filosofiche, l'obiettivo della preghiera è stato talvolta identificato con il cadere in un abisso senza nome. Secondo questa interpretazione la più alta preghiera e l'unica vera esperienza di Dio è la *via negativa*. Il cristianesimo, comunque, è una fede fondata sulla incarnazione e perciò, come abbiamo visto, qualsiasi preghiera che pensa di poter trascurare la parola di Dio, non è autentica.

Per alcune pagine abbiamo sottolineato il carattere cristologico della preghiera, e questo è naturale. In ogni modo, per completare il quadro e fuggire gli estremi del cristomonismo, dobbiamo riferirci allo Spirito Santo poiché, come abbiamo detto, la condizione di possibilità della preghiera cristiana è la prospettiva trinitaria. Il fatto è che la Parola di Dio sarebbe un semplice evento storico del passato se non ci fosse lo Spirito Santo a rendere Cristo contemporaneo e a fare in modo che il Signore ci parli ancor oggi. In breve, è il Cristo pneumatico che si rivolge a noi. Inoltre, la nostra risposta alla Parola non sarebbe possibile senza l'azione dello Spirito dentro di noi. Paradossalmente, la nostra ricettività alla Parola di Dio, è allo stesso tempo sia una conseguenza della nostra libertà, sia un'azione resa possibile dallo Spirito presente in noi. Come dice S. Paolo nella 1 Cor 2, 10, « lo Spirito conosce ogni cosa, perfino le profondità della natura stessa di Dio ».

Pertanto è lo Spirito stesso che ci schiude le profondità della vita divina. Come abbiamo notato in precedenza, la condizione di possibilità della contemplazione non è solo l'apertura di Dio a noi ma la nostra apertura nei suoi confronti. La nostra capacità di ricevere la sua Parola come qualcosa di vivo dentro di noi, è dovuta all'azione dello Spirito. Così, come scrive l'autore della lettera agli Efesini, « Dedicatevi completamente alla preghiera e alla supplica: pregate in ogni occasione nel potere dello Spirito » (Ef 6, 18).

In questo modo vediamo che la vita di preghiera sussiste all'interno del circolo trinitario. La sua origine è nell'amore del Padre e nella nostra elezione. Quest'amore viene ad essere espressione visibile nell'icona di Dio, la Parola di Dio, Gesù Cristo. La Parola diventa viva dentro di noi attraverso lo Spirito. (« Non ci ardeva forse il cuore nel petto mentre conversava con noi lungo il cammino, quando ci spiegava le Scritture? » Lc 24, 32). Come afferma Balthasar, « La contemplazione è resa possibile per mezzo del padre che predestina, elegge e ci rende suoi figli per mezzo del figlio che ci interpreta il padre e ce lo dona nella sua dedizione fino alla morte e al mistero del pane, per mezzo dello Spirito Santo che ci mette nell'anima la vita di Dio e ce la sviluppa »[7].

Il pellegrinaggio della preghiera

La grande tradizione spirituale, sia occidentale che orientale, indica che la vita di preghiera non è statica ma è un pellegrinaggio. C'è un cammino naturale, poiché Dio ci conduce ad una unione sempre più grande con se stesso[8]. Franz Jalics indica quattro fasi del pellegrinaggio. Il primo è la preghiera orale. Noi impariamo a pregare come impariamo a parlare, quando ci insegnano che cosa dire. Il secondo stadio è lo stadio dell'intelletto. La mente comincia a svolgere un ruolo nella preghiera. Si riflette su un passo della Scrittura e questa riflessione apre la persona alla risposta al Dio che si esprime nella Parola. Jalics distingue un terzo stadio nella conversazione con il Signore, relativo alla vita, ai problemi, alle sofferenze di ciascuno, come alle gioie e alle speranze di tutti. A questo punto torna alla mente la figura di Giobbe. L'ultimo stadio del pellegrinaggio è un arrendersi al Signore in silenzio. Le parole non sono più importanti. In una relazione umana, gli stadi iniziali sono spesso caratterizzati dalla conversazione, e spesso i silenzi sono imbarazzanti.

Ma quando la relazione si sviluppa, ognuno tende a considerare la presenza dell'altro come cosa scontata. Dopo molti anni di matrimonio ci si contenta persino di essere solamente in presenza dell'altra persona senza dire nulla. Così è la preghiera. Appena si entra nella contemplazione, si impara ad essere piuttosto che a parlare. Molti altri autori parlano di questo pellegrinaggio come di un viaggio dalle labbra, alla mente, al cuore. Dio si interessa al nostro cuore e vuole condurre i credenti al punto in cui il cuore dimora serenamente in lui.

In questa sezione mi piacerebbe spendere qualche parola per questa preghiera del cuore, il culmine della contemplazione, e far vedere come

---

[7] BALTHASAR, *La preghiera contemplativa*, p. 93.
[8] FRANZ JALICS, *Come pregare oggi?*, Paoline, Roma 1983.

questa preghiera possa essere considerata come la più adatta a manifestare il carattere trinitario di tutta la preghiera cristiana. Molti cristiani stanno riscoprendo la loro vocazione alla contemplazione, e un numero sempre più grande di cristiani si accosta alla preghiera contemplativa. Autori come William Johnston, Basil Pennington, John Main, Kallistos Ware e molti altri [9], ci hanno aiutato a riscoprire la tradizione orientale degli esicasti e la tradizione occidentale de « *La nube della non conoscenza* ». In queste tradizioni si sottolinea molto la semplicità, il dimorare nel Signore che non ha bisogno di parole né di concetti. Jalics definisce la contemplazione come uno sguardo d'amore a Dio privo di parole, pensieri o analisi razionali. Allo stesso modo Pennington parla della preghiera come di uno stato d'attenzione amorosa.

L'autore della « *Nube* » ci offre uno strumento per facilitare questa attenzione. Egli ci suggerisce di scegliere una piccola parola, una parola che è significativa per noi. Poi noi dovremo adattare la nostra mente a questa parola, cosicché la nostra mente possa essere centrata su di essa. Nel capitolo 40 egli consiglia: « fa in modo che questa parola rappresenti Dio per te, in tutta la sua pienezza, e nient'altro che la pienezza di Dio. Fa in modo che nulla, eccetto Dio, influenzi la tua mente e il tuo cuore ».

Si può dire che per integrare queste prospettive con la grande tradizione esicastica del cristianesimo orientale non c'è parola più adatta che il nome del nostro Salvatore Gesù Cristo, il quale, come abbiamo visto, è il nostro mediatore con il Padre e rappresenta tutto ciò che il Padre vuole dirci. Il misticismo del nome di Gesù ha un solido fondamento biblico. In At 4, 12 leggiamo: « Non c'è altro nome sotto il cielo nel quale possiamo essere salvati ». Allo stesso modo, nel magnifico inno paolino della seconda lettera ai Filippesi, egli esclama: « Al nome di Gesù ogni ginocchio si pieghi nel cielo, sulla terra e sotto terra e ogni lingua proclami che Gesù Cristo è il Signore a gloria di Dio Padre » (vv. 10-11). Questo inno, in cui si prega in nome di Gesù, trova la sua collocazione nella prospettiva della kenosi o « autosvuotamento » di Gesù. Paolo esorta i suoi lettori ad avere le intenzioni di Cristo e pertanto la medesima attitudine a svuotare se stessi. Ogni volta che noi centriamo la preghiera sul nome, ci svuotiamo del nostro egoismo, del nostro egocentrismo e facciamo in modo che Cristo diventi il centro del nostro essere.

L'esperienza costante degli ultimi 1500 anni ci dice che la ripetizione del nome può condurci ad una esperienza di profonda unione con Cristo, e, attraverso lui, alla comunione con il Padre. Questa tradizione contemplativa conosciuta come la preghiera di Gesù esiste in varie forme. La sua forma classica è: « Signore Gesù, abbi pietà di me peccatore ». Kallistos

---

[9] Vedi, per esempio, KALLISTOS WARE E EMMANUEL JUNGCLAUSSEN, *La potenza del Nome*, Paoline, Roma 1984; M. BASIL PENNINGTON, *Centering Prayer*, Image Book, Doubleday 1982; JOHN MAIN, *Word into Silence*, Longman and Todd, Darton, London 1980; WILLIAM JOHNSTON, *The Mysticism of the Cloud of Unknowing*, Abbey Press, St. Meinrad, Indiana 1957.

Ware sottolinea che questa semplice aspirazione contiene implicitamente l'intera fede trinitaria della chiesa. Gesù è invocato come Figlio di Dio, e in questa invocazione c'è un implicito riconoscimento del Padre. L'identità di Gesù non può essere separata dal Padre di cui egli è Figlio. Allo stesso modo c'è un implicito riconoscimento dello Spirito, perché noi chiamiamo Gesù Signore, e come dice S. Paolo: « Nessuno può dire: "Gesù è Signore" se non nello Spirito » (1 Cor 12, 3). In ogni modo, molti cristiani preferiranno una formulazione più semplice e invocheranno solo il nome di Gesù o la confessione più completa: Gesù Cristo. Ma anche qui, c'è una struttura trinitaria implicita della nostra preghiera, nonostante che questa preghiera consista in una parola sola. Secondo me tutto questo si può comprendere più chiaramente quando si lega la preghiera di Gesù alla preghiera sacerdotale di Cristo che troviamo nel capitolo diciassettesimo del vangelo di S. Giovanni.

Il tema di questo capitolo è evidente fin dal primo versetto: la gloria, la gloria del Figlio e del Padre. Gesù prega il Padre che lo glorifichi e gli dia la gloria che aveva prima che il mondo fosse creato. L'intera vita di Gesù è stata una dossologia, un pregare e glorificare suo Padre.

Ora egli prega che attraverso il suo mistero pasquale possa essere condotto alla gloria escatologica. La Gloria di Gesù, comunque, non è un suo possesso esclusivo. Gesù è venuto per condividere la sua gloria. Così il diciassettesimo capitolo associa la gloria alla vita eterna e Gesù afferma: « Questa è la vita eterna, che conoscano te, l'unico vero Dio, e Gesù Cristo che tu hai mandato » (v. 3). Come Walter Kasper osserva [10], conoscenza qui non significa solo una conoscenza astratta ed intellettualistica, ma la conoscenza della partecipazione, dell'unione e dell'amore. Così il diciassettesimo capitolo ha due parti: c'è la preghiera di lode, seguita dalla preghiera di supplica. La prima sfocia nella seconda perché Gesù vuole che i suoi discepoli condividano la sua gloria e la pienezza di vita che egli possiede come Figlio. Il culmine del capitolo, allora, può essere considerato il versetto 21. Qui troviamo l'obiettivo dell'opera salvifica di Gesù: « Che essi possano essere uno, come Tu, Padre, sei in me, e io in te; che essi possano essere uno in noi affinché il mondo creda che tu mi hai mandato ».

Una parola chiave nel discorso dell'Ultima Cena è stata: « rimanete ». Usando l'analogia della vite e i tralci, Gesù esorta i suoi discepoli a rimanere nel suo amore. Il significato pienamente trinitario di questo rimanere è rivelato nel capitolo diciassette. Quando si prega il nome di Gesù, l'attenzione è focalizzata su di lui. Ma Gesù non è l'obiettivo in se stesso. Egli è sempre il mediatore, e ci ricorda che dietro di lui c'è il Padre. Se noi rimaniamo in lui, soffermandoci sul suo nome, in definitiva

[10] WALTER KASPER, *Il Dio di Gesù Cristo*, Queriniana, Brescia 1984, pp. 406-408.

rimaniamo nel Padre, poiché Gesù è nel Padre e il Padre è in lui. Inoltre, questo non è un semplice binitarianismo, poiché lo Spirito è sempre la condizione di possibilità della presenza di Gesù in noi. In tutto il discorso dell'ultima cena, lo Spirito non è mai assente. Infatti tutta la seconda parte del vangelo di Giovanni, parla del dono di un altro Paraclito, che ha il compito di ricordare e di rendere presente l'opera di Cristo. Così il rimanere in Cristo e nel Padre è legato essenzialmente alla presenza dello Spirito dentro di noi. Secondo me, questo dinamismo trova il suo simbolo più riuscito nel respiro umano, che evoca quello dello Spirito Santo che la Scrittura descrive come alito di Dio. Nella tradizione esicastica, l'evocazione del nome è coordinata, di solito, al ritmo del respiro. Teologicamente, questo potrebbe essere visto come l'immagine dello Spirito Santo che spira dentro di noi il nome di Gesù, rendendolo presente in modo che rimaniamo in lui e in unione con lui al fianco del Padre. In questo modo la tradizione contemplativa della preghiera di Gesù ci orienta al più profondo mistero della fede, l'unione del credente con la vita trinitaria, come dice Gesù: « Che Tu, Padre, sia in me, e io in loro ».

Tre immagini di preghiera

È impossibile parlare del nostro pellegrinaggio verso Dio senza l'aiuto delle immagini. Già parlando delle condizioni della contemplazione, abbiamo usato l'immagine dell'ascolto della parola. Nel definire la natura della contemplazione, abbiamo suggerito l'immagine dello sguardo d'amore verso Dio. Nelle precedenti riflessioni, abbiamo fatto riferimento ai quattro vangeli come al culmine della visione contemplativa dell'unione reciproca fra Cristo e il Padre, il credente e Cristo. Senza aggiungere alcuna riflessione teologica a quelle già fatte, potremmo riuscire a rendere più concreta la natura della preghiera, riferendoci ai tre eventi presenti nei vangeli sinottici che possono illuminare il significato della preghiera come attenzione ed amore.

Potremmo forse iniziare con l'immagine di contrasto, che troviamo nella parabola del fariseo e del pubblicano (Lc 18, 9-14). La preghiera del pubblicano è il fondamento della tradizione della preghiera di Gesù. La sua è una preghiera che chiede misericordia: Dio, abbi pietà di me peccatore. Egli è un simbolo perfetto dell'attenzione piena d'amore verso Dio. La sua preghiera è del tutto priva di egocentrismo. La preghiera del fariseo, invece, è egocentrica: « Digiuno due volte la settimana e pago le decime di quanto possiedo ». Egli non riesce a svuotare se stesso, ad assumere un atteggiamento di kenosi. Egli è così pieno di sé che non c'è spazio nel suo cuore per ricevere qualcosa come dono. Inoltre, la sua preghiera è basata su contrasti e confronti: « Dio, ti ringrazio perché non sono come gli altri uomini ». La preghiera del vero contemplativo, invece, trabocca nell'amore e nella compassione. Rendendosi conto del proprio stato di bisognoso di fronte a Dio, finalmente il suo cuore si apre ai bisogni degli altri. Lo svuotarsi di se stessi che ci apre a Dio, ci apre anche all'accettazione del nostro prossimo. Il cuore chiuso del fariseo ci conduce invece all'esclusione e al rifiuto di chi ci sta accanto. Al contrario, l'unione del contemplativo a Cristo, gli dona un'identità orientata alla condivisione. Come osserva Basil Pennington, qui la condivisione non implica fragilità. Piuttosto non c'è spazio per la competizione ma forza nell'unità. Pennington continua citando l'esperienza di Thomas Merton, così come viene ricordata nel suo diario. « Grazie a Dio, grazie a Dio che io *sono* come gli altri uomini, che io sono solo un uomo tra gli altri... Sono felice di essere un membro della razza umana » [11].

La stessa attitudine contemplativa del pubblicano è rappresentata in un altra parabola nel vangelo di Luca, quella della donna peccatrice, al capitolo settimo (vv. 36-50). Qui vediamo di nuovo lo stesso contrasto tra la donna e Simone il fariseo. Simone, vedendo che la donna è una prostituta, si pone al di sopra di lei e si rifiuta di sedere a mensa con lei. La donna, cosciente della sua condizione, non cerca di nascondere la propria identità, ma pone tutta se stessa di fronte a Gesù. Piangendo, ella bagna i piedi del Signore con le sue lacrime e li asciuga con i suoi capelli prima di ungerli con olio. L'aspetto che più ci colpisce in questa scena, è l'apertura di cuore con cui la donna si avvicina a Gesù. Ella non tenta di nascondersi, di mascherare la sua reale identità. Il fatto che nella preghiera vera si riveli non solo chi sia Dio, ma anche chi siamo noi, è un'esperienza comune a tutti i mistici. Se veramente cerchiamo di rimanere in lui nella semplicità più completa, ci sarà rivelata la nostra vera natura. Così, la testimonianza di tutta la tradizione mistica, ci dice che la strada verso l'unione può essere percorsa solo attraverso la purificazione. Sfortunatamente noi esseri umani abbiamo spesso la tendenza a reprimere il nostro vero essere. Nella preghiera portiamo sovente una falsa immagine di noi stessi, l'io che preferiremmo essere piuttosto che quello che realmente siamo. La donna di Lc 7 è una testimonianza rilevante del fatto che abbiamo la possibilità di portare il nostro vero Io alla contemplazione con tutta la nostra oscurità, incredulità, paura, noia, delusione, senso di inferiorità. Se noi rimaniamo in lui, la sua luce purificherà la nostra oscurità. La sua promessa è che, attraverso questa purificazione, raggiungeremo un'unione luminosa. S. Giovanni della Croce afferma che noi siamo un ceppo di legno bagnato. Quando gli viene dato fuoco, la sua umidità lo rende fumoso e screpolato, ma quando è secco, produce un fuoco dalla fiamma ardente e vivida.

[11] PENNINGTON, *op. cit.*, p. 127.

L'ultima figura di contemplativo è tratta ancora dal vangelo di S. Luca. È la parabola del servo vigilante (Lc 12, 35-40). Nella parabola il padrone del servo è fuori ad una festa di nozze. Il servo non sa quando tornerà, ma rimane vigilante. Il servo non deve fare niente. Egli semplicemente è presente, pronto ed attento. Egli deve solo attendere. Il padrone verrà, ed il servo sarà pronto sia che giunga alla prima, alla seconda o alla terza veglia. Il servo non è ansioso, non fa fretta al suo padrone. Quando il padrone arriverà e busserà alla porta, il servo sarà pronto a riceverlo. Nelle altre immagini, abbiamo visto il contemplativo come colui che ascolta la Parola e ha lo sguardo fisso verso il suo Signore. Qui l'immagine è quella dell'attesa. È la stessa immagine della sentinella nel Sal 130: « Come la sentinella attende l'aurora, così la mia anima attende il Signore ». Il salmista continua, « La mia anima attende il Signore e spera nella sua parola ». Questo è l'atteggiamento del cristiano contemplativo. Balthasar ha parlato di contemplazione come di un rimanere nella Parola. Sia in Lc 12 che nel Sal 130, troviamo l'immagine dell'attesa della Parola: e questa parola è Cristo, perché Cristo è il dialogo che Dio apre con noi.

L'eucaristia come evento trinitario

Nel quarto capitolo, parlando del mistero pasquale, ci siamo sforzati di mostrare che il mistero pasquale può essere interpretato come un evento che coinvolge il Padre, il Figlio, e lo Spirito Santo. Finora in questo capitolo abbiamo discusso il carattere trinitario della contemplazione. La prova della nostra interpretazione è la preghiera liturgica della chiesa, dal momento che qui è la chiesa come tale che si trova in preghiera. Infatti io sostengo che nei sacramenti e nell'eucaristia in particolare il carattere trinitario della preghiera diventa più evidente. In nessun luogo questo è espresso più chiaramente che nella preghiera eucaristica. Poiché l'eucaristia è la ripresentazione del mistero pasquale, la dimensione trinitaria è proprio quello che ci dobbiamo aspettare come nucleo della sua realtà.

Il Concilio Vaticano II in un gran numero di testi, ha posto l'accento sul carattere trinitario dell'eucaristia. Nel numero 6 della Costituzione sulla Liturgia, i Padri conciliari hanno scritto: dal momento della Pentecoste, « la Chiesa mai tralasciò di riunirsi in assemblea per celebrare il mistero pasquale mediante la lettura di quanto "nella scrittura lo riguardava" (Lc 24, 27), mediante la celebrazione dell'eucaristia, nella quale "vengono rappresentati la vittoria e il trionfo della sua morte e mediante l'azione di grazie a Dio per il suo dono ineffabile" (2 Cor 9, 15) nel Cristo Gesù "in lode della sua gloria" (Ef 1, 112), per virtù dello Spirito Santo ».

In un altro documento, quello sul sacerdozio (*presbiterorum ordinis*) il Concilio dice: « Nella Santissima eucaristia è racchiuso tutto il bene spirituale della chiesa, cioè lo stesso Cristo, nostra Pasqua e pane vivo che, mediante la sua carne vivificata e vivificante nello Spirito Santo, dà vita agli uomini i quali sono in tal modo invitati e indotti a offrire assieme a Lui se stessi, il proprio lavoro e tutte le cose create » [12]. Nella sua grande opera, *Il senso teologico della liturgia*, Vagaggini mostra la Trinità come base per tutta la preghiera liturgica. Naturalmente la liturgia non è interessata a una descrizione speculativa della vita interna della Trinità. Ma la presenza della Trinità si sente nelle preposizioni chiave « a », « per », « in », « ad ». Ogni cosa viene dal Padre e torna a lui. La preghiera liturgica è sempre indirizzata al Padre. Comunque, la preghiera è indirizzata al Padre *per Filium*, attraverso la mediazione del Figlio, e l'azione è poi compiuta nello Spirito. Nella messa ci sono tre grandi testimonianze della presenza della Trinità. Vagaggini sottolinea in primo luogo, che il Dio al quale le preghiere della messa sono indirizzate è il Padre. Tali preghiere finiscono normalmente con un riferimento alla mediazione del Figlio, *per Christum dominum nostrum*. Un'altra testimonianza è la dossologia alla fine della preghiera eucaristica. Infine c'è la struttura della anafora stessa. Vagaggini scrive: « Il padre vi appare come il principio *a quo* e il termine *ad quem* dell'azione eucaristica; il figlio incarnato, Cristo, vi appare come il gran sacerdote, Colui per mezzo del quale noi facciamo questa stessa azione; lo Spirito Santo vi appare *ut in quo*, ossia colui con la e nella presenza del quale questa stessa azione si compie *hic et nunc* » [13].

La comprensione cristiana di Dio ha sempre riconosciuto i due inviati dal Padre, mediante i quali Dio si rivela, ossia il Figlio e lo Spirito Santo. La missione del Figlio, ovviamente, è al centro della preghiera eucaristica. L'eucaristia è anzitutto un atto di memoria. La chiesa ringrazia il Padre per le sue grandi azioni salvifiche nella storia, culminanti nell'atto salvifico per eccellenza, la morte e la resurrezione di Cristo. La tradizione cattolica, specialmente in Occidente, ha sottolineato il carattere sacrificale dell'eucaristia. Il sacerdote ordinato che offre la messa, agisce *in persona Christi*. La comprensione dell'eucaristia propria del Cristianesimo occidentale, è tipicamente cristologica, e a causa delle controversie al tempo della Riforma, la tradizione cattolica ha sottolineato le parole della consacrazione pronunciate dal sacerdote e la risultante transustanziazione.

Oggi, specialmente alla luce del dialogo ecumenico non solo con i protestanti, ma anche con la grande tradizione della Ortodossia Orientale, vediamo che la teologia eucaristica occidentale è unilaterale. Anzitutto, oggi si riconosce che non bisogna limitare rigidamente il momento della consacrazione alle parole dell'istituzione. La chiesa primitiva considerava l'intera anafora come atto di consacrazione. In secondo luogo, dobbiamo

[12] *Presbiterorum Ordinis*, n. 5, b.
[13] CIPRIANO VAGAGGINI, *Il senso teologico della liturgia. Saggio di liturgia teologica generale*, Paoline, Roma 1957, p. 182.

fare attenzione al pericolo del cristomonismo. Sebbene Cristo sia il Sommo Sacerdote e sebbene il sacerdote ordinato agisca nella persona di Cristo, questo non deve essere compreso come un atto che esclude il ruolo dello Spirito Santo. Come Congar sottolinea, è il Cristo pneumatico che agisce nell'eucaristia, e il corpo di Cristo che riceviamo nell'eucaristia è il Cristo pneumatico, pasquale, ossia il Cristo che giunge a noi per mezzo dello Spirito Santo [14].

Se facciamo riferimento ai Padri della Chiesa vediamo che sarebbe sbagliato trascurare l'aspetto cristologico o quello pneumatico dell'eucaristia, come pure sarebbe sbagliato concepirli come contrastanti. Come nella storia della salvezza, così nei sacramenti e nell'eucaristia in particolare, le due missioni sono complementari. Congar, per esempio, si riferisce ad Agostino che scrive: « la consacrazione, che ne fa un sì grande sacramento, non avviene che attraverso l'intervento invisibile dello Spirito di Dio » [15]. Allo stesso modo Agostino esorta il suo gregge di fedeli: « Non mangiamo e beviamo la carne di Cristo e il sangue di Cristo solo nel segno, ma ne mangiamo e ne beviamo partecipandovi nello Spirito » [16]. Questa è anche la teologia della chiesa orientale. Lo scopo dell'*epiclesis* è che gli elementi siano santificati e divengano così il corpo di Cristo, e inoltre che la comunione nel corpo di Cristo abbia effetto nei fedeli. Il fine della Santa Comunione non è solo un condividere in senso fisico il corpo di Cristo. Lo scopo è la divinizzazione del credente, l'unione del credente con il Padre attraverso Cristo e l'unione dei credenti fra loro. Il frutto dell'eucaristia è l'unione del corpo mistico. L'eucaristia può produrre tutti questi effetti desiderati solo attraverso l'azione dello Spirito Santo.

Allora, in definitiva, possiamo dire che l'eucaristia è il culmine della preghiera della chiesa e che la rappresentazione del mistero pasquale testimonia l'azione complementare del Figlio e dello Spirito nelle loro rispettive missioni dal Padre. Attraverso queste missioni il Padre si fa conoscere a noi e noi siamo divinizzati nel momento in cui siamo trascinati nella economia trinitaria della salvezza. Louis Bouyer riassume splendidamente la complementarità delle missioni del Figlio e dello Spirito nell'eucaristia quando scrive: « Il consacratore di tutte le eucaristie rimane il solo Cristo, Parola fatta carne, in quanto egli è il dispensatore dello Spirito, perché si è dato alla morte ed è risuscitato mediante la potenza di questo stesso spirito. Ma nell'insieme inseparabile dell'eucaristia, questa parola, evocata dalla chiesa, e la sua preghiera che invoca la realizzazione della parola con la potenza dello spirito, si congiungono per la realizzazione misteriosa delle promesse divine » [17].

---

[14] Yves Congar, *Credo nello Spirito Santo*, vol. 3, Queriniana, Brescia 1983, p. 269.

[15] *De Trin.* III, 4, 10 (PL 42, 874) come citato da Congar, *ibid.* p. 259.

[16] Augustine, *Tract. in Ioan.*, XXVII, 11.

[17] Louis Bouyer, eucaristia. *Teologia e spiritualità della preghiera eucaristica.* 2ª ediz. riveduta, Ed. Elle Di Ci, Leumann (Torino) 1983, pp. 473-474.

Capitolo Decimo

DIO E IL MONDO
IN PROSPETTIVA TRINITARIA

La creazione

Il problema che io mi propongo di esaminare in questo capitolo è quello della relazione fra Dio e il mondo. In quale prospettiva deve essere compresa tale relazione? È la prospettiva trinitaria quella che in definitiva rende intelligibile questa relazione?

Dobbiamo ricordare, innanzitutto, che la prospettiva del teismo filosofico classico è considerata, in genere, inadatta alla chiarificazione del nostro problema. Kasper osserva [1] che la concezione del Dio unipersonale appartenente al teismo classico, non è ammissibile per varie ragioni. In primo luogo, se Dio è pensato come l'archetipo perfetto dell'uomo, malgrado le categorie personali che noi usiamo per descriverlo, è ridotto, in definitiva, all'oggetto supremo, ad un essere supremo che è superiore a tutti gli altri esseri. Questa idea di Dio, a lungo andare, risveglia la critica ateistica portata avanti in nome dell'autonomia dell'uomo. D'altra parte, questo Dio del teismo ha bisogno dell'uomo come partner della alleanza per realizzare se stesso. Se Dio è un Dio unipersonale, e se vogliamo dire che questo Dio è amore, allora Dio ha bisogno dell'umanità come suo alleato per realizzare la propria natura. Dio creerebbe per necessità; dunque la sua relazione con il mondo sarebbe necessaria piuttosto che libera e gratuita. Alla luce di queste obiezioni molti teologi cristiani affermano che solo una prospettiva trinitaria può chiarire il problema della relazione fra Dio e il mondo. Nella sua *Teodrammatica*, Hans Urs von Balthasar osserva che solo il mistero della Trinità può renderci capaci di sfuggire alle due false interpretazioni del mondo [2]. Da una parte, l'interpretazione ateistica

---

[1] Walter Kasper, *Il Dio di Gesù Cristo*, Queriniana, Brescia 1984, p. 393.
[2] Hans Urs von Balthasar, *Teodrammatica. Le persone del dramma: l'uomo in Dio*, Jaca Book, Milano 1980, p. 271.

riduce l'essere del mondo a un fatto privo di valore, che esiste solamente in quanto materiale naturale a disposizione dell'agire dell'uomo. Dall'altra, il teismo riduce il mondo a un non-fatto sprovvisto di un vero significato, poiché fuori dall'assoluto, apparentemente, nulla può esistere realmente e nulla può essere donato.

Più avanti, nello stesso lavoro, Balthasar ricorda che la teologia medievale classica ha sempre tentato di riflettere sulla creazione nel quadro del mistero trinitario. Bonaventura insegnava, per esempio, che Dio non avrebbe creato nulla in forza della sua volontà se in precedenza il padre non avesse generato il figlio in forza della sua natura [3]. Tommaso d'Aquino sostenne anche lui questa tesi. Egli scrisse: « dalla processione delle persone divine è causata ogni altra processione e la molteplicità delle creature » [4]. In un altro passo egli afferma che il Figlio fa uscire fiumi da se stesso nella creazione. Per chiarire questo punto, l'Aquinate osserva: « Questo fluire va compreso come lo scorrere della processio eterna per la quale il Figlio procede dal Padre, e lo Spirito Santo dal Padre e dal Figlio in maniera ineffabile » [5]. Qui vediamo che S. Tommaso lega intimamente creazione e processione eterna.

Prendendo come punto di partenza questa prospettiva della tradizione classica, come possiamo comprendere il rapporto fra Trinità e creazione? Forse, prima di tutto, possiamo dire qualcosa sul « luogo » della creazione. Qui vorrei fare mia l'intuizione di Balthasar, secondo cui il luogo della creazione è la vita trinitaria stessa. Non c'è un « fuori » rispetto alla Trinità. Non c'è nulla di esterno alla vita trinitaria. Così il luogo della creazione deve essere inquadrato nelle relazioni intratrinitarie. Abbiamo già visto, nel capitolo quarto sul mistero pasquale, che l'essere del Padre, nella sua pienezza, consiste nel dare se stesso al Figlio. L'autodonarsi del Padre fa spazio al Figlio. Padre e Figlio esistono in una eterna *diástasis*. Comunque, dal momento che l'offerta del Padre è perfettamente accettata dal Figlio, la *diástasis* è superata dallo Spirito Santo. Lo Spirito Santo, come legame d'amore, svolge il ruolo di tenere distinti e collegare i termini della *diástasis* tra il Padre e il Figlio. Proprio questa *diástasis* è il luogo della creazione. Il Padre non tiene nulla per sé ma dona se stesso. Il Padre rischia liberamente se stesso nel figlio. Anche il Figlio risponde perfettamente se stesso nel figlio. Anche il Figlio risponde perfettamente all'amore del Padre. Così la *diástasis* tra il Padre e il Figlio è una *diástasis* di libertà e amore. In questa *diástasis* c'è spazio per una autentica libertà creata. Questa *diástasis* non è una minaccia alla autonomia umana ma la sua condizione di possibilità.

---

[3] Bonaventura come è citato da BALTHASAR, *Teodrammatica. L'ultimo atto*, Jaca Book, Milano 1986, p. 56 (nota 13).
[4] TOMMASO D'AQUINO come è citato in *ibid.*, p. 54 (nota 2).
[5] Vedi *ibid.*, p. 53.

Una considerazione importante è che l'amore del Padre e del Figlio è un amore aperto, non un amore chiuso in se stesso. Nella prospettiva di Adrienne von Speyr, l'amore del Padre del Figlio e dello Spirito Santo è così ampio da comprendere il mondo intero [6]. Un'altra immagine che può aiutarci è quella dello Spirito Santo come estasi divina d'amore. Nella teologia trinitaria occidentale, lo Spirito Santo è il *vinculum amoris*, ma proprio in quanto amore autentico e non egoistico, lo Spirito Santo è estatico. L'amore di Dio trabocca, creando un luogo per la creazione e la storia. Il dramma divino dell'amore si schiude al dramma tra Dio e il mondo, Dio e l'umanità. Già all'interno di questa prospettiva l'enigma del teismo viene superato. Dio non è l'oggetto supremo contrapposto all'umanità, né il Tu supremo che dipende dall'io umano per la propria realizzazione. Dio, nella propria vita, è comunione interpersonale, e poiché Dio nel proprio essere è amore, Egli può essere amore per noi, un amore libero e gratuito. L'amore che Dio è, trabocca nella creazione e nel tempo.

Il secondo punto critico è che la creazione è determinata cristologicamente. In numerosi testi della Scrittura, vediamo che il Nuovo Testamento guarda alla creazione in termini cristologici. Troviamo, ad esempio, la visione che si incontra all'inizio della lettera agli Efesini: « Dio ci ha scelto prima della creazione del mondo perché fossimo santi e benedetti davanti a lui. Egli ci ha destinati ad essere suoi figli nell'amore attraverso Gesù Cristo, secondo il beneplacito della sua volontà » (Ef 1, 4-5). Si può riscontrare una visione del genere anche nell'inno di Col 1, 15-20, dove l'autore afferma che tutte le cose nel cielo e sulla terra sono state create attraverso Cristo e per Cristo. Secondo questo inno, Cristo non è solo la fonte dell'unità della creazione ma anche il capo della Chiesa. L'obiettivo dell'opera di Dio nella creazione è dunque Cristo e la Chiesa. La creazione trova la sua pienezza quando tutti gli uomini e le donne sono incorporati a Cristo e alla sua chiesa, che è il suo corpo. Come Balthasar osserva [7], qualunque sia l'origine di questo inno, l'autore gli ha dato una interpretazione storico-dinamica. La relazione Dio-mondo non è pensata staticamente ma storicamente. La creazione è il primo passo e un momento interno dell'azione di Dio nel dare totalmente se stesso al mondo e nel ricondurre il mondo all'unione con se stesso attraverso suo Figlio.

Al fine di chiarire ulteriormente questo punto, possiamo introdurre l'utile suggerimento di Karl Barth e Karl Rahner che riguarda la relazione tra la creazione e la redenzione. Barth, a riguardo, si esprime in questo modo: la creazione è il fondamento estrinseco dell'alleanza; l'alleanza è il fondamento intrinseco della creazione. Tutto ciò per dire che Dio, dal-

---

[6] Adrienne von Speyr come è citato da J. MOLTMANN, *La chiesa nella forza dello Spirito. Contributo per una ecclesiologia messianica*, Queriniana, Brescia 1976, p. 89.
[7] BALTHASAR, *Teodrammatica. L'ultimo atto*, Jaca Book, Milano 1986, pp. 360-361.

l'eternità, è il Dio dell'alleanza, il Dio che ha voluto entrare in comunione con gli uomini e con le donne. La creazione dell'uomo non è un ripensamento dei piani divini, ma è stata pensata nel Figlio dall'eternità. In questo senso possiamo dire che Dio non è mai stato senza l'umanità, in quanto il Padre è sempre stato con il figlio; e il mondo è stato creato nel Figlio e per il Figlio. Nella terminologia di Barth, Gesù è l'uomo eletto dall'eternità. Rahner sviluppa ulteriormente queste idee nel momento in cui afferma che l'incarnazione è la condizione di possibilità della creazione e non viceversa. Secondo Rahner, quando Dio si esprime, ciò che ne risulta è l'evento Gesù di Nazareth. Gesù è l'autoespressione perfetta del Padre nello spazio e nel tempo. Come leggiamo nel vangelo di Giovanni, « chi vede me vede il Padre » (Gv 14, 9). Ma allora, come dobbiamo intendere la relazione fra la creazione e l'incarnazione? Nella visione di Rahner, la creazione è una espressione di Dio ancora imperfetta.. La creazione non è una autoespressione compiuta, perché non c'è identità tra Creatore e creatura. Rahner sviluppa il suo pensiero affermando che possiamo comprendere la creazione solamente sulla base e alla luce dell'incarnazione. L'incarnazione è l'obbiettivo della creazione e la sua condizione di possibilità. Poiché Dio può esprimere se stesso in modo perfetto, egli può anche esprimersi in modo meno perfetto, ma noi dobbiamo capire l'autoespressione imperfetta sulla base dell'altra e non viceversa. Rahner delinea questa visione nel *Corso fondamentale sulla fede*.

« Certo, il minore può sempre esistere senza il maggiore, quantunque il minore sia sempre fondato nella possibilità del maggiore e non viceversa. In questo senso possiamo senz'altro dire: sarebbero potuti esistere degli uomini (elemento minore), anche se il *logos* non fosse diventato personalmente uomo. Ma ciononostante possiamo e dobbiamo dire: la possibilità di esistere per gli uomini è fondata nella maggiore, più vasta e più radicale possibilità di Dio di esprimere se stesso nel *logos* che diventa creatura » [8].

C'è un ultimo punto da menzionare in questa riflessione sul rapporto fra creazione e redenzione. Secondo la teologia classica medievale, il *Logos* è la causa esemplare della creazione, il che significa che noi vediamo nel *Logos* ciò che la creazione dovrebbe essere. Balthasar sottolinea questo punto poiché è qui che si vede il legame intrinseco fra processione, creazione e missione nella teologia trinitaria. Abbiamo cercato di indicare come la creazione affondi le sue radici nelle processioni divine. Lo Spirito tiene aperto quello spazio tra Padre e Figlio in cui si inserisce la creazione. La creazione è ordinata teleologicamente al Figlio. Dunque nel Figlio noi vediamo quale è il destino della creazione. Forse si può riassumere questo destino con una parola proposta da Bruno Forte: ricettività [9]. Il

[8] Karl Rahner, *Corso fondamentale sulla fede*, Paoline, Roma 1984, p. 291.
[9] Vedi Bruno Forte, *Trinità come storia*, Paoline, Roma 1985, p. 16.

Figlio è puro dono. Il Figlio riceve ogni cosa dal Padre. Il suo intero essere è ricettività. Poiché il Figlio è dall'eternità Colui-che-si-lascia-donare, egli è anche risposta assoluta o pura obbedienza (un'obbedienza che, comunque, non è servile ma filiale). Questa eterna ricettività e obbedienza del Figlio è la base della sua missione storica. Come dice Gesù, « io faccio sempre le cose che piacciono a lui » (Gv 8, 29). Il nostro destino umano deve essere un condividere questa filiale obbedienza e ricettività. Comunque, il compimento del nostro destino è ostacolato dal peccato. A causa del peccato, abbiamo cessato di essere *imago Dei* nel Figlio. Il peccato è il nostro egoismo, a causa del quale siamo divenuti l'esatto opposto di ciò che è Dio, e questo significa che ci siamo ripiegati su noi stessi. Noi siamo stati creati come realtà di dono, e dunque la vera risposta della creatura è il ringraziamento. Ma il peccato ha mutato questa ricettività in possessività. Piuttosto che renderci al Padre nel Figlio ci siamo aggrappati al dono come se fosse nostro. Il peccato è il nostro rifiuto di partecipare alla condizione di Figlio propria del Cristo. Di qui la missione storica del Figlio: rivelare all'umanità nel peccato il suo vero destino e permettere il suo ritorno alla dimora trinitaria.

La Trinità nella gloria

Sarebbe al di là dello scopo del presente lavoro mostrare come questo ritorno al Padre sia realizzato da Cristo. Questo richiederebbe un altro trattato di soteriologia. Noi, comunque, abbiamo già indicato le implicazioni trinitarie dell'opera salvifica di Cristo quando abbiamo discusso il carattere trinitario del mistero pasquale nel capitolo quarto. Qui sarà sufficiente offrire alcune riflessioni relative alla meta verso cui è orientata la prospettiva trinitaria nello sviluppo delle relazioni Dio-mondo. Per riferirci ad uno schema classico medievale quale quello proposto dall'Aquinate, potremmo dire che l'obiettivo della creazione è quello di essere assunta nuovamente nella vita trinitaria. L'Aquinate concepisce lo schema della *summa theologica* nei termini dell'*exitus* della creazione da Dio e del suo successivo ritorno a lui. Bruno Forte ha espresso una visione simile parlando dell'esilio e del ritorno in patria. Noi ora siamo in esilio, in pellegrinaggio, soprattutto perché a causa della nostra condizione peccaminosa noi facciamo esperienza di quest'esilio nella sofferenza, ma attraverso la vittoria di Cristo e il potere dello Spirito, noi saremo ricondotti alla nostra casa celeste, il Regno della Trinità.

A questo riguardo, un testo chiave del Nuovo Testamento è 1 Cor 15, 20-28. In questo testo Paolo parla dell'ordine degli eventi salvifici di Dio: in primo luogo, Cristo è risuscitato dalla morte. Poi verrà la resurrezione dei morti. Infine egli restituirà il suo Regno al Padre. Paolo scrive,

« Poi sarà la fine, quando egli consegnerà il regno a Dio Padre, dopo aver ridotto al nulla ogni principato e ogni potestà e potenza. Bisogna infatti che egli regni finché non abbia posto tutti i nemici sotto i suoi piedi. L'ultimo nemico ad essere annientato sarà la morte, perché ogni cosa ha posto sotto i suoi piedi. Però quando dice che ogni cosa è stata sottoposta, è chiaro che si deve eccettuare Colui che gli ha sottomesso ogni cosa. E quando tutto gli sarà stato sottomesso, anche lui, il Figlio, sarà sottomesso a Colui che gli ha sottomesso ogni cosa, perché Dio sia tutto in tutti ».

Alcune osservazioni su questo testo possono essere significative per la comprensione del nostro problema. In primo luogo, è opportuno rivolgere la propria attenzione alla prospettiva escatologica. L'opera di Cristo non è ancora completa. La vittoria decisiva è avvenuta con la sua morte e resurrezione. Ma nel nostro mondo c'è ancora la potente presenza della morte. L'opera di Cristo non sarà terminata che dell'*escaton*, quando egli restituirà il Regno al Padre. Questa visione concorda con ciò che dice Paolo nella lettera ai Romani: « Sappiamo bene infatti che tutta la creazione geme e soffre fino ad oggi nelle doglie del parto; essa non è la sola, ma anche noi che possediamo le primizie dello Spirito, gemiamo interiormente aspettando l'adozione a figli, la redenzione del nostro corpo (vv. 22-23).

In secondo luogo, osserviamo quello che potrebbe essere definito subordinazionismo escatologico. Nel quarto secolo la chiesa rigettò la dottrina di Ario, che era una versione del subordinazionismo ontologico. Ario insegnava che il Figlio non aveva la stessa dignità divina del Padre. Il Concilio di Nicea affermò, al contrario, che il Figlio era uguale al Padre in ogni cosa, eccetto per il fatto che il Figlio era Figlio e il Padre era Padre. Senza mettere in dubbio la dottrina nicena ci si può chiedere se il concilio non abbia trascurato un aspetto importante della verità cristologica, il Figlio è subordinato in termini di missione e obbedienza. Come abbiamo visto, egli è pura ricettività. Egli è colui che è stato mandato. Una chiara testimonianza di questa verità è l'affermazione di Gesù nel quarto vangelo, « il Padre è più grande di me » (Gv 14, 28). Nel nostro brano della 1 Cor 15 vediamo una conferma di questa verità. Il Figlio è Signore, ma non per causa propria. Il Figlio adempie la sua missione e realizza la sua identità come Figlio quando restituisce il Regno a suo Padre. Il Figlio non diventa superfluo per il fatto di aver compiuto la sua missione. Anzi, nel restituire il Regno, egli rivela la sua identità come tale e rimane come mediatore perenne tra la creazione glorificata e il Padre.

A questo punto c'è un altro argomento su cui bisogna richiamare l'attenzione. Finora ci siamo concentrati sulla relazione tra il Padre e il Figlio. Ma abbiamo trascurato il ruolo dello Spirito Santo. Eppure è proprio dopo la resurrezione e prima della parusia che il ruolo dello

Spirito è preminente. Gesù ha mandato lo Spirito sulla chiesa il giorno della Pentecoste per continuare la sua opera. È attraverso lo Spirito che Gesù riconduce il mondo alla sua dimora trinitaria. Come afferma Moltmann [10] è nel periodo dopo la resurrezione che noi vediamo la piena personalità dello Spirito. Lo Spirito ha la missione di continuare a rendere presente il Regno che Gesù ha annunciato e realizzato nel mondo. È lo Spirito che ci conduce a glorificare il Figlio, a lodarlo e a professarlo Signore. Lo stesso Spirito guida i credenti a realizzare qui ed ora le anticipazioni del Regno anche nel tempo dell'esilio. Così lo Spirito rende presente il potere della resurrezione di Gesù, ci conduce a professare la sua gloria e sospinge la creazione verso l'*escaton*, quando Dio sarà tutto in tutti.

Dal punto di vista delle relazioni trinitarie di Dio con il mondo, noi vediamo un continuo coinvolgimento delle tre persone divine nella creazione e nella storia. Comunque, come Moltmann pone in rilievo [11], l'ordine delle relazioni non è sempre lo stesso. Moltmann parla di un amore divino che cerca, di un amore divino che riunisce. Nella sua eterna apertura al mondo, Dio manda il suo Spirito a preparare la creazione per la venuta del Figlio. Dopo la resurrezione il Figlio manda lo Spirito, cosicché lo Spirito possa radunare la creazione redenta nella sua dimora trinitaria. A questo punto dovremmo cercare di chiarire come sia possibile comprendere questo obiettivo trinitario della storia. Il versetto 28 del capitolo 15 della prima lettera di Paolo ai Corinzi, ci dice che nell'*escaton* Dio sarà tutto in tutti, che Dio sarà nella creazione e il creato sarà in lui. La creazione sarà totalmente penetrata dalla gloria del Dio trino. Dio e il creato rimarranno distinti ma saranno compenetrati l'uno nell'altro.

Ricavando dalla teologia classica l'idea della *pericóresis* delle tre persone divine, così noi potremmo forse parlare di una pericoresi fra Trinità e creazione. Ammetto che è difficile concepire come questo possa avvenire, ma possiamo averne un'idea guardando all'esperienza umana e alla nostra attuale esperienza di fede. Perfino nell'esperienza umana, nell'esperienza dell'amore, possiamo intravvedere come due persone divengano una sola realtà e come siano unite nell'amore in modo tale che l'una non possa esistere senza l'altra. Questa è anche l'esperienza della nostra fede in Cristo. In Gal 2, 20, Paolo dice, « non sono più io che vivo, ma Cristo che vive in me ». L'esperienza di Paolo è quella in cui la sua personalità umana viene sostituita, o meglio trasfigurata dalla presenza di Cristo in lui. Come afferma nella stessa lettera poiché lo Spirito di Cristo abita in noi, noi possiamo gridare con Cristo: Abbà, padre (Gal 4, 6). Dunque l'esperienza di fede di Paolo è quella di una *pericóresis* vivente tra Cristo

---

[10] J. MOLTMANN, *Trinità e Regno di Dio*, Queriniana, Brescia 1983, pp. 137-139.
[11] *Ibid.*, p. 140.

e Paolo stesso, attraverso quello Spirito che ora dimora in lui. E questo è esattamente ciò che Cristo promette e ciò per cui Cristo prega nella preghiera sacerdotale di Giovanni 17. Secondo S. Giovanni, questa è l'ora della esaltazione di Gesù, nella quale Gesù prega per essere glorificato. Ma non è una glorificazione egocentrica. La glorificazione di Gesù consiste nella sua unione con il Padre. L'ora della sua morte è la manifestazione suprema della sua gloria, poiché essa è la suprema resa alla volontà del Padre nella obbedienza. Questa unità che egli condivide con il Padre, d'ora in poi, è resa accessibile ai discepoli nell'incorporazione all'unità tra Padre e Figlio. Gesù dice, « la gloria che tu hai dato a me, io l'ho data a loro, perché siano come noi una cosa sola, io in loro e tu in me » (Gv 17, 22-23).

In questa esperienza di mutua inabitazione, la cui profondità è attestata dai santi e dai mistici, noi possiamo ottenere il dono che adombra ciò che Paolo intende quando afferma che l'obiettivo della creazione è la mutua inabitazione fra Dio e la creazione, il che significa che ogni cosa è orientata al momento in cui Dio sarà tutto in tutti.

Forse vale la pena notare che questa prospettiva ci permette di vedere che l'obiettivo ultimo della teologia è la dossologia e l'adorazione. Nell'ottavo capitolo abbiamo visto che la fede nel Dio uno e trino ha profonde implicazioni per la vita e la prassi del cristiano. Ma sarebbe un errore credere che l'obiettivo ultimo della fede in Dio sia l'azione. Lo scopo ultimo della teologia trinitaria è la preghiera. Questo tema fu fatto proprio dai padri Cappadoci, con il loro sottolineare l'ineffabilità di Dio, il suo mistero, e l'incomprensibilità delle processioni divine. Secondo i padri Cappadoci, la teologia non dovrebbe culminare nelle definizioni trinitarie, ma nel silenzio e nell'adorazione davanti al mistero. Forse oggi corriamo un pericolo simile. Nella nostra preoccupazione per il successo e i risultati pratici, siamo portati a chiederci quale sia il valore venale della fede in Dio. Contro questo funzionalismo Moltmann ci mette giustamente in guardia quando scrive: « Nella dossologia il *ringraziamento* di colui che riceve sale dal dono al donatore. Questi, però, non è ringraziato soltanto per il dono elargito ma è pure magnificato perché lui stesso è buono. Così Dio è amato, venerato e riconosciuto non soltanto per la salvezza di cui si fa esperienza ma anche per se stesso. La *lode*, quindi, trascende il ringraziamento. Dio non viene riconosciuto soltanto per le sue opere buone ma anche nella sua bontà. Infine l'adorazione trascende il ringraziamento e la lode. Essa sfocia interamente nel suo interlocutore, come si osserva nello stupore e meraviglia senza fine. Dio è adorato e amato per se stesso e non soltanto per la salvezza che ci accorda » [12]. Il messaggio qui è semplicemente questo. Il Dio cristiano non è un Dio tappabuchi. Dio non può

---

[12] *Ibid.*, p. 167.

essere usato funzionalmente. Come ha detto Agostino, il Dio della fede è il godere Dio per se stesso. In questo senso concordiamo con Eberhard Jüngel quando scrive che Dio non è necessario, poiché la necessità è definita in termini di funzionalità[13]. Questo comunque non rende Dio meno importante, poiché come Jüngel sottolinea, Dio è più che necessario, ed è interessante di per sé. La creazione, quando raggiungerà il suo obiettivo, impiegherà un'eternità ad esplorare questo Mistero le cui ricchezze non potranno mai essere del tutto esaurite.

Essere e divenire in Dio

Sullo sfondo di tutte le argomentazioni di questo libro, c'è stato implicitamente il tema del divenire divino. Ciò è evidente fin dal primo capitolo, nel quale si è discusso del problema rappresentato dalla necessità di scegliere fra teismo e ateismo. Un teismo filosofico debole non è adeguato né alla testimonianza biblica, né al modo di pensare di oggi. Secondo questa visione, Dio è distante dal mondo e non è toccato dalle sue sofferenze. Il mondo è indifferente rispetto a un Dio del genere. Questo Dio teistico ha poco da dire di fronte alle grandi sofferenze che uomini e donne devono sopportare. Questo tipo di teismo non corrisponde neppure alla visione biblica del Dio che entra nella storia, che si incarna e muore sulla croce. D'altro canto, come abbiamo visto, un divenire divino come quello presentato dai teologi del processo e dagli hegeliani, è un Dio bisognoso. Dio ha bisogno del mondo per realizzare se stesso. Dio e il mondo sono parte di un sistema omnicomprensivo. Questo modo di vedere Dio sacrifica la trascendenza divina. Alla luce di questa problematica e secondo le prospettive di riflessione che abbiamo seguito in questo studio, quale risposta si può dare a questa domanda? Io vorrei offrire una risposta che faccia riferimento a due dei nostri maggiori teologi contemporanei, Eberhard Jüngel e Hans Urs von Balthasar[14].

Jüngel afferma che la prova decisiva del linguaggio cristiano su Dio è la sua capacità di parlare della storicità di Dio. Questo è l'elemento che distingue l'esperienza cristiana di Dio dalle altre concezioni religiose del mondo antico. D'altra parte, è vero che Dio, per definizione, non è una parte del mondo. Dio non è un oggetto. In questo senso, per la definizione data, Dio è radicalmente trascendente. Ma la fede cristiana affonda le sue radici nel mistero pasquale. Alla luce della resurrezione, vediamo che Dio si identifica con la vita e la morte di Gesù di Nazareth. Questo è lo scandalo, l'elemento di discontinuità rispetto al nostro modo consueto di

[13] EBERHARD JÜNGEL, *Dio, mistero del mondo*, Queriniana, Brescia 1982, pp. 41 ss.
[14] Queste idee sono sviluppate principalmente in *Dio, mistero del mondo* di E. JÜNGEL e nel quarto volume (quinto nell'edizione italiana della Jaca Book) della *Teodrammatica* di BALTHASAR.

pensare Dio: Dio si identifica con un evento temporale e perfino con la mortalità. L'incarnazione e il mistero pasquale ci inducono a pensare l'essere di Dio in profonda unità con la storia.

Jüngel sviluppa ulteriormente questa riflessione, affermando che l'evento della rivelazione di Dio in Cristo è l'evento della venuta di Dio. Dio, nel suo stesso essere, è trascendente e superiore al mondo. Ma Dio *viene* al mondo in Gesù Cristo. Se veramente c'è identità tra Dio e la sua rivelazione, allora dobbiamo dire: l'essere di Dio è il suo venire. In altre parole, non possiamo pensare l'essere di Dio come statico e senza movimento. L'essere di Dio è un eterno venire, un venire che diviene un evento nella incarnazione del mistero pasquale di Gesù.

Chiarifichiamo questo concetto gradualmente. Prima di tutto, Jüngel afferma che noi possiamo rendere giustizia all'evento della rivelazione solo seguendo una interpretazione trinitaria dell'essere di Dio. Se Dio si è rivelato in Gesù, allora Dio ha definito se stesso in lui. Non possiamo pensare Dio separatamente dall'evento storico Gesù Cristo. Gesù Cristo appartiene all'essere eterno di Dio. Dio e il tempo devono essere pensati insieme. Un ulteriore riflessione ci fa vedere che non è sufficiente un semplice monoteismo per interpretare questo evento, poiché l'evento della rivelazione esprime l'identificazione tra Padre e Figlio. Dio deve essere definito nei termini di questa identificazione che suppone nello stesso tempo una differenziazione. Come afferma Jüngel, l'identificarsi con un altro presuppone la capacità di differenziare se stesso.

Non possiamo parlare di Dio in modo indifferenziato. Dobbiamo parlare di Dio nella prospettiva della relazione fra Padre e Figlio. Jüngel può fare sua la visione di Riccardo da San Vittore, che concepisce Dio come amore. Se, sulla base dell'evento della croce, dobbiamo dire che Dio è amore, allora è necessario distinguere l'amante dall'amato. L'amore richiede un dialogo tra due persone. Nello stesso tempo, questo amore presuppone il *condilectus*, lo Spirito Santo, che è legame di unione che preserva l'unità tra Padre e Figlio anche nel momento della loro estrema separazione sulla croce. Jüngel, come Moltmann e Balthasar, sviluppa la sua teologia trinitaria sulla base del mistero pasquale. Egli riconosce che quella trinitaria è la più difficile fra tutte le dottrine cristiane, ma sostiene che è indispensabile per rendere giustizia all'identificazione di Dio con la croce di Cristo. Per Jüngel, la dottrina della Trinità è la chiave ermeneutica per aprire sia il mistero della croce che il mistero di Dio. Solo attraverso la dottrina della Trinità la storia della croce e della resurrezione di Gesù può essere raccontata in modo credibile.

Proseguiamo questa riflessione per chiarire ulteriormente la dimensione temporale o storica dell'essere di Dio. Jüngel espone il carattere storico di Dio in tre tesi: primo, Dio viene da Dio. Dio è l'origine di se stesso. Dio è anche l'origine dell'evento rivelazione. Dio come origine è ciò che noi intendiamo quando parliamo di Dio come Padre. Secondo, Dio viene a Dio. Lo scopo della rivelazione è Dio, Dio Figlio. Dio vuole venire al mondo, Dio vuole venire all'umanità. Ma come può Dio diventare uomo senza cessare di essere Dio? Come può Dio diventare uomo senza fare dell'uomo il termine costitutivo della sua relazione, e rinunciare così alla propria trascendenza e alla gratuità del suo autodonarsi? Questo è il problema sollevato da Knauer (vedi nel capitolo secondo). La soluzione di Jüngel è sostanzialmente la stessa di Knauer. Dio viene al mondo venendo a se stesso. Dio viene al mondo attraverso l'Incarnazione. Nel linguaggio barthiano, la venuta di Dio nel tempo è una ripetizione della venuta a se stesso nell'eternità. Poiché Dio non vuole giungere a se stesso senza arrivare nello stesso tempo a noi, avviene l'*evento* dell'incarnazione. La decisione di Dio di essere se stesso è la decisione di essere per noi. La Trinità immanente è la base della Trinità economica. Il venire di Dio a se stesso è il fondamento del suo venire a noi. Infine c'è una terza tesi: Dio viene a se stesso *come* Dio. Dio non lascia se stesso né cessa di essere se stesso quando viene a noi. Nell'evento della croce, Dio non abbandona se stesso. C'è separazione, ma questa separazione è superata da Dio. La separazione di Dio da se stesso sulla croce è assunta all'interno di una unione più grande. Il legame d'amore è, come abbiamo visto, lo Spirito Santo. A causa dello Spirito Santo, che è *vinculum amoris*, noi possiamo e dobbiamo dire che in Dio c'è moto ma non alienazione.

Nella prospettiva della temporalità di Dio, il significato che assume lo Spirito Santo, è che l'evento della venuta di Dio è un evento già avvenuto, ma resta tuttavia aperto. Usando le parole di Jüngel, Dio è il suo stesso futuro, Dio è sempre giovane. L'evento della rivelazione di Dio, essendo radicato nell'essere stesso del Dio che viene, non può mai essere del tutto raggiunto e compreso. Dio è inesauribile fecondità. Come Jüngel sottolinea, « Il concetto del Dio trinitario, che è amore, implica dunque la eterna novità, secondo la quale il Dio eterno è futuro di se stesso. Dio e l'amore non invecchiano. Il loro essere è, e rimane, nel venire » [15].

Riassumendo questa concezione, potremmo dire, seguendo la teologia classica, che Dio è l'essere stesso. L'essere di Dio non è un divenire perché in lui non c'è imperfezione. La relazione di Dio con il mondo attraverso la creazione e la redenzione, è del tutto gratuita. Nondimeno l'essere di Dio deve essere compreso come movimento, come venuta da Dio, a Dio, come Dio, ossia come movimento dal Padre al Figlio nello Spirito Santo. Questo movimento eterno, o venuta, costituisce il fondamento della venuta di Dio a noi, e per questo la fede cristiana osa dire che l'essere di Dio è storico. Nell'atto libero e gratuito della rivelazione, l'essere di Dio è divenuto *l'evento* della nostra salvezza.

[15] JÜNGEL, *op. cit.*, p. 486.

Per concludere queste riflessioni, torniamo al pensiero di Hans Urs von Balthasar. Alla fine della sua grande opera, *Teodrammatica*, Balthasar solleva il problema che ossessiona ogni tentativo di comprendere la relazione di Dio con il mondo: cosa riceve Dio dal mondo? La teologia del processo risponde che Dio è arricchito esteticamente dalla sua creazione. Dio può essere veramente « incrementato » dal mondo. Il teismo sembra affermare che Dio non può ricevere nulla dal mondo, e ciò implica che tutti i valori e le occupazioni intramondane sono in definitiva prive di valore, dal momento che il loro contributo nei confronti della realtà suprema ed eterna è del tutto inesistente. Balthasar cerca una soluzione nell'ambito della prospettiva trinitaria. Ancora una volta possiamo sviluppare la sua riflessione in due momenti successivi.

Per prima cosa, Balthasar riflette sull'essere divino stesso. Qui il linguaggio umano è al limite della sua capacità espressiva e spesso riesce ad avvicinarsi alla verità solo attraverso paradossi. Potremmo asserire che il primo paradosso è che da una parte Dio non è un divenire. Balthasar rifiuta questa concezione, poiché il divenire implica povertà e bisogno. Dall'altra, affermando che Dio è essere, dobbiamo lasciare spazio al dinamismo, alla vita e al movimento. Sebbene Dio non sia divenire, Dio è, secondo quanto afferma Balthasar, un processo trinitario. Dio è il processo di un evento trinitario (*Geschehen*) [16]. Come egli sottolinea, l'essere eterno e il divenire devono essere pensati insieme [17]. Continuando ad usare un linguaggio paradossale, Dio è al contempo completa pace ed eterna mobilità [18].

Questo movimento o processo, comunque, deve essere concepito secondo una prospettiva trinitaria. Balthasar preferisce il linguaggio dell'amore. Dio è il processo o movimento di amore eterno, attraverso il quale il Padre si dona in eterno al Figlio, il Figlio dice sì al Padre per tutta l'eternità, e lo Spirito procede eternamente dal loro reciproco amore come suo risultato più fecondo. Questo movimento circolare fa sorgere nuovi paradossi. Il Padre, come fonte della Trinità e origine del Figlio ha una ricchezza infinita, e dunque il Figlio non potrà mai esaurire la ricchezza del Padre. La pienezza del Padre non si esaurirà mai e il Figlio non cesserà mai di contemplare le nuove dimensioni dell'essere del Padre. Nello stesso tempo, lo Spirito Santo, il loro reciproco amore, trabocca in una creatività senza fine. Balthasar richiama l'analogia dell'amore umano. Un amore umano genuino contiene sempre una pienezza che i due amanti non riusciranno ad afferrare pienamente. Quest'amore genuino si presta sempre ad essere sorpreso dalle sue stesse dimensioni nascoste. Questo è tanto più vero per la comunione trinitaria. Dio è il sempre più grande, il

[16] BALTHASAR, *Teodrammatica. L'ultimo atto*, Jaca Book, Milano 1986, p. 66.
[17] *Ibid.*, p. 58.
[18] *Ibid.*, p. 66.

sempre superiore, il sempre nuovo. Per questo nella vita trinitaria Dio si lascia arricchire e sorprendere. Il Padre si lascia donare dal sì del Figlio e si lascia sorprendere dalla più grande fecondità dello Spirito. Usando le parole di Balthasar, « Bisogna quindi che abbia tutto il suo valore la verità che il Dio infinitamente ricco può farsi arricchire sempre di nuovo dalla ricchezza della sua libertà » [19]. In un altro testo egli esprime lo stesso punto di vista quando afferma, « Anche Dio vuole farsi sorprendere da parte di Dio nel senso di un super adempimento » [20].

Ma se Dio nella sua infinita libertà può lasciarsi donare nella sua vita intratrinitaria, allora può anche lasciarsi donare nell'economia della salvezza. Per Balthasar, il divenire del mondo si basa sull'eterno processo trinitario. *Theologia* è, come abbiamo visto, il terreno della *oikonomia*. Quello che avviene nella vita divina ha la sua analogia nella economia della salvezza. Così, se Dio può lasciarsi donare nella eterna vita trinitaria, e se questo presuppone un certo « voler essere povero » [21], si può dire lo stesso per l'economia della salvezza. Il mondo si differenzia da Dio, ma non nel senso che aggiunge qualcosa all'essere di Dio o incrementa il suo valore (Hartshorne), ma nel senso che a partire dalle possibilità infinite della sua libertà, Dio si lascia partecipare da qualche possibilità finita. Se l'essere di Dio è il sempre superiore e il sempre nuovo, allora qualsiasi cosa divenga nel mondo è già inclusa nel suo essere divino. Come sottolinea Balthasar: « le possibilità infinite della libertà divina si trovano tutte all'interno di una vita d'amore eterna da Dio da sempre già *realizzata* » [22]. Da questa infinita fonte di amore e libertà, deriva qualsiasi possibilità di libertà nel creato. Come Dio si lascia coinvolgere donando alla realtà creata la capacità di partecipare alla propria realtà, così egli si lascia arricchire da essa.

Allora che cosa riceve Dio dal mondo? La tesi di questo libro è che non si può trovare una risposta nel teismo filosofico classico, né nella visione hegeliana, né in quella proposta dalla filosofia del processo. La risposta deve essere cercata nel Dio cristiano, il Dio della storia, che rivela se stesso attraverso la croce di Cristo per essere amore puro e libero, l'amore del Padre, del Figlio e lo Spirito Santo. Diamo l'ultima parola a Balthasar, che risolve il nostro problema secondo la prospettiva trinitaria: egli scrive, « Che cosa ha Dio dal mondo? Un dono aggiuntivo, che il padre fa al Figlio, ma alla pari il Figlio al Padre, e lo Spirito a entrambi, un dono perché il mondo, in forza dell'azione distinta di ognuna delle tre Persone, acquista intima parte allo scambio della vita intradivina e perciò restituisce a Dio quanto di divino ha avuto da Dio, unitamente al dono della propria creazione pure come dono divino » [23].

---

[19] *Ibid.*, p. 431.
[20] *Ibid.*, p. 68 (nota 54).
[21] *Ibid.*, p. 431.
[22] *Ibid.*.
[23] *Ibid.*, p. 441.

INDICE

arti grafiche TSG s.r.l. - Via Mazzini, 4 - 14100 ASTI - Tel. (0141) 54.286